Praxishandbuch für Referent*innen

Norbert Franck

Praxishandbuch für Referent*innen

Erfolgreich einsteigen und
vorankommen

2., überarbeitete Auflage

 Springer VS

Norbert Franck
Berlin, Deutschland

ISBN 978-3-658-41030-8   ISBN 978-3-658-41031-5 (eBook)
https://doi.org/10.1007/978-3-658-41031-5

Die Deutsche Nationalbibliothek verzeichnet diese Publikation in der Deutschen Nationalbiblio-
grafie; detaillierte bibliografische Daten sind im Internet über http://dnb.d-nb.de abrufbar.

Springer VS

Planung/Lektorat: Barbara Emig-Roller
Springer VS ist ein Imprint der eingetragenen Gesellschaft Springer Fachmedien Wiesbaden
GmbH und ist ein Teil von Springer Nature.
Die Anschrift der Gesellschaft ist: Abraham-Lincoln-Str. 46, 65189 Wiesbaden, Germany

Inhaltsverzeichnis

1   Einleitung 1
   1.1   Die Referentin, der Referent: Einsatzfelder, Aufgaben,
       Qualifikationsanforderungen. 1
   1.2   Worum es in diesem Buch geht. 4

2   Wo stehen Sie? Ein Dutzend Aufgaben zur Orientierung. 7
   2.1   Kommunikative Kompetenz 7
   2.2   Gekonnt texten 9
   2.3   Souverän referieren und präsentieren 11
   2.4   Medien und Öffentlichkeit professionell informieren. 12

3   Worauf es ankommt: Kommunikative Kompetenz. 15
   3.1   Ausdruck und Wirkung: Wir sagen mehr, als wir sagen. 16
   3.2   Höflich, verständlich, situationsangemessen und wertschätzend:
       Reden 19
   3.3   Inhalt und Beziehung, Selbstauskunft und Appell: Hören 28
   3.4   Selbstfürsorge und Perspektivenwechsel: Reden und Hören 33
   3.5   Literaturempfehlungen 37

4   Schriftlich kommunizieren: Gekonnt texten 39
   4.1   Verständlich und anschaulich schreiben: Das Wort 40
   4.2   Verständlich und anschaulich schreiben: Der Satz 53
   4.3   Interesse wecken und aufrechterhalten: Textanfang,
       Überschrift und Textaufbau. 59

4.4 Gewinnende Korrespondenz: Briefe und E-Mails 65
4.5 Aufmerksamkeit wecken: Schreiben fürs Netz. 78
4.6 Informieren statt nerven: Professionelle Berichte. 83
4.7 Schreibhürden überwinden 86
4.8 Literaturempfehlungen 89

5   Mündlich kommunizieren: Souverän referieren, präsentieren
    und moderieren. 91
5.1 Reden schreiben: Ghostwriting. 92
5.2 Mit rhetorischen Stilfiguren und Zitaten Eindruck machen 106
5.3 Reden und Vorträge mit Vorgesetzten trainieren. 111
5.4 Worauf es bei Präsentationen ankommt 117
5.5 Diskussionen gekonnt leiten 123
5.6 Stringent moderieren. 129
5.7 Virtuell präsent sein: Videokonferenz. 140
5.8 Gelassen mit Lampenfieber umgehen. 142
5.9 Genderlekte: Geschlecht, Sprache und Gesprächsverhalten. 145
5.10 Literaturempfehlungen 154

6   Öffentlich kommunizieren: Professionell Medien und
    Öffentlichkeit informieren. 155
6.1 Interesse wecken: Veranstaltungen einladend ankündigen 156
6.2 Informieren: Überzeugende Pressemitteilungen herausgeben 158
6.3 Pressekonferenzen: Sorgfältig vor- und nachbereiten,
    gekonnt einladen und durchführen 165
6.4 Interviews und Hintergrundgespräche: Vorbereiten und
    bestreiten. 173
6.5 Professioneller Umgang mit Journalist*innen. Konflikte
    mit Medien meistern 178
6.6 Shitstorms abwehren: Krisenkommunikation. 182
6.7 Literaturempfehlungen 189

7   Bewerben und starten – Führung und Kritik 191
7.1 Ich will Referent*in werden. Worauf kommt es bei
    Bewerbungen an? 192
7.2 Erster Arbeitstag: Wie stelle ich mich vor? Wie gelingt
    mir Small Talk?. 195
7.3 Umgang mit Kritik: Wie kritisiere ich angemessen?
    Wie reagiere ich gelassen auf Kritik?. 198

7.4   Mitarbeiter*innen-Gespräch: Wie kann ich mich vorbereiten
      und wie auf Augenhöhe kommunizieren?....................208
7.5   Führung: Was kommt da auf mich zu?.....................212
7.6   Literaturempfehlungen 216

Literatur...217

Stichwortverzeichnis 221

Einleitung

1

Sie erfahren in der Einleitung, wie *Referent* in diesem Buch verstanden wird, wo Referentinnen gebraucht und welche Erwartungen an sie gestellt werden.

Ich erläutere, für welche dieser Erwartungen ich Ihnen ein Angebot mache und worin der Vorzug dieses Angebots besteht: Sie können Kenntnisse erwerben und sich Fähigkeiten aneignen, die in vielen Berufen sehr nützlich sind.

1.1 Die Referentin, der Referent: Einsatzfelder, Aufgaben, Qualifikationsanforderungen

Ohne sie würde vielerorts gar nichts gehen – in Vorständen und Parteien, Ministerien und Unternehmensleitungen, Verbänden und Universitäten. Deshalb werden sie gesucht und meist gut bezahlt: Referentinnen und Referenten – ohne oder mit Zusatz: *persönliche* Referentin, *wissenschaftlicher* Referent, *Junior*-Referent, *Senior*-Referentin, *Fach*referent, *Presse*referentin. Oder, wenn sie im öffentlichen Dienst Karriere gemacht haben: Referatsleiter. Eine Referatsleiterin leitet ein Sach- oder Fachgebiet, in dem mehr oder minder viele Referenten arbeiten. Ihre Vorgesetzte ist die Unterabteilungsleiterin, die dem Abteilungsleiter untersteht.

Manche prominente Politikerin startete als Fraktionsreferentin, mancher prominenter Politiker als persönlicher Referent. Referent*innen sind häufig die starke Frau oder der starke Mann hinter wichtigen Entscheider*innen in Politik oder Wirtschaft; sie stehen zwar nicht im Rampenlicht, haben aber häufig großen Einfluss.

© Der/die Autor(en), exklusiv lizenziert an Springer Fachmedien
Wiesbaden GmbH, ein Teil von Springer Nature 2023
N. Franck, *Praxishandbuch für Referent*innen*,
https://doi.org/10.1007/978-3-658-41031-5_1

Einsatzfelder

Wofür werden Referentinnen und Referenten gesucht? Als *persönlicher* Referent, als *Fach*referentin oder als *wissenschaftlicher* Referent.

Als *persönlicher* Referent
*   des (Vize-)Präsidenten einer Universität,
*   einer Verbandsvorsitzenden,
*   des Bürgermeisters für Allgemeine Verwaltung,
*   der Oberbürgermeisterin (zugleich Pressesprecher),
*   eines Bischofs,
*   des Vorstandsvorsitzenden eines Unternehmens,
*   der Niederlassungsleiterin eines Immobilienkonzerns,
*   des Außenministers oder der Bundeskanzlerin.

Stellen für persönliche Referentinnen von Spitzenpolitikern werden nicht ausgeschrieben. Wohl aber Stellen für Referentinnen
*   des Präsidiums einer Hochschule,
*   der Geschäftsführung einer gemeinnützigen GmbH,
*   des Arbeitsbereichs Internationale Angelegenheiten einer Interessenvertretung.

Vor allem jedoch werden *Fach*referentinnen gesucht. Für
*   Cyberabwehr beim Bundesamt für Verfassungsschutz,
*   Qualitätsmanagement (Hochschule),
*   politische Kommunikation (Dachverband),
*   die Betreuung von Spitzenwissenschaftlern (Forschungseinrichtung),
*   Public Affairs (Lobbyverband),
*   wissenschaftliche Nachwuchsführungskräfte (Forschungsverbund),
*   Onlinekommunikation (Banken-Bundesverband),
*   wissenschaftlichen Nachwuchs (Universität),
*   Veranstaltungen (Fachhochschule).

Schließlich: *wissenschaftliche* Referentin eines Verbandes, die den Dialog zwischen Bundesregierung, Wirtschaft und Wissenschaft inhaltlich und organisatorisch vorbereitet.

Anders als zum Beispiel *Presse* referent bezeichnet *persönliche* Referentin, Referent für *wissenschaftliche Nachwuchsführungskräfte*, für die *Betreuung von Spitzenwissenschaftlerinnen* oder für *wissenschaftlichen Nachwuchs* kein klares Berufsbild, dem eindeutig eine Studienrichtung oder ein Ausbildungsgang zuzuordnen wäre. In vielen Fällen wird eine Person für eine meist neue Aufgabe gesucht. Soll diese Person nicht als *Sachbearbeiter,* *(wissenschaftliche) Mitarbeiterin* oder *Beauftragte* bezeichnet werden – hilft Referentin. *Referent* ist also vielfach eine Hilfsbezeichnung. In meinen Augen ist das kein Problem: Auf die Arbeitsbedingungen und Arbeitsanforderungen kommt es an.

Aufgaben

Es gibt überall viel zu tun. Referentinnen und Referenten sollen es anpacken. Vor allem sollen sie organisieren, konzipieren, koordinieren und kommunizieren. Als

- *Referent*in der Geschäftsführung* (ich zitiere aus Stellenanzeigen): „alle Prozesse im Geschäftsführungsbüro steuern", den Geschäftsführer bei „allen konzeptionellen, organisatorischen und operativen Aufgaben unterstützen, Gremien- und Arbeitssitzungen vor- und nachbereiten" und „Sonderprojekte betreuen".
- *Referent*in für politische Kommunikation (m/w):* „Strategien und Maßnahmen der politischen Kommunikation ausarbeiten und umsetzen, Gremienarbeit und Veranstaltungen vorbereiten und leiten, gesundheitspolitische Themen bearbeiten, gesundheitspolitische Debatten auswerten".
- *Referent*in für Infrastrukturpolitik und Partnerschaftsmodelle:* „Vorbereitung und Durchführung von internen und externen Veranstaltungen, Betreuung von Gremien und Internetauftritten des Geschäftsbereichs".
- *wissenschaftliche Referentin:* „Analyse von Studien und Forschungsergebnissen zum Innovationsgeschehen in Wissenschaft, Wirtschaft und Gesellschaft, die Durchführung von Experteninterviews und die Erstellung von Texten und Dossiers". Präsentation von Arbeitsergebnissen und „inhaltliche Vorbereitung von Sitzungen verschiedener Gremien und Arbeitsgruppen".
- *Referent* (ohne Zusatzbezeichnung): „Erhebung und Aufbereitung von Daten, Organisation von Veranstaltungen, Koordination von Projekten und der Arbeit von Fachgruppen".

Wofür auch immer eine Fachreferentin oder ein persönlicher Referent gesucht wird, zu den angegebenen Aufgaben gehören stets:

- Entscheidungsvorlagen erstellen,
- Gremien betreuen und koordinieren,
- Präsentation und Moderation,
- Evaluation von Programmen oder Maßnahmen und Prozessen.

Qualifikationsanforderungen
Was erachten Personalverantwortliche als notwendig, um diese Aufgaben erfüllen zu können? Mit unterschiedlicher Akzentuierung werden stets die folgenden vier Voraussetzungen angeführt:

1. Ein abgeschlossenes *Hochschulstudium* – meist werden genannt: der Sozial-, Geistes-, Wirtschafts- oder Rechtswissenschaften. Universitäten verlangen, wenn es um die Betreuung von Wissenschaftlerinnen oder die Förderung von Doktoranden geht, in der Regel eine Promotion.
2. *Fachkenntnisse* – zum Beispiel in der Wissenschafts- oder Gesundheitspolitik, im Personalwesen oder der Hochschulorganisation, in der Presse- und Öffentlichkeitsarbeit.
3. „Sehr gute", „exzellente" oder „profunde" *Englischkenntnisse* „in Wort und Schrift". Weitere Sprachkenntnisse sind in vielen Bereichen ein Plus.
4. Qualifikationen, die ich unter dem Begriff *Kommunikationsfähigkeit* zusammenfasse:
   * „sehr gute mündliche wie schriftliche Kommunikationsfähigkeit",
   * „komplexe Sachverhalte leicht verständlich in Wort und Schrift vermitteln",
   * „sicheres und gewandtes Auftreten",
   * „vertiefte Kenntnisse bei der Erstellung von Präsentationen",
   * „die Fähigkeit, abstimmungs- und kommunikationsintensive Prozesse erfolgreich zu betreuen",
   * „Kenntnisse in der Presse- und Öffentlichkeitsarbeit sowie im Umgang mit den Sozialen Medien".

1.2   Worum es in diesem Buch geht

Dieses Buch ist für alle gedacht, die Referentin werden wollen. Und für alle, die bereits Referent sind und einen (großen) Schritt vorankommen wollen.

Referent*in werden
Einen Hochschulabschluss haben Sie (bald) und Ihre Englischkenntnisse sind auf C-Level. Sie haben im Studium oder anderweitig Fachkenntnisse für das Feld erworben, das Sie interessiert (und Sie wollen sich nicht unglücklich machen und sich auf eine Stelle bewerben, für die Fachkenntnisse gefordert sind, die Ihnen völlig fremd sind).

Selbstverständlich zeichnen Sie sich durch *Eigeninitiative* aus. Sie sind *flexibel* und *belastbar*, *leistungsbereit* und auch im Detail *zuverlässig*. *Dienstreisen* sind für

Sie ebenso wenig ein Problem wie *Arbeit in den Abendstunden*. Anders formuliert: Für diese Skills gilt: Es wird nichts so heiß gegessen, wie es gekocht wird. Wenn Sie sich auf eine Stelle bewerben, würden Sie sich sicher nicht als *unflexibel* und *unzuverlässig*, als *wenig* belastbar und stress*anfällig* bezeichnen. Sie sollten sich vielmehr bemühen, Ihre Belastbarkeit und Stressresistenz (und andere *Soft Skills*) an Beispielen zu belegen. Wer Studium, Kind und Job unter einen Hut bekommen hat, ist enorm belastbar. Wer Praktika beim Finanzamt oder in einer Steuerberatung gemacht hat, wer Tutorin eines Statistikseminars war, weiß, dass es auf „Zuverlässigkeit auch im Detail" ankommt. Oder: Jede Volontärin in einer Pressestelle hat erlebt, dass Pressearbeit kein Job ist, bei dem sie um 17 Uhr den Stift fallen lassen kann, und jeder, der in einer Fraktion oder Hilfsorganisation gearbeitet hat, kennt Einsätze in den Abendstunden und am Wochenende aus eigener Erfahrung.

Kurz: Um all diese Anforderungen geht es auf den nächsten Seiten nicht, allenfalls um Hinweise, wie Sie auf zu viele Zumutungen souverän reagieren.

Als Referent*in vorankommen

Sie arbeiten bereits als Referentin. Aufgrund Ihres Fachwissens und Ihrer Sachkompetenz füllen Sie Ihren Job gut aus. Sie möchten jedoch einige Herausforderungen professioneller meistern: Sie möchten etwa pointierter formulieren und präsentieren, souveräner kommunizieren und moderieren. Sie möchten selbstsicherer mit Vorgesetzten kommunizieren und sich auf (erste) Führungsaufgaben vorbereiten. Auf den folgenden Seiten finden Sie für diese Vorhaben viele Anregungen. Die Selbsttests im ersten Kapitel unterstützen eine gezielte Lektüre.

Die Themen

Im Mittelpunkt stehen Kenntnisse und Fähigkeiten, die in allen Feldern notwendig sind, in denen Referent*innen arbeiten – unerlässlich, um wechselnde Anforderungen erfolgreich zu meistern. Es geht um Schlüsselqualifikationen, deren Vermittlung an den Hochschulen eklatant vernachlässigt wird.

Im Kern geht es um kommunikative Kompetenz: Ob Sie eine Gremiensitzung vorbereiten oder moderieren sollen, ob Sie Ergebnisse präsentieren oder für die Vorstandsvorsitzende korrespondieren sollen, ob Sie Arbeitsgruppen koordinieren oder eine Rede für den Geschäftsführer schreiben sollen – immer handelt es sich um Kommunikation. Wie Kommunikation gelingen kann, steht daher am Anfang.

In den folgenden Kapiteln stehen unterschiedliche Anwendungen kommunikativer Kompetenz im Mittelpunkt. Im *zweiten Teil* Schreiben, genauer: Texten. Wir lernen zwar Schreiben, aber weder in der Schule noch an der Hochschule lernt man, gekonnt und wirkungsorientiert zu texten. Sie erfahren, wie Sie verständliche und anschauliche Texte zu Papier bringen, wie Ihnen überzeugende Korrespondenz gelingt. Und Sie lernen das Handwerkszeug kennen, das Sie für gute Online-Texte und professionelle Berichte benötigen. Und Sie finden Antworten auf die Frage, wie Schreibhürden überwunden werden können.

Ansprechen statt abschrecken, motivieren statt langweilen, informieren statt überfordern, Eindruck statt die Folienschleuder machen – wie Ihnen das gelingen kann, erläutere ich im *dritten Teil*, in dem es um klassische Aufgabe von Referent*innen geht: Ghostwriting, die Leitung von Diskussionen und Moderieren. Weitere Themen: Umgang mit Lampenfieber und was bei Videokonferenzen zu beachten ist.

Referent*innen müssen sich häufig auch um Presse- und Öffentlichkeitsarbeit kümmern. Sei es, weil es in einem Unternehmen, einer Verwaltung oder einem Landesverband keine Pressestelle gibt und daher zum Beispiel der persönliche Referent der Oberbürgermeisterin zugleich die Rolle des Pressesprechers innehat. Oder: Die Pressestelle erwartet von den Referentinnen, dass sie Vorlagen liefern, an denen wenig verändert werden muss. Oder: In einer großen Fraktion kann sich die Pressestelle nicht um die Wünsche aller Abgeordneten kümmern; dann muss sich ein Fraktionsreferent oder eine persönliche Referentin um Medienkontakte bemühen. Und wenn in einem Ministerium eine Öffentlichkeitskampagne vorbereitet wird, muss der persönliche Referent der Ministerin oder des Staatssekretärs die Planungen zumindest im Blick haben. Die unterschiedlichen Facetten von Pressearbeit sind Themen des vierten Teils.

Nicht alle Anforderungen und notwendigen Kenntnisse und Fähigkeiten lassen sich systematisch einordnen. Deshalb gehe ich im letzten Teil auf weitere Herausforderungen des Berufsfeldes ein. Unter anderem auf den Umgang mit Kritik, das Mitarbeiter*innen-Gespräch und Anforderungen an eine Führungskraft.

Jeder dieser Themenbereich endet mit Empfehlungen zum Weiterlesen.

Last, but not least: Sie und eine Empfehlung
Sie sollten mit Fragen an dieses Buch herangehen. Und gezielt nach Antworten auf Ihre Fragen suchen. Dafür gebe ich Ihnen Anregungen: Ich biete Ihnen ein Dutzend Aufgaben an. Wenn Sie sich die Mühe machen, sich mit diesen Aufgaben zu beschäftigen, ist das mit drei Vorteilen verbunden:

1. Sie lernen gleich zu Beginn Anforderungen an Referentinnen und Referenten anschaulich kennen.
2. Sie erfahren, wo Sie stehen: Was kann ich? Und was *noch* nicht?
3. Sie können gezielt lesen. Und darauf kommt es an.

Auf den nächsten Seiten kommt Arbeit auf Sie zu: Prüfen Sie bitte, bei welchen Anforderungen, vor denen Referentinnen und Referenten stehen, Sie Optimierungsbedarf haben.[1] Eine solche Bedarfsanalyse fällt umso präziser aus, je intensiver Sie sich mit meinem Angebot zur Selbstüberprüfung auseinandersetzen.

Die Lösungen für die zwölf Aufgaben finden Sie in den folgenden Kapiteln. Nicht unter der Überschrift „Lösungen", sondern an verschiedenen Stellen, auf die ich bei den Aufgaben hinweise. Ich will damit unterstreichen, dass es bei den Aufgaben kein eindeutiges *Richtig* oder *Falsch* gibt; vielmehr geht es darum, was situationsangemessen und erfolgversprechend ist. Anders formuliert: Nehmen Sie meine Empfehlungen als Anregungen, als Chance zur Erweiterung Ihres Handlungsrepertoires.

Und nehmen Sie sich für die folgenden zwölf Aufgaben die Zeit, die Sie brauchen, um mit Muße Lösungen zu finden. Es lohnt sich.

2.1 Kommunikative Kompetenz

Was hat sie gemeint? Was will er damit sagen? Einen Vorschlag oder einen Wunsch ablehnen – ohne zu brüskieren. Einen Eindruck oder eine Einschätzung so mitteilen, dass Gesprächsmöglichkeiten eröffnet und nicht verbaut werden. Die Themen der drei ersten Aufgaben.

---

[1] *Optimierung* statt *Perfektionierung* ist eine Orientierung, die das Leben erleichtert. Das begründet Schmid (2018) überzeugend in seinem Bändchen *Selbstfreundschaft*.

© Der/die Autor(en), exklusiv lizenziert an Springer Fachmedien Wiesbaden GmbH, ein Teil von Springer Nature 2023
N. Franck, *Praxishandbuch für Referent*innen*,
https://doi.org/10.1007/978-3-658-41031-5_2

Die Inhalts- und die Beziehungsebene von Kommunikation
Herr Selig hat das gesamte Wochenende gearbeitet. Am Montag berichtet er der Abteilungsleiterin von seinen Arbeitsergebnissen und fragt, ob er sich zum Ausgleich für die Wochenendarbeit am kommenden Freitag freinehmen könne. Es entwickelt sich folgender Dialog:

Abteilungsleiterin: „Nein! Sie wissen doch, dass wir unter enormem Termindruck stehen. Alle, auch Sie, müssen die nächsten zwei Wochen ranklotzen. Für Freizeitwünsche ist kein Raum."
Herr Selig: „Na, hören Sie mal: Ich gönne mir kein Wochenende und Sie ..."
Abteilungsleiterin: „Bleiben Sie bitte sachlich. Emotionen helfen uns nicht weiter. Ich erwarte auch von Ihnen, dass Sie die nächsten zwei Wochen voll dabei sind, damit wir das Konzept und seine Präsentation pünktlich fertigstellen."
Herr Selig: „Also, da bin ich sprachlos. Ich werde mir gut überlegen, ob ich noch einmal ein ganzes Wochenende opfere, wenn Sie so verständnislos reagieren."

Wie hätte Herr Selig souveräner reagieren können? Und was ist problematisch und unprofessionell an dem Verhalten der Abteilungsleiterin? *Versuchen Sie bitte, ein gelungenes Gespräch zu entwickeln.*

Was in einer Aussage steckt
Ihr Urteil ist gefragt. *Bitte entscheiden Sie, welche der folgenden drei Aussagen eindeutig ist, und formulieren Sie eine Antwort für die angesprochene Person.*

- Herr Betz und Frau Betz fahren auf der Autobahn. Frau Betz sitzt am Steuer. Herr Betz: „Du, hier gilt Tempo 100."
- Tobias verabschiedet sich von Tina. Er will zum Sport. Tina: „Das Mineralwasser ist alle."
- Herr Spohn zu seinem Partner: „Ich habe keine Lust, ins Kino zu gehen."

Beschreiben und fragen statt mutmaßen
Sie arbeiten seit acht Wochen in einem Team mit sechs Kolleginnen und Kollegen. Mit drei Kolleginnen und zwei Kollegen kommen Sie gut aus. Nur Jens Schwarz verhält sich Ihnen gegenüber sehr reserviert. Sie wollen wissen, ob ihn etwas an Ihnen stört – und sprechen ihn an. *Notieren Sie bitte Ihre ersten vier Sätze.*

Die verschiedenen Seiten einer Nachricht und wie die Abteilungsleiterin wertschätzend hätte reagieren können, sind Thema im zweiten Kapitel. Wir können nicht in die Köpfe unserer Mitmenschen schauen. Deshalb: Nicht spekulieren, sondern beschreiben, was man wahrnimmt, und fragen, wie es zu verstehen ist. Mehr dazu im Abschn. 7.2.

2.2   Gekonnt texten

Was macht einen Text verständlich und anschaulich? Worauf kommt es bei Korrespondenz an? Wie schreibt man eine gute Rede? Prüfen Sie, ob und wie Ihnen Texte gelingen.

Verständlich und anschaulich schreiben

Schreiben Sie nicht ...   *sondern ...*

kürzer

- Aufgabenstellung
- abschicken
- Sie kennt sich im Bereich Finanzpolitik gut aus.
- in ähnlich gelagerten Fällen
- Problemkreis
- Unkosten
- unserem Vorstand wird zur Last gelegt
- Zielsetzung
- zum heutigen Zeitpunkt

frei von Substantivierungen

- Wir konnten eine Steigerung der Spenden-
  einnahmen verzeichnen.
- Wir haben den Fall noch keiner abschließenden
  Beurteilung zugeführt.

alltagsnahe

- Postwertzeichen
- Fragestellung
- finanzielle Mittel

frei von unnötigen Fremdwörtern,
Anglizismen und Ingroup-Deutsch

- Content
- Drive
- evident
- Hype
- Performance
- Primat
- Visibility

aktiv statt passiv (und ohne
Substantivierung)

- Die Verteilung der Fördermittel erfolgt durch den
  Stadtrat.
- Durch den Rechtsaußen von FC St. Pauli,
  Jan Sobota, wurde ein Elfmeter verwandelt.

erst Hauptsatz, dann Nebensatz

- Künftig können, sollte das aus Kostengründen
  notwendig sein, Referatsleiter*innen Flüge innerhalb
  Deutschlands untersagen.

nicht verschachtelt

- Gestern Morgen, die Krisensitzung hatte bereits
  begonnen, der Vorsitzende langweilte wieder mit
  Geschichten aus der Vergangenheit, traf die Bau-
  genehmigung, auf die wir lange gewartet hatten, ein.

Frei von Floskeln, freundlich und höflich: Briefe und E-Mails

Ein misslungenes Angebot eines Sozialverbandes. *Notieren Sie bitte, was fehlt und welche Formulierungen besonders misslungen sind.*

Angebot über Schülerbeförderung

Sehr geehrte Damen und Herren,

Bezug nehmend auf Ihr Schreiben vom 02.03.2023 bezüglich der Schülerbeförderungstour für Ihre Heimschule unterbreiten wir Ihnen folgendes Angebot:

morgens 8 km * 3,50 € = 28 €

mittags 8 km * 3,50 € = 28 €

Wir müssten den Schüler morgens zwischen 07:00 und 07:15 von zu Hause abholen und mittags zwischen 16:15 Uhr und 16:30 Uhr wieder an der Heimschule abholen und nach Hause bringen.

Wir hoffen Ihnen hiermit gedient zu haben und würden uns über eine Zusage Ihrerseits sehr freuen.

Für Ihr Bemühen danken wir im Voraus und verbleiben

mit freundlichen Grüßen

Reden schreiben: Ghostwriting

Es folgen vier Ausschnitte aus einer Rede. Für den Vorsitzenden eines Dachverbandes geschrieben von einer Fachreferentin. *Sie sollen den Redeentwurf beurteilen.*

„Sehr verehrte Frau Wissenschaftsministerin, meine Damen und Herren, liebe Kolleginnen und Kollegen, liebe Studentinnen und Studenten,

ich sage Ihnen sicher nicht Neues, wenn ich darauf hinweise, dass die Medienlandschaft im Umbruch ist.

Von 4,4 Mrd. € im Jahre 2019 sanken 2020 die Netto-Werbeeinnahmen des linearen Fernsehens auf 4,012 Mrd. €. Das ist ein Rückgang um 8,8 %. Im gleichen Zeitraum stiegen die Einnahmen beim In-Stream Video von 780 Mio. € auf 883 Mio. €. Das ist einen Zuwachs von 13,2 %. Noch härter als das lineare Fernsehen und das lineare Radio, das ein Minus von 9,1 % hinnehmen musste, traf der Rückgang der Werbeeinnahmen den Printbereich. So verzeichneten Tageszeitungen ein Minus von 17,7 % oder rund 366 Mio. €.

Genug der Worte. Ich danke Ihnen für Ihre Aufmerksamkeit. Erheben wir das Glas auf …"

Um Wortwahl und Satzbau geht es in den ersten beiden Abschnitten des vierten Kapitels. Korrespondenz steht im Abschn. 4.4. im Mittelpunkt und Redenschreiben im Abschn. 5.1.

2.3   Souverän referieren und präsentieren

Machen Sie den Langweiler-Check: Haben Sie die Tendenz zum PPP – zum *PowerPoint*-Plagegeist? Orientieren Sie sich noch an den schlechten Vortragsanfängen, die Sie an der Hochschule gehört haben? Und: Mit welchem Typ von Fragen leiten Sie am besten eine Diskussion?

Folie oder nicht Folie? Das ist hier die Frage
Der erweiterte Vorstand ist zusammengekommen. Es wird hoher Besuch aus der Zentrale in London erwartet. Referent Nikolai Stein soll über den Gast, dessen Vita, Ansichten und vermutliche Pläne berichten. Während seiner *PowerPoint*-Präsentation zeigt Stein unter anderem die folgenden drei Folien:

• eine Europalandkarte, auf der verschieden Städte markiert sind: die, in der der Gast geboren wurde, in denen er studierte und gearbeitet hat,
• ein Mindmap, das seine Verbindungen zu wichtigen Personen aus Politik, Wirtschaft, Medien und Kultur zeigt,
• eine Abschlussfolie mit dem Satz: „Ich danke Ihnen für Ihre Aufmerksamkeit."

Welche der drei Folien halten Sie warum für sinnvoll?

Am Anfang: Interesse wecken
Treffen von Mitgliedern eines Forschungsverbundes. Die 28 Damen und Herren kommen aus sehr unterschiedlichen Arbeitsbereichen: Natur- und Sozialwissenschaften, Wissenschaftsmanagement und Fundraising. Referentin Janine Jansen beginnt ihren Vortrag mit folgenden Worten:

„Guten Tag, meine Damen und Herren!
Ich möchte heute über einige zentrale Aspekte der Eliterekrutierung sprechen. Wobei im Folgenden Eliten mit J. A. Ritchwine verstanden werden als, ich zitiere, ‚mehr oder weniger geschlossene Einflussgruppen, die sich aus den breiten Schichten der Gesellschaft und ihrer größeren und kleineren Gruppen auf dem Wege der Delegation oder der Konkurrenz herauslösen, um in der sozialen oder ‚politischen Organisation des Systems eine bestimmte Funktion zu übernehmen.' Ende des Zitats."

Was hätten Sie ihr geraten, zu ändern, um interessanter anzufangen?

Diskussion eröffnen und in Gang halten
Sie leiten eine Diskussion. *Welche der folgenden Fragen halten Sie für zielführend?*

• Wir haben ein eindringliches Plädoyer gehört. Stimmen Sie der Forderung nach flacheren Hierarchien zu?

- Wir haben ein eindringliches Plädoyer gehört. Was meinen Sie zu der Forderung, flachere Hierarchien einzuführen?
- Torben, von dir hab' ich noch gar nichts gehört. Was meinst du zu dem Vorschlag?
- Was ist unter „Work-Life-Balance" zu verstehen?
- Wenn ich Sie recht verstanden habe, Herr Luman, sprechen Sie sich für eine drastische Arbeitszeitverkürzung aus.

Im Abschn. 5.4 geht es um die Frage, worauf es bei einer Präsentation ankommt. Anfang und Ende eines Vortrags sind Themen in 5.1. Im folgenden Abschnitt. werden die Leitung einer Diskussion und Fragetypen behandelt.

2.4   Medien und Öffentlichkeit professionell informieren

Presse- und Öffentlichkeitsarbeit, die Resonanz erzielen will, hält sich an folgenden Grundsatz: Dem Fisch muss der Köder schmecken, nicht dem Angler. Was heißt das für eine Pressemitteilung? Für eine Einladung zu einer Pressekonferenz? Für die Ankündigung von Veranstaltungen?

Informationen statt Substantivketten: Pressemitteilung
Der erste Absatz einer Pressemitteilung. *Was meinen Sie: Was ist misslungen? Warum verzichtet man gerne darauf, weiterzulesen?*

„„Sucht hat immer einer Geschichte'" ist das Leitthema der Öffentlichkeitskampagne zur Suchtvorbeugung des Ministeriums für Arbeit, Gesundheit und Soziales (MAGS) des Landes NRW. Mit der Kampagne soll die Bedeutung und Notwendigkeit der suchtvorbeugenden Arbeit in NRW herausgestellt werden. Sucht wird als umfassendes Problem angesehen, bei dem sowohl persönliche, soziale und suchtmittelspezifische Faktoren als mögliche Ursachen einer Suchtentstehung eine bedeutende Rolle spielen. Eine grundlegende Vorbeugung von Suchtgefahren setzt an bei der Förderung von Persönlichkeitswerten, die einer Abhängigkeit von Suchtstoffen entgegenwirken können."

Neugierig machen statt abschrecken: Einladung zur Pressekonferenz
Die folgende Einladung zu einer Pressekonferenz hat viele Schwächen. *Versuchen Sie bitte, mindestens drei zu entdecken.*

„Sehr geehrte Damen und Herren,
    verschiedene Organisationen und Träger der Altenarbeit/Altenhilfe arbeiten seit ca. zwei Jahren im Bezirk Westend im Netzwerk Westend zusammen. Ein Ergebnis unserer Arbeit ist ein Zielkatalog, den wir im Rahmen einer unserer nächsten

Netzwerk-Sitzungen gern vorstellen und mit Ihnen diskutieren möchten. Inhalt unseres Katalogs sind Notwendigkeiten für den stationären und ambulanten Pflegebereich, deren Einlösung einen entscheidenden Beitrag zur Verbesserung der Situation älterer Menschen im Ostend bedeuten könnte.

Als Termin schlagen wir Ihnen den 23. Oktober ...., um 15:00 Uhr im Frieda-Carlo-Heim, Bertha-von-Suttner-Straße 8, vor. Bitte teilen Sie uns unter der Rufnummer 12 34 56 – 0, Frau Hageman, mit, ob dieser Zeitpunkt für Sie infrage kommt.

Zur Vorstellung unseres Zielkatalogs werden wir auch Herrn Dehm, Dezernent für Jugend und Soziales, und die Fraktionen der im Bezirk vertretenen Parteien einladen.

Mit freundlichem Gruß

Eva Hageman

(Sprecherin)"

Interessieren statt Rätsel aufgeben: Veranstaltungsankündigung

„‚Die Problematik der Rentenfinanzierung unter besonderer Berücksichtigung der zu erwartenden Bevölkerungsentwicklung bis zum Jahr 2030‘ ist das Thema, zu dem am kommenden Mittwoch, 3. Mai, im Vortragssaal des Stadtmuseums, Greifallee 4, Renate Burg-Lehmann, sozialpolitische Expertin der CDU, spricht. Beginn 20 Uhr. Der Eintritt ist frei."

Stellen Sie sich bitte vor, Sie seien Referentin bzw. Referent von Frau Falk. Wie würden Sie das Vortragsthema formulieren, damit es auf Interesse stößt?

Was eine professionelle Pressemitteilung ausmacht und wie eine einladende Einladung zur Pressekonferenz geschrieben werden sollte, erläutere ich in den Abschn. 6.2 und 6.3. Im Abschnitt zuvor geht es um die Frage, worauf es bei der Ankündigung von Veranstaltungen, Tagungen und Konferenzen ankommt.

Worauf es ankommt: Kommunikative Kompetenz

3

Kommunikation kann gelingen und misslingen. Im Kleinen und im Großen. Im Umgang mit Kolleginnen und Kollegen, Vorgesetzten und Kunden, Spenderinnen und Mitgliedern, mit *der* Öffentlichkeit und natürlich im Umgang mit der Partnerin oder dem Freund.

Kommunikation ist ein entscheidender Erfolgsfaktor. Individuell und für Unternehmen, Regierungen, Stiftungen, Parteien und Verbände. Deren Marktwert oder Ansehen hängt maßgeblich von ihrer Kommunikation ab. Um es in einer häufig gebrauchten Wendung zu sagen: Kommunikation ist nicht alles, aber ohne erfolgreiche Kommunikation ist alles nichts.

Damit meine ich *nicht:* die Sprüche von Parteivorsitzenden und Konzernchefs, die nach Wahlniederlagen oder Skandalen davon reden, dass die Kommunikation verbessert werden müsse, dass es nicht gelungen sei, das ausgezeichnete Wahlprogramm überzeugend zu kommunizieren, dass die Bemühungen um mehr Transparenz und Nachhaltigkeit nicht ausreichend kommuniziert worden seien.

Die Öffentlichkeit erkennt in solchen Fällen die Absicht und ist verstimmt: Wir wollen nicht darüber nachdenken, ob unser Programm unzureichend und unser Spitzenkandidat die falsche Wahl war. Wir wollen nicht einräumen, dass wir Mist gebaut und das Vertrauen der Kundinnen und Kunden missbraucht haben.

Ich meine vielmehr
* Gespräche mit Vorgesetzten und Kolleg*innen (vgl. Aufgabe 1 und 3), die Probleme verschärfen – oder lösen,

© Der/die Autor(en), exklusiv lizenziert an Springer Fachmedien
Wiesbaden GmbH, ein Teil von Springer Nature 2023
N. Franck, *Praxishandbuch für Referent*innen*,
https://doi.org/10.1007/978-3-658-41031-5_3

- schriftliche Kommunikation mit Kunden, Spenderinnen oder Mitgliedern, die nachlässig – („Hallo") und unhöflich („Mfg") oder professionell sein kann (Aufgabe 4 und 5),
- Präsentationen, Reden und Vorträge, die langweilen und einschläfern – oder interessieren und motivieren (Aufgabe 7 und 8),
- Kommunikation mit Medien, die signalisiert, *sollen die Journalisten doch sehen, was sie aus meiner Pressemitteilung machen* – oder zum Ausdruck bringt, *ich weiß, welche Informationen Journalistinnen brauchen* (Aufgabe 10 und 11).

Anders formuliert: In diesem Kapitel geht es um Grundlagen erfolgreicher Referententätigkeit, um Kompetenzen, die auch für die folgenden Kapitel von entscheidender Bedeutung sind. Referent*innen sind keine Sachbearbeiter*innen. Vielmehr *kommunizieren* sie vor allem über Sachverhalte – seien es die Pläne der Geschäftsleitung oder Qualitätsmanagement, Rundfunk- oder Verkehrspolitik, Förderung des wissenschaftlichen Nachwuchses oder die Entscheidung der Oberbürgermeisterin.

Ich zeige auf den nächsten Seiten, was notwendig ist, damit Kommunikation gelingt.

3.1 Ausdruck und Wirkung: Wir sagen mehr, als wir sagen

Ich komme auf die erste Aufgabe (Abschn. 2.1) zurück. Das Gespräch wäre anders verlaufen, hätte die Abteilungsleiterin es zum Beispiel so eröffnet: „Ich finde es prima, dass Sie das gesamte Wochenende für unser Projekt gearbeitet haben."

Wäre es ihr gelungen, diese *wertschätzende* Äußerung mit folgendem Appell zu verbinden: „Ich bitte Sie um Verständnis, dass …" – hätte Herr Selig wahrscheinlich weniger aufgebracht reagiert. Zumal dann, wenn sie den Versuch unternommen hätte, „bleiben Sie bitte sachlich" zu ersetzen durch: „Ich kann Ihre Enttäuschung nachvollziehen."

Und wie hätte Herr Selig souveräner reagieren können? Zum Beispiel so: „Mit Ihrer Entscheidung muss ich mich wohl abfinden, mit Ihrem Ton aber nicht. Einen Dank für mein Engagement fände ich angebrachter als eine Belehrung."

Balance zwischen Ausdruck und Wirkung
Herr Selig hat seinen Ärger über die unfreundliche Reaktion der Abteilungsleiterin zum *Ausdruck* gebracht. Er hat jedoch nicht die *Wirkung* erzielt, auf die es in diesem Gespräch (akzeptieren wir einmal das Nein der Abteilungsleiterin) angekommen wäre: eine angemessene Umgangsform der Abteilungsleiterin.

Ausdruck und Wirkung sind zwei Grundfunktionen von Kommunikation. Wir stehen im Beruf und im Alltag vor der Herausforderung, eine Balance zwischen beiden Funktionen herzustellen.

Ausdruck meint: Wir informieren – verbal oder nonverbal, explizit oder implizit – darüber, was in uns vorgeht. *Wirkung* meint: Wir wollen mit unserer Äußerung etwas erreichen – zum Beispiel aufmuntern oder dazu bewegen, etwas zu tun oder zu unterlassen.

Wir lachen oder weinen, weil wir uns freuen oder traurig sind. Und wir können lachen, weil wir uns einschmeicheln (anpassen oder uns von unserer Schokoladenseite zeigen) wollen und weinen, um Mitleid zu erregen. Im ersten Fall sind Lachen und Weinen authentischer *Ausdruck* unserer Gefühle, im zweiten *Mittel* zum Zweck.

Wird eine der beiden Grundfunktionen verhaltensbestimmend, kostet das – mindestens – Sympathie: Als unangenehm erleben wir Menschen, die auf die Wirkung ihrer Worte keine Rücksicht nehmen und sich wie emotionale Trampel aufführen – zum Beispiel brüllen und fluchen, wenn sie sich ärgern, weil etwas schiefgelaufen ist, oder ohne Rücksicht auf die bedrückte Kollegin, den kränkelnden Kollegen ihre supergute Laune demonstrativ unter Beweis stellen.

Ebenso wenig beliebt sind Menschen, deren Kommunikationsverhalten in erster Linie von Taktik und Takt bestimmt wird, die Worte nur von der angestrebten Wirkung her wählen; sie gelten als nicht „echt", als jemand, die nicht sagt, was sie denkt, oder als jemand, der „aalglatt" ist.

Als *gelungen* kann eine Balance zwischen Ausdruck und Wirkung dann bezeichnet werden, wenn Gefühle und Wünsche ausgedrückt werden und situationsangemessen zielbezogen kommuniziert wird, wenn Ausdruck und Wirkung übereinstimmen. Ein einfaches Beispiel: Mit einem unüberhörbaren „Super!" bringt ein Kollege seine Freude über den gelungenen Abschluss der Jahresbilanz zum Ausdruck und erzielt das gewünschte Resultat: die Aufmerksamkeit seiner Kolleginnen und Kollegen.

Wie kann das in komplexeren Lebenslagen gelingen? Ich beziehe mich auf die zweite Aufgabe (im Abschn. 2.1). Wie hätten Sie geantwortet? So

- „Danke, das habe ich übersehen."
- „Ich besorge auf dem Rückweg welches."
- „Geht es dir nicht gut?"

Oder so

- „Fährst du? Oder fahre ich?"
- „Ja, das habe ich auch schon bemerkt."
- „Dann bleiben wir halt zu Hause!"

Die vier Seiten einer Äußerung

Drei kurze Sätze. Mit großem Interpretationsspielraum. Der Grund: Eine Äuße-rung enthält mehr als eine Sachaussage. „Jede Kommunikation enthält einen In-halts- und einen Beziehungsaspekt" (Watzlawick et al. 1996, S. 53). Mehr noch: Eine Äußerung hat, so Friedemann Schulz von Thun (2012), vier Seiten. Mit dem *Inhalt* einer Aussage („Das Mineralwasser ist alle") teilen wir

- etwas über uns mit (zum Beispiel: *Ich möchte Mineralwasser im Hause haben*) und
- darüber, wie wir zu unserem Gegenüber stehen *(Ich erwarte, dass du dich da-rum kümmerst)* und
- was unser Gegenüber tun oder unterlassen soll *(Besorge Mineralwasser!)*.

Der *Inhalt* (1.) einer Äußerung ist also „begleitet" von einer
2. *Selbstauskunft* und einer
3. *Beziehungsaussage* sowie einem
4. *Appell*.

Ins Bild gesetzt in Abb. 3.1 und 3.2.

Alle vier Seiten sind immer gleichzeitig im Spiel. Appell, Selbstauskunft oder Beziehungsaussage können – wie in den vorangegangenen Beispielen – in einer Äußerung *implizit* ausgesprochen werden. Oder sie werden ausdrücklich formuliert:

- *Selbstauskunft*
  Frau A zu Kollegin B: „Ich fand das toll, wie du die Vorlage visualisiert hast."
- *Beziehung*
  Referent A zu Referentin B: „Diese Vorlage fällt in deinen Zuständigkeits-bereich."
- *Appell*
  Chefin zum Referenten: „Bitte laden Sie noch den Abgeordneten Bause zu un-serer Konferenz ein."

Das Modell kann helfen, bewusster zu kommunizieren, Missverständnisse und Konflikte zu vermeiden. Das Wissen über die vier Seiten einer Äußerung erweitert das Kommunikationsrepertoire und kann zu einer Balance von Ausdruck und Wir-kung in der Kommunikation beitragen. Was bedeutet das praktisch? Wenn wir re-den? Und wenn wir hören, was andere sagen? Um diese Fragen geht es auf den folgenden Seiten.

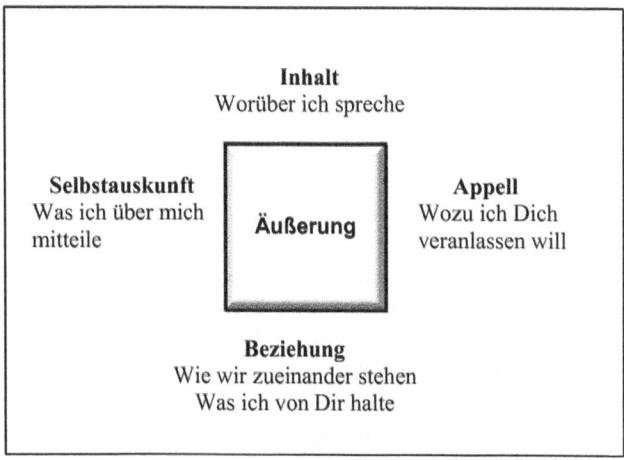

Abb. 3.1 Das Kommunikationsquadrat. (Eigene Darstellung – nach Schukz von Thun 2012)

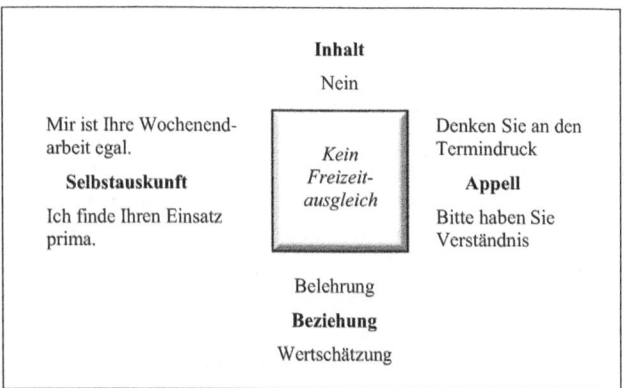

Abb. 3.2 Die vier Seiten einer Äußerung. (Eigene Darstellung)

3.2 Höflich, verständlich, situationsangemessen und wertschätzend: Reden

Wenn eine Äußerung neben der Inhaltsseite eine Beziehungsseite hat, eine Selbstauskunft und einen Appell enthält, dann ist es nützlich zu wissen, worauf es bei jeder dieser vier Seiten ankommt, damit Kommunikation gelingt.

Inhalt: Verständlich formulieren und vollständig informieren
Sie beugen Missverständnissen vor, wenn Sie verständlich formulieren und vollständig informieren. Missverständnisse, die sich auf das Arbeitsergebnis auswirken können und auf Ihr Ansehen. Denn Verständlichkeit ist ein Gebot der Höflichkeit. Werden komplizierte Sätze nicht verstanden, richtet sich das gegen die Sprecherin oder den Redner: *Der kann sich wohl nicht vernünftig ausdrücken. Die ist sich wohl zu schade, sich für alle verständlich auszudrücken.*

Vollständig informieren bedeutet, wenn Sie möchten, dass Ihr Auftrag ausgeführt, Ihrer Bitte entsprochen wird, vor allem: den Auftrag und die Bitte zu begründen. Der Grund: Soll ich einer Bitte entsprechen oder einer Anweisung folgen, muss sie mir einsichtig sein. Fehlende Begründungen werden auf der Beziehungsebene als Willkür erlebt. Nicht nur von Kindern und Jugendlichen. Dieser Hinweis gilt, um keine Missverständnisse aufkommen zu lassen, nicht für jede alltägliche Bitte oder Aufforderung und nicht für jeden Auftrag: „Herr März, mailen Sie mir doch bitte einmal das Protokoll der Vorstandssitzung." „Betreten Sie den Meditationsraum bitte nicht mit Straßenschuhen."

Sprechen Sie zudem, wenn Sie als zugewandt und selbstsicher wahrgenommen werden wollen, präzise und situationsangemessen.

Präzise: Wenn ich möchte, dass mein Gegenüber mir beim Abendessen das Salz reicht, sage ich: „Geben Sie mir doch bitte mal das Salz." Eine präzise und höflich formulierte Bitte. Würde ich sagen „Können Sie mir bitte mal das Salz geben?", könnte mein Gegenüber, wäre es zu Scherzen aufgelegt, „Ja" antworten und weiteressen. Alle verstehen bei so formulierten Bitten, was wir meinen. Die Angewohnheit, zu fragen – statt zu bitten, zu wünschen oder zu fordern und zu meinen – kann allerdings zum Problem werden: Wenn wir uns hinter Fragen verstecken und wenn die Fragen als Unsicherheitssignal wahrgenommen werden (siehe auch Abschn. 5.9). Wer konkret und direkt spricht, beugt dem vor.

Situationsangemessen: Wir kommunizieren nicht im luftleeren Raum, sondern in einem „Erwartungsfeld". Sie erwarten an Ihrem Geburtstag, dass man Ihnen zunächst einmal gratuliert. Sie wären irritiert, würde ein Freund das Gespräch mit der Frage eröffnen, ob Sie ihm beim Umzug helfen können. Ihre Kollegin, die im Krankenhaus war, erwartet an ihrem ersten Tag im Büro, dass Sie sie zunächst nach ihrem Befinden fragen und nicht sofort über die Arbeit sprechen. Schulz von Thun (2012, S. 27): Nicht selten „ist das, was *nicht* gesagt wird, von größerer Bedeutung als das Gesagte. Das Nicht-Gesagte ist dann von Belang, wenn der Empfänger eine bestimmte Äußerung … *erwartet* (erhofft, befürchtet)".

Und findet Frau Brock es situationsangemessen, wenn ihre Kollegin auf die Aussage „Ich fühle mich so hilflos, wenn es ein Problem mit dem PC gibt. Ich will nicht immer einen EDV-Kollegen um Hilfe bitten" mit folgendem Satz antwortet: „Du musst doch nur online recherchieren. Mittlerweile gibt es dort Antworten auf fast alle Probleme"? Sicher nicht: Auf eine *Selbstauskunft* wird mit einem technischen Lösungsvorschlag geantwortet. Technischer Sachverstand geht einher mit schwächelnder kommunikativer Kompetenz. Frau Brock hat mit Sicherheit eine Reaktion auf den *ersten* Teil ihres Satzes erwartet.

Selbstauskunft: Situationsangemessen über sich sprechen
Wenn ich etwas sage, sage ich auch etwas über mich. Entweder *ausdrücklich*: „Mir geht es gut." „Das weiß ich nicht." „Das finde ich spannend." Oder als *Teil* meines Diskussionsbeitrags, meiner Anweisung, meiner Kritik oder meines Heiratsantrags. Wir geben zum Beispiel mit einem Diskussionsbeitrag in großer Runde oder mit einer Präsentation Auskunft über unsere Sachkenntnis und Argumentationsfähigkeit, über die (Un-)Sicherheit, vor vielen Menschen zu sprechen, über die Neigung zur Ironie oder die Abneigung gegenüber stereotypen Argumentationsmustern.

Soll man diese Selbstauskunft bewusst steuern? Soll man Zurückhaltung an den Tag legen? Meine Antwort lautet: situationsangemessen persönlich werden.

Persönlich werden – Vorteile
Ein *Small Talk* (vgl. Abschn. 7.2) ohne Selbstauskunft erlahmt schnell: „Schönes Wetter heute." „Ja." „Hat ja lange genug geregnet." „Ja, fürchterlich!"

Die Alternative: „Ich habe das schöne Wetter sofort genutzt, um wieder mit dem Joggen zu beginnen." „Ach, Sie joggen auch. Haben Sie eine feste Strecke?"
Das *Ich* weckt Interesse und eröffnet Gesprächsmöglichkeiten. Nun ist der Hinweis, dass man joggt, eine unverfängliche Selbstauskunft, mit der man sich nicht blamieren kann. Was ist mit Gefühlen, mit Ängsten und Hoffnungen, mit Freude und Ärger?
Darüber sprechen Sie im Privaten, in der Beziehung. Im Beruf sehen Sie dafür keinen Platz: Wer vorankommen will, darf sich keine Blöße geben. Oder?
Ich antworte mit einer kleinen Geschichte: Robert ist neu in einem Team von sieben Kolleginnen und Kollegen. Im Team ist es Usus, dass einmal im Monat ein Team-Mitglied zu sich nach Hause einlädt. Zum nächsten Treffen wird auch Robert eingeladen. Es gibt Fingerfood, und es geht lebhaft zu. Eine Kollegin erzählt anschaulich von den Pannen beim Hausbau, ein Kollege schildert die Schwierigkeiten mit seinem pubertierenden Sohn, ein drittes Team-Mitglied schwärmt von seiner Radtour entlang der Loire. Robert hält sich mit Persönlichem zurück. In Stichworten informiert er über seinen beruflichen Werdegang, ansonsten stellt er nur Fragen zum Unternehmen und zur Arbeit. Und so verhält er sich auch beim

Mittagessen, zu dem ihn die Team-Mitglieder in die Suppenküchen und Salatbars in der Umgebung mitnehmen. Anfänglich. Bald wird er nicht mehr gefragt, ob er mitkommt: Sein Know-how wird geschätzt, aber das spielt in der Mittagspause keine Rolle. Die einen finden ihn langweilig, die anderen verschlossen. Das spricht sich herum. Beim ersten Betriebsausflug des Unternehmens setzt sich im Bus niemand neben ihn. – Mit dem Vorhang vor dem Ich, hat Robert sich nicht geschützt, sondern ausgeschlossen.

Sie wenden vielleicht ein: Robert hätte ja mal etwas erzählen können, zum Beispiel über sein Hobby oder seine Urlaubspläne, wie er den letzten *Tatort* fand oder ob er sich für Wintersport interessiert. Aber wie steht es mit Gefühlen, mit Schwächen, Ärger und Enttäuschungen? Gilt man nicht schnell als „Sensibelchen", als „Weichei" oder als jemand, der (vor allem: die) „nahe am Wasser gebaut hat"? Und was ist mit Freude oder Sympathie?

Der kalte Technokrat, der nie ein Gefühl erkennen lässt, wird vielleicht gefürchtet. Gemocht wird er mit Sicherheit nicht. Wer seine Betroffenheit ständig wortreich auf der Zunge trägt, läuft Gefahr, zur Karikatur zu werden. Jederzeit abrufbare Betroffenheit wirkt nicht authentisch, sondern manipulativ; schlichter: Sie nervt.

Dagegen gelten *spontan* gezeigte Gefühle heute – sieht man einmal von den Chefetagen großer Banken und Konzerne ab – nicht mehr als Schwäche, sondern finden Anerkennung.

Wer Emotionen äußert – statt sie aus Sorge um die Wirkung auszublenden –, erhöht die Chance, dass Kommunikation gelingt. Die folgende „Wirkungskette" verdeutlicht das: Je deutlicher ich mitteile, was in mir vorgeht, desto besser ist zu verstehen, was ich sage. ⇨ Je weniger mein Gegenüber rätseln muss, was mit mir ist und was ich will, desto entspannter kann es zuhören. ⇨ Je aufmerksamer mir zugehört wird, desto mehr fühle ich mich verstanden und bringe deshalb meinem Gegenüber Wertschätzung entgegen. ⇨ Diese Wertschätzung schließlich ermutigt mein Gegenüber, sich gleichfalls offen auszudrücken (Rogers 2016, S. 333 f.).

Persönlich werden – situationsangemessen
Eine Selbstauskunft muss *situationsangemessen* sein, soll sie eine positive Wirkung haben. Das heißt: Sie müssen die Beziehung zu Ihrem Gegenüber klären: Was können Sie einer Kollegin, einem Mitarbeiter, einer Freundin offenbaren? Lässt es Ihre Rolle zu, einem Mitarbeiter von Ihrem Liebeskummer zu erzählen? Ist es angemessen, Anweisungen als Selbstauskunft zu „tarnen"? *„Ich würde mich freuen,* wenn ihr bis zur nächsten Woche die neuen Sicherheitsvorschriften lesen würdet." Eine solche Selbstauskunft ist nur dann dem Verhältnis zu Auszubildenden angemessen – und nur dann echt –, wenn die Auszubildenden eine Wahl haben: „Ich würde mich freuen, wenn sich viele von euch am Samstag an unserem Solidaritätsbasar beteiligen würden."

Der Sohn einer Bekannten erhielt vor einiger Zeit von einer Universität in Niedersachsen folgende Absage:

„Sehr geehrter Herr …,
für Ihr Interesse an … möchte ich mich bedanken.
Bei der Besetzung dieser Position habe ich einer anderen Bewerbung den Vorzug eingeräumt.
Ihre Bewerbungsunterlagen gebe ich Ihnen zu meiner Entlastung anbei zurück.
Für Ihre weitere berufliche Zukunft wünsche ich Ihnen alles Gute.
Mit freundlichen Grüßen
…" (Hervorhebung von mir)

Der Absender ist ganz bei sich – und sehr ignorant: *Sie haben mir mit Ihrer Bewerbung Arbeit gemacht. Das war lästig. Jetzt entlaste ich mich. Und basta!* Der Absender hat nicht einen Gedanken darauf verwendet, was die Absage für den Empfänger bedeutet: Es geht überhaupt nicht um seine Entlastung; vielmehr wäre ein Wort des Bedauerns angebracht gewesen.

Selbstauskunft meint nicht: Verzicht auf Höflichkeit und soziale Ignoranz. Selbstauskunft erfordert vielmehr, die Perspektive des oder der anderen zu bedenken, wenn Kommunikation gelingen soll. Kurz: Wenn ich kommuniziere, habe ich Verantwortung für mich (wie geht es mir?) *und* für mein Gegenüber (was geht?).

Vergewissern Sie sich deshalb, ob das, was Sie sagen wollen, „passt" – unter vier Gesichtspunkten:

• Passt das *Gegenüber* zum Thema? Ich habe unbekannten Sitznachbarn im Zug nicht von meinen Schwierigkeiten berichtet, dieses Buch zu schreiben.
• Passt das *Thema* zum Gegenüber? Ich erzähle einem Freund nicht sehr ausführlich von meiner Radtour im Baltikum, wenn sich mein Freund weder für die Region noch für diese Art zu reisen interessiert.
• Passt dem Gegenüber der *Zeitpunkt*? Ich berichte einer Kollegin nicht detailliert von Gesundheitsproblemen, wenn sie intensiv mit dem Quartalsbericht beschäftigt oder auf dem Sprung zu einer Dienstreise ist.
• Passt die Selbstauskunft zur *Rolle*? Hätte die Abteilungsleiterin, von der im Abschn. 2.1 die Rede ist, ein Bedauern ausgedrückt, dass sie den Freizeitausgleich nicht genehmigen kann, statt ihren Unmut über Herrn Selig zu äußern, hätte sie das Gespräch souveräner und zielorientierter führen können.

Und wenn es um existenzielle Fragen geht? Dann ist ein kühler Kopf erforderlich. Wer seinen Job behalten will, sollte nicht wiederholt zum Chef sagen, dass er „nervt" oder einen „auf die Palme bringt". Sehr wohl aber sollte man ihm – statt still zu leiden – sagen, dass man *es besser fände, wenn er …*

Ein zweites Beispiel: Referent A soll für Staatssekretärin B eine Rede schreiben. Der Referatsleiter erläutert detailliert, was Referent A wie zu schreiben hat. In dem Referenten steigt Ärger auf; schließlich ist es nicht die erste Rede, die er für die Staatssekretärin schreibt, und er beherrscht sein Handwerk. Was soll er sagen? „Sie müssen mir nicht sagen, wie ich meine Arbeit zu machen habe." Mit dieser Reaktion wäre er ganz „bei sich". Bloß: Sie käme beim Referatsleiter überhaupt nicht gut an.

„Ja, ich verstehe, okay, wird gemacht, kein Problem." Mit dieser Selbstverleugnung würde er tagelang hadern; sie würde seine Selbstachtung beeinträchtigen.

Mein Vorschlag: „Ich verstehe, in welche Richtung Ihre Anregungen gehen." Mit „Ihre Anregungen" bringt er zum Ausdruck: *Ich nehme Arbeitsaufträge an, lasse mir aber keine detaillierten Vorschriften machen.* Situationsangemessen!

Beziehung: Respekt und Wertschätzung
Sie können einen Kollegen fragen: „Wann bekomme ich deinen Beitrag für den Jahresbericht?" Und Sie können sagen: „Bekomm' ich *bald mal* deinen Beitrag für den Jahresbericht?"

Beide Sätze enthalten eine Stellungnahme zur Person („Du-Botschaft": Was halte ich von dir/Ihnen) und eine zur Beziehung („Wir-Botschaft": So stehen wir zueinander):

* „Wann bekommen ich deinen Beitrag für den Jahresbericht?"
  Die Du-Botschaft: neutral.
  Die Wir-Botschaft: *Es ist deine Aufgabe, mir einen Beitrag zu liefern.*
* „Bekomm' ich bald mal deinen Beitrag für den Jahresbericht?"
  Die Du-Botschaft: *Du bist in Verzug!*
  Die Wir-Botschaft: *Du bist dafür zuständig, mir pünktlich einen Beitrag zu liefern.*

Mit der zweiten Version ist nichts gewonnen, aber vielleicht die Sympathie des Kollegen verloren.

Ein anderes Beispiel: In der Kantine unterhalten sich zwei Kollegen so lautstark über ihre Magen- und Darmbeschwerden, dass man jedes Wort versteht. Man kann seinem Ärger, nicht in aller Ruhe essen zu können, so Luft machen: „Müssen Sie so unappetitliche Themen beim Essen besprechen?" Oder: „Offen gestanden, interessieren mich Ihre Beschwerden überhaupt nicht."

Das Ziel, die beiden senken ihre Stimmen, erreicht man so wohl kaum. Das gelingt eher dann, wenn man auf negative Beziehungsbotschaften (ihr nervt!) verzichtet und darum bittet, etwas leiser zu sprechen (Appell), oder sagt, dass man peinlich berührt ist, solche intimen Gespräche mitzubekommen (Selbstauskunft).

Mein Sitznachbar in der Bahn hört laut Musik; trotz seines Kopfhörers belästigen mich blecherne Töne. Ich möchte, dass sich dieser Zustand ändert. Deshalb gebe ich nicht meinem Unmut nach und sage: „Müssen Sie Ihre blöde Musik so laut machen?" Vielmehr formuliere ich einen Appell, den ich vielleicht mit einer Selbstauskunft verknüpfe: „Würden Sie bitte die Musik etwas leiser machen, sie ist deutlich zu hören." Oder: „Ich bin kein Hardrock-Fan, würden Sie bitte die Musik etwas leiser machen?"

„Herr Selig, bleiben Sie bitte sachlich! Emotionen bringen uns nicht weiter." Die Botschaften der Abteilungsleiterin: *Sie sind unsachlich, mit Ihrer Emotionalität blockieren Sie ein vernünftiges Gespräch.* Eine mögliche Alternative mit einer anderen Beziehungsbotschaft: „Ich kann Ihren Wunsch gut verstehen. Ich möchte Sie dennoch bitten …" – Wertschätzung und Respekt sind auch in hitzigen Auseinandersetzungen die bessere Wahl.

Appell: Positiv und zurückhaltend
„Würden Sie bitte die Musik leiser machen." Der Appell ist eindeutig. Oft wird verdeckt appelliert. Um offene und verdeckte Appelle geht es auf den nächsten Seiten.

Offene Appelle
Ich plädiere für offene Appelle und dafür, sehr zurückhaltend zu sein mit Appellen an die Gefühle anderer. Und ich rate zu Gelassenheit, wenn Ihrem Appell nicht gefolgt wird.

1. Positiv formulieren
Die Appelle in den vorangegangenen Beispielen sind *positiv* formuliert. Nicht: Was unterlassen werden soll (die Musik *so laut*), sondern: Was gemacht werden soll (die Musik *leiser*). Der Grund: Wer positiv formuliert, vermeidet Abwertungen.

Ein Beispiel: Herr Weber kritisiert (wie so oft) eine geplante Neuerung. Genervt fällt der Appell an Herrn Weber so aus: „Jetzt jammern Sie doch nicht so! Das bringt uns doch nicht weiter!" – Ein Appell, der auf der Beziehungsebene mit einer Kritik verbunden ist.

Lässt man sich nicht vom Unmut über Herrn Webers häufige Klagen leiten, kann man positiv formulieren: „Ich bitte Sie, sich auf die Veränderungen einzulassen."

Der so formulierte Appell kann mit einer Beziehungsbotschaft verbunden werden: „Ich kann verstehen, dass die Veränderungen erst einmal verunsichern." Und er kann um ein Angebot ergänzt werden: „Lassen Sie uns in drei Monaten eine Bilanz der Neuerungen ziehen."

2. Zurückhaltend sein

„Sei doch nicht so ...“ „Du musst ...“ „Sie dürfen auf keinen Fall ...“ Wer auf solche und ähnliche Appelle verzichtet, erleichtert sich und anderen das Leben.

Ein Beispiel: Herr A arbeitet im Obergeschoss eines dreistöckigen Bürohauses. Im Stockwerk unter ihm arbeitet sein Chef, ein starker Raucher, der im Frühling, Sommer und Herbst auf dem kleinen Balkon seines Büros raucht und dabei lautstark telefoniert. Herr A hält deshalb immer alle Fenster geschlossen. Auch im Hochsommer. Herr A traut sich nicht, seine Beeinträchtigung anzusprechen. Sein Freund: „Du darfst dir das nicht bieten lassen. ‚Sag‘ ihm, dass dich das stört!“ Herr A: „Ich ‚trau‘ mich nicht. Der sitzt doch am längeren Hebel. Und wenn er stur bleibt, stehe ich doof da.“ Freund: „Sei doch nicht so ängstlich. Du musst das ruhig und sachlich ansprechen. Der kann dir doch nichts!“

Der Freund mag recht haben. Herrn A hilft das nicht. Mit Appellen oder Ratschlägen und Empfehlungen schafft man keine Angst oder Unsicherheit aus der Welt. Dazu sind mehr Anstrengungen und Unterstützung notwendig. Herr A weiß, was er „müsste“ oder „sollte“. Dass der Freund ihm das noch einmal vor Augen führt, macht ihn nur unglücklicher!

Ein weiterer Grund, in bestimmten Situationen auf Appelle zu verzichten: Menschen wollen in unterschiedlichen Lebensbereichen eigenständig handeln. Deshalb kann es sinnvoll sein, gelegentlich nicht zu sagen, was man sich vom Partner wünscht oder vom Praktikanten erwartet. Zwei Beispiele:

Ihr Partner hat angekündigt, dass er am Abend kocht. Sie würden gerne wieder einmal Spitzkohl mit Lachs essen. Genau damit möchte er Sie überraschen. Wenn Sie ihm Ihren Wunsch mitteilen, ist für ihn die Freude dahin.

Vor allem Praktikant*innen und Auszubildende sollten ab und an eine „Meine-Idee“-Chance erhalten: eigenständig auf diesen Gedanken zu kommen oder jenen Vorschlag zu machen. Der Appell „Überlegen Sie einmal, wie ...“ macht aus dem Überlegen einen Auftrag, eine Pflicht – keine Eigeninitiative.

3. Gelassenheit

Handlungs- oder Verfahrensappelle können nützlich sein und trotzdem unerhört bleiben. Ein Beispiel aus meiner Tätigkeit als Leiter einer Abteilung für Presse- und Öffentlichkeitsarbeit: Meine Kollegin, Leiterin der Fundraising-Abteilung, hörte meine Anregungen vorrangig als Belehrung; sie empfand meine Empfehlungen als Übergriff in ihr „Reich“. Das war ebenso selbstschädigend wie die Weigerung eines Kindes, der Aufforderung der Mutter zu folgen, beim Radfahren einen Helm zu tragen.

Die „Appell-Allergie" (Schulz von Thun) ist an kein Alter gebunden. Sie richtet sich nicht gegen den Appell-Inhalt. Meine Kollegin wollte *von mir* keinen Rat annehmen. Widerstand löst ihr Beziehungsverständnis aus: *Du hast mir gar nichts zu sagen.* Das Kind will nicht *der Mutter* folgen: *Ich habe keine Lust, immer nach deiner Pfeife zu tanzen.*

Wenn Vorschläge als Vorschriften gehört werden, ist Gelassenheit hilfreich: Ich habe meine Pflicht getan und meine Kompetenz eingebracht. Für die Reaktion meiner Kollegin bin ich nicht verantwortlich.

Die Empfehlung, mit Gelassenheit auf eine Appell-Allergie zu reagieren, verstehe ich nicht als Appell, als Vorgesetzte oder Lehrer, als Vater oder Mutter auf Anweisungen zu verzichten. Das gehört zur Verantwortung dieser Rollen. Und es würde sowohl Mitarbeiterinnen und Mitarbeiter als auch Kinder irritieren, würde auf die Ausfüllung dieser Rolle verzichtet.

Verdeckte Appelle

Der Berufsalltag könnte vielerorts zufriedenstellender sein, würden Wünsche offen ausgesprochen und verdeckte Appelle vermieden. Was hilft, klar und deutlich auszusprechen, was man möchte?

1. Ein Nein richtig interpretieren

Wünsche werden oft aus Angst vor einem Nein nicht geäußert. Ein Nein wird als *Zurückweisung* der gesamten Person wahrgenommen und nicht als Ablehnung einer Bitte. Auch dann nicht, wenn die Ablehnung begründet wird: „Ich kann dir nicht beim Umzug helfen, weil ich am Wochenende an einer Fortbildung teilnehme."

Mit einem Wunsch geben wir *Auskunft über uns: Ich brauche Hilfe, ich kann nicht, ich hätte gerne.* Das heißt auch: Wir müssen zu uns stehen – zum Beispiel dazu, nicht zu wissen, was man unternehmen muss, wenn nach einem Update der PC meldet: „Keine Soundkarte vorhanden." Viele trauen sich das nicht und äußern ihre Wünsche nur verdeckt, um sich Rückzugsmöglichkeiten offen zu halten: „Ich werde das schon irgendwie hinkriegen."

Angst ist ein schlechter Ratgeber. Womit hat zu rechnen, wer aus Unsicherheit mit verdeckten Appellen durchs Leben geht? Viele Wünsche bleiben unerfüllt, weil sie nicht gehört werden. Bei Kollegen und Mitarbeiterinnen bekommt man das Image, entscheidungsschwach zu sein. – Ein hoher Preis.

2. Keine falsche Bescheidenheit

Ein Wunsch ist berechtigt, wenn seine Erfüllung nicht zulasten anderer Menschen (und der Umwelt) geht. Das ist der rationale Kern der Volksweisheit „Bescheidenheit ist eine Zier, doch weiter kommt man ohne ihr".

Einen Wunsch äußern heißt: informieren. Sie sagen zum Beispiel zu einem Kollegen: „Ich möchte gerne auf die Tagesordnung der Vorstandssitzungen Einfluss nehmen. Würdest du mir daher bitte deinen Tagesordnungsentwurf mailen, bevor er an den Vorstand geht?" Der Kollege weiß dann, was Sie möchten und kann sich dazu verhalten.

Sie haben nicht die Erwartung, dass Ihre Wünsche stets berücksichtigt werden. Nicht jeder Wunsch kann und wird erfüllt werden. Aber jeder Wunsch in oben genanntem Sinne darf geäußert werden.

Kürzer: Ich darf wünschen. Würde in dem Beispiel der Kollege Ihre Bitte ablehnen, ist er begründungspflichtig.

3. Keine verquere Rücksichtnahme
Traut sich der neue Kollege, die Einladung abzulehnen? Ist es nicht eine zu große Zumutung für die Kollegin, mich sehr kurzfristig auf der Konferenz zu vertreten? Mit solchen Gedanken macht man sich das Leben schwer. Ich nenne sie *verquere Rücksichtnahme*: Man zerbricht sich den Kopf des Kollegen und der Kollegin, weil man ihnen nicht zutraut, eine Einladung oder Bitte abzulehnen – deshalb entscheidet man für sie.

Sicher gibt es Kolleg*innen, die meinen, ein Nein zu einer Einladung oder der Bitte um einen Gefallen könne die Beziehung belasten. Doch für dieses Verständnis sind sie selbst verantwortlich; ihre Unsicherheit ist kein Grund, Appelle so indirekt zu formulieren, dass sie „überhört" werden können.

Nur bei einem expliziten Ja oder Nein weiß man, woran man ist: Will er nicht oder kann sie nicht? Diese Klarheit erspart Enttäuschungen und schafft Sicherheit. Voraussetzung ist der offen ausgesprochene Appell und die damit verbundene Einsicht: *Ich darf* wünschen. *Du musst* meinen Wunsch *nicht* erfüllen.

3.3   Inhalt und Beziehung, Selbstauskunft und Appell: Hören

Ich beginne mit einem Witz: Ein Flug wurde gestrichen. Eine Airline-Mitarbeiterin ist intensiv damit beschäftigt, eine lange Schlange ungehaltener Fluggäste umzubuchen. Ein Passagier drängt sich nach vorne und sagt lautstark: „Ich muss diesen Flug erwischen, und es muss erster Klasse sein." Die Mitarbeiterin verspricht ihm, sich um seinen Wunsch zu kümmern, sobald er an der Reihe ist. Der Mann noch lauter: „Haben Sie eine Ahnung, wer ich bin?!" Die Mitarbeiterin lächelt und greift zum Mikrofon: „Meine Damen und Herren, ich bitte um Ihre Aufmerksamkeit", hallt ihre Stimme durch die Abflughalle, „hier am Schalter befindet sich ein Herr, der nicht weiß, wer er ist. Falls Sie in der Lage sind, ihn zu identifizieren, melden Sie sich bitte umgehend." – Sie hat die Lacher aller auf ihrer Seite (Pinker 2014).

Wir haben Hör-Freiheit. Wir können den Inhalt einer Aussage hören oder die Selbstauskunft, den Appell oder die Beziehungsaussage. Diese Freiheit hat ihren Preis. Sie kann zu Missverständnissen, Störungen oder Ärger führen. Vor allem dann, wenn ich die Seite einer Äußerung nicht höre, die dem Gegenüber wichtig ist. Oder wenn ich einen sachlichen Hinweis als Kritik höre oder einen Appell als Bevormundung.

Was können Sie als Hörer*in tun, um Missverständnisse, Störungen oder Ärger zu vermeiden? Was kann getan werden, um ein Hör-Ungleichgewicht zu vermeiden? Ich gehe die vier Hör-Optionen durch.

Inhaltsohr: Aussage wörtlich nehmen und gut hinhören

Ein Bewerbungsgespräch. Die Bewerberin hat einen Vortrag gehalten. Frage des Personalchefs: „Halten Sie immer solche Vorträge?"

Die Bewerberin: „Was meinen Sie mit *solche Vorträge?*"

Der Personalchef: „Mit so vielen Zahlen und Fakten."

Die Bewerberin: „Ja, mir ist es wichtig, meine Aussagen empirisch zu stützen."

Gut die Frau! Sie hat sich auf den Inhalt dessen konzentriert, was der Personalchef gesagt hat. Sie hat keine Kritik gehört (jedenfalls lässt ihre Antwort das nicht erkennen). Sie rechtfertigt sich nicht. Sie wirkt souverän.

Das macht die Stärke des Inhaltsohrs aus: nicht mehr zu hören als gesagt wird. Keine Kritik, bevor sie nicht explizit formuliert wird, keinen Appell, solange er nicht ausdrücklich geäußert wird, keine Selbstauskunft, solange kein *Ich* zu hören ist.

Zwei weitere Beispiele, die zeigen, wie nervenschonend es sein kann, den Inhalt einer Aussage wörtlich zu nehmen – und sonst nichts:

„Herr Franck, Sie haben sich als Seminarleiter in den letzten beiden Tagen sehr zurückgehalten."

Franck: „Bei mir stehen die Teilnehmerinnen und Teilnehmer im Vordergrund."

Herr Stein: „Na, Kollegin Becker, heute schon so früh Feierabend!?"

Frau Becker: „Ja, heute mach' ich schon mal um 2 Schluss."

Die Stärke der Inhaltszentrierung ist zugleich ihre Schwäche: Die anderen Seiten einer Aussage werden überhört. Ich komme noch einmal auf eine Aussage in der zweiten Aufgabe zurück: „Ich habe keine Lust, ins Kino zu gehen." – „Dann bleiben wir halt zu Hause."

Eine empathiefreie Reaktion: Die Selbstauskunft (*Ich bin völlig erschöpft*) oder die Beziehungsaussage (*Ich möchte den Abend lieber gemütlich mit dir zu Hause verbringen*) wird nicht gehört. Und deshalb ignorant reagiert.

Oder: Eine Kollegin sagt zu Ihnen: „Wir sollten mal wieder eine richtig kreative Veranstaltung auf die Beine stellen." Sie können antworten: „Ja, das wäre toll" – und die Kollegin frustrieren. Oder Sie fragen nach, ob sie meint, die Veranstaltungen hätten in der letzten Zeit an Kreativität eingebüßt.

Beziehungsohr: Nicht das Gras wachsen hören
Der letzte Abschnitt lässt sich in folgender Empfehlung zusammenfassen: Hören Sie den Inhalt einer Aussage, aber nicht nur den Inhalt. Ich schließe eine weitere Empfehlung an: Seien Sie sensibel für Beziehungsbotschaften, die mit dem Inhalt einer Aussage verbunden sind, aber hören Sie nicht das Gras wachsen. Hören Sie nicht hinter jeder Äußerung eine Beziehungsbotschaft – wie in den folgenden Beispielen.

Chefin zum PR-Verantwortlichen: „Ich schlage vor, wir lassen die nächste Anzeigenserie von einer Agentur gestalten."

Der Mitarbeiter hört: *Ihre Anzeigenentwürfe sind mir nicht mehr gut genug.*

Claudia sagt zu ihrer Kollegin: „Ich habe am Mittwochabend keine Zeit."

Die Kollegin hört: *Claudia will nicht mit mir ins Kino gehen.*

Mitarbeiterin: „Mit dieser Entscheidung laufen wir Gefahr, unsere Kampagnenziele nicht zu erreichen. Das zeigen die Erfahrungen der letzten drei Jahre."

Chef: „Ich verbitte mir diese Miesmacherei. Ich habe mir diese Entscheidung gründlich überlegt."

Wer alles auf sich bezieht, steht ständig unter Strom. Wer ein zu ausgeprägtes Beziehungsohr besitzt, macht sich unglücklich – und damit häufig auch andere. Was hilft? Eine gute Meinung von sich selbst und

• nachfragen, sich vergewissern, ob die richtige Beziehungsbotschaft gehört wurde: „Waren Sie mit meinen Entwürfen nicht mehr zufrieden?",
• das annehmen, was stimmt oder stimmen könnte: *Vielleicht ist am Einwand der Mitarbeiterin etwas dran,*
• nicht alles auf sich beziehen, anderen Raum lassen: Sie hat am *Mittwochabend keine Zeit.* Heike braucht Zeit *für sich,*

- die Einsicht, dass manchmal die Welt einfacher ist, als wir denken: Sie erzählen, dass Sie kürzlich die h-Meß-Molle von Bach gehört haben – und alle lachen über Ihren Sprachschnitzer. Nicht über Sie! Lachen Sie deshalb herzhaft mit! (Am Rande: Mit der Größe Ihres Wortschatzes nimmt die Wahrscheinlichkeit zu, dass Sie sich versprechen.)

Last, but not least: Wenn ich eine Aussage vor allem danach beurteile, *wer* sie trifft, wenn also mein Bild vom Gegenüber maßgeblich steuert, was ich höre, dann laufe ich Gefahr, schlecht zu hören. Ein Beispiel: Die Chefin kommt in die Teeküche und sagt zum Mitarbeiter, der sich einen Espresso gemacht hat: „Na, kleine Pause?" Was als Einstieg in einen Small Talk gedacht ist, hört der Mitarbeiter, weil die Frage von der Chefin kommt, als Kontrollfrage. Er nimmt rasch seine Tasse und verschwindet mit den Worten: „Ich muss dann mal, die Monatsbilanz wartet." *Mit dem werde ich wohl nie warm,* seufzt resigniert die Chefin.

Appellohr: Appelle hören – aber nicht überall und nicht mehr
Sie war im letzten Jahrhundert die klassische Appellohr-Hörerin: die aufopfernde Ehefrau. Ihr Streben richtete sich darauf, es der Familie recht zu machen, vor allem: ihm. Deshalb hörte sie beständig Appelle und antwortete beispielsweise auf die Frage ihres Mannes, ob noch Bier im Kühlschrank sei: „Ich ‚hol' dir eine Flasche." Sie hörte Fragen als Appell und sah leere Gläser oder Teller als Aufforderung, zu fragen, ob es noch etwas Wein oder Putenbrust sein darf oder ein Verdauungsschnaps gewünscht wird.

Frisch Verliebte sind besonders anfällig dafür, Selbstauskünfte als Appell zu hören. Sie schwärmt von einem gemeinsamen Wochenende an der Müritz; er hört, lade mich dazu ein. Er erzählt, dass er früher mit seinen Freunden in den Bergen gewandert ist; sie kauft sich ein Paar Wanderstiefel.
Das kann anstrengend sein und zu Missverständnissen führen: Sie will nur ein „Oh, ja!" hören; ihn zieht es schon lange nicht mehr in die Berge.
Weniger anstrengend ist folgende Haltung: Unsere Mitmenschen sind für sich verantwortlich und können es sagen, wenn sie etwas möchten oder brauchen. Ich empfehle daher, dem Chef recht zu geben, wenn er meint, jemand müsse die Verantwortung für die Organisation des Betriebsausflugs übernehmen – aber keinen Appell zu hören: „Ja, das sehe ich auch so. Beim letzten Mal haben wir darauf verzichtet; das ging ziemlich in die Hose."
Entlastend ist zudem, einen Appell nur als Appell zu hören und nicht als Appell-Plus – plus Kritik oder Beziehungsbotschaft. Zwei Beispiele:

Abteilungsleiter: „Frau Özdemir, verschicken Sie bitte heute die Einladung zur Jahresplanungsklausur, die ist ja schon in der nächsten Woche."

Yvonne: „Aslan, bitte lass dich darauf ein, dass ich die Erbstreitigkeiten mit den Kindern unseres verstorbenen Großspenders nicht mit rechtlichen Schritten lösen will."

Frau Özdemir sollte die Einladung verschicken und Aslan der Bitte seiner Kollegin nachkommen. Frau Özdemir sollte sich nicht den Tag verderben lassen, indem sie hört: *Das hätten Sie ja schon längst mal machen können.* Auch Aslan sollte nicht mehr hören als gesagt wurde, zum Beispiel nicht: *Und komm mir nicht (wieder) mit (deinen) juristischen Ratschlägen.*

Ein weiterer Gesichtspunkt: Ist ein Appell nicht eindeutig, hilft es, gelassen zu bleiben, genau hinzuhören und nicht zu viel zu hören. Ein Beispiel: Kollege Junghans ist sehr traurig. Hören wir in dieser Situation automatisch die Aufforderung, zu helfen, sind wir oft überfordert und reagieren deshalb mit wohlfeilem Trost und sinnlosen Aufmunterungen oder technischen Lösungsvorschlägen. Übersehen wird: In solchen Situationen wird meist kein Hilfsappell formuliert. Der (verdeckte) Appell lautet vielmehr: *‚Hör' mir zu!*

Appelliert ein Kind verdeckt: „Papa, der Hund da vorne ist aber sehr groß", sollte der Vater hören, *ich habe Angst.* Wenn eine Grundschülerin die Lehrerin fragt: „Können wir auch mal eine lustige Geschichte lesen?", sollte die Pädagogin den Appell hören, mehr Abwechslung in ihre Literaturauswahl zu bringen.

Kurz: Haben Sie ein offenes Appellohr für Kinder, für Menschen in Nöten oder mit Sorgen – und gehen Sie fürsorglich mit sich um: Stellen Sie das Appellohr nicht ständig auf Habachtstellung.

Selbstauskunftsohr: Nicht psychologisieren und nicht immunisieren
Christine und Christian sind in der zweiten Hälfte der Sechziger. Christine: „Ich möchte in der nächsten Zeit noch ein paar herausfordernde Urlaubsreisen machen. Wer weiß, ob ich dazu in drei oder vier Jahren noch in der Lage bin."

Eine explizite Selbstauskunft. Was ermöglicht ein gutes Gespräch? Mit dem Selbstauskunftsohr hören und auf den Inhalt reagieren:

Christian: „Was stellst du dir den so vor?"
Christine: „Zum Beispiel mit einem Camper durch Australien, mit dem Fahrrad durch die Wüste von Marokko oder in den Grand Canyon absteigen."
Christian: „Die letzten beiden Ziele finde ich auch sehr reizvoll. Wollen wir uns eins davon für dieses Jahr vornehmen?"

Eine Selbstauskunft als Selbstauskunft zu hören – und nicht als Kritik oder Appell –, hilft uns, gelassen zu bleiben. Das ist eine gute Voraussetzung für das Gelingen von Kommunikation. Wenn wir zum Beispiel den Ärger oder die Wut anderer als Ausdruck *ihrer* Gefühlslage nehmen und ihnen diese Gefühle zubilligen, dann müssen wir uns nicht vorschnell Vorwürfe machen *(Hab' ich etwas falsch gemacht? Hab' ich etwas Falsches gesagt?).*

Ein ausgeprägtes Selbstauskunftsohr hilft uns also, gelassener zu bleiben. Mit Blick auf nicht explizite Selbstauskünfte ermöglicht es uns, aufmerksame Gesprächspartnerinnen und Gesprächspartner zu sein.

Für das Selbstauskunftsohr gilt, was auch für die anderen Ohren gilt: Wird es dominant, beeinträchtigt es die Kommunikation. Vor allem die folgenden beiden Verhaltensmuster sind abträglich.

Psychologisieren: Ellaha ist neu in der Abteilung. Nach vier Wochen macht sie drei Vorschläge, wie die wöchentliche Abteilungssitzung produktiver gestaltet werden kann. Johannes, seit sechs Jahren in der Abteilung, in der Mittagspause zu einem Kollegen: „Die Neue will sich doch nur profilieren."

Immunisieren: „Wenn der mich kritisiert, dann will der doch nur … (dann zeigt das nur, dass sie …)." Wer sich zu stark auf die Seite der Selbstauskunft konzentriert, läuft Gefahr, „dichtzumachen", Rückmeldungen nicht mehr nach ihrem Gehalt zu bewerten, sondern danach, *wer* sie gibt. Eine solche Immunisierung macht ein gleichberechtigtes Gespräch unmöglich, da das Gegenüber nicht ernst genommen, sondern als Objekt der Diagnose betrachtet wird. Das ist nicht souverän. Und Sympathie weckt man mit einem solchen Verhalten nicht.

3.4 Selbstfürsorge und Perspektivenwechsel: Reden und Hören

Wer kommuniziert, das sollte deutlich geworden sein, *ist verantwortlich.* Für das, was sie sagt, und für das, was er hört (sieht) oder nicht sagt und überhört (übersieht). Für die Aufnahme, Interpretation, Bewertung und Reaktion auf das, was gesagt wurde.

Im letzten Abschnitt dieses Kapitels gehe ich – nach der getrennten Betrachtung von Sprecher*in und Hörer*in – auf das Zusammenspiel der Beteiligten ein.

Für sich sorgen, statt zu leiden: Kommunizieren statt etikettieren
Max erzählt seiner Kollegin Marion sehr detailliert von den Beziehungsproblemen der Kollegin Karin. Marion kennt Karin nicht. Karins Probleme interessieren sie in dieser Ausführlichkeit nicht.

Marion denkt nicht: *Max ist eine Plaudertasche*; sie denkt an sich und sagt: „Karins Probleme interessieren mich nicht besonders. Bitte mach's etwas kürzer." Eine Selbstauskunft und ein Appell – ohne Zuschreibung, ohne Kritik. Damit sollte Max umgehen können.

Ein zweites Beispiel: Herr Ehrmann berichtet auf der Abteilungsversammlung sehr ausführlich, welche technischen Probleme mit dem Relaunch der Webseite verbunden sind. Frau Mohn, die Chefin, wird ungeduldig. Sie und die Mehrzahl der Mitarbeiterinnen und Mitarbeiter interessiert vor allem, welche Vorteile die neue Webseite hat und wie sie aussehen wird.

Frau Mohn: „Ich fände es gut, wenn Sie sich bei Ihren Ausführungen auf die Vorzüge und das Design der neuen Homepage konzentrieren würden." Eine Selbstauskunft und ein Appell – ohne Zuschreibung, ohne Kritik. Herr Ehrmann sollte damit umgehen können.

Marion und Frau Mohn – wir – sind keine hilflosen Opfer von Menschen, die (gerne) viel reden. Wir sind Selbstdarstellern nicht ausgeliefert, wir müssen unangemessene Kommunikationsformen nicht hinnehmen. Wir können unsere Interessen und Bedürfnisse geltend machen. Wenn wir uns das gestatten, können wir, wie in den beiden Beispielen, freundlich und sachlich bleiben.

Das Positive entdecken: Zwischen Ursache und Verantwortung unterscheiden

Vielfach rückt in Auseinandersetzungen nach einiger Zeit die Frage in den Mittelpunkt, *wer hat angefangen?* Ein Beispiel: Chef in der Teamsitzung: „Alle Neuerungen der letzten Monate musste *ich* anstoßen, weil von *Ihnen* keine Impulse kamen." Ein Mitarbeiter: „Weil *Sie* immer alles vorgeben, halten *wir* uns zurück."

Sowohl der Chef als auch der Mitarbeiter interpretieren ihr Verhalten als Reaktion auf das Verhalten des anderen.

Wird nicht die Ursachen- (oder gar „Schuld"-)Frage in den Vordergrund gestellt, sondern das gewünschte Ziel oder Verhalten, erhöht sich die Chance, dass Kommunikation gelingt. Der Chef wählt diese Verhaltensoption: „Ich habe den Eindruck, dass in den letzten Monaten alle Neuerungen von mir ausgingen. Wie können wir es erreichen, dass Sie mehr Raum für Anregungen und neue Ideen bekommen?" – Gelingt dem Chef dieser Zugang nicht, kann ein Teufelskreis entstehen (Abb. 3.3).

Der Verzicht auf Kritik, die Ansprache der Mitarbeiter*innen als Problemlöserinnen und Problemlöser führt aus dem Teufelskreis heraus. Was erleichtert es, diese Haltung einzunehmen? Dreierlei.

Abb. 3.3 Teufelskreis.
(Eigene Darstellung)

Chef
gibt Ideen vor

Chef:
Von denen
kommt nichts

Mitarbeiter:
Der braucht uns
nicht

Mitarbeiterinnen
halten sich mit
Anregungen
zurück

1. Der Chef fragt sich, ob er im Verhalten der Mitarbeiter*innen auch etwas *Gutes* entdecken kann – und wird fündig: Sie *setzen* seine neuen Ideen *engagiert um.* Dieses Verhalten ist Anknüpfungspunkt für sein Ziel, sie auch für eine engagierte Ideen-*Entwicklung* zu gewinnen. Das bringt er in einer expliziten Selbstauskunft zum Ausdruck: „Sie haben in den letzten Monaten sehr engagiert meine neuen Ideen umgesetzt. Ich wünsche mir, dass Sie genauso engagiert an der Entwicklung neuer Ideen mitarbeiten. Was kann ich tun, damit dies gelingt?"

   Allgemeiner: Man kommt leichter aus einem Teufelskreis heraus, wenn man den Blick darauf richtet, ob am Verhalten anderer eine positive Dimension zu entdecken ist, an die angeknüpft werden kann.

2. Der Chef ist unzufrieden mit seinen Mitarbeiter*innen. Vielleicht ärgert er sich, dass von ihnen keine Anregungen kommen. Was immer die Gefühle sein mögen, die das Verhalten der Mitarbeiterinnen auslösen, es sind *seine* Gefühle, für die er verantwortlich ist. Er ist ihnen nicht ausgeliefert; er kann auch auf *the bright side of life* schauen und zufrieden sein, dass die Mitarbeiter nicht mauern.

   Allgemeiner: Man kommt leichter aus einem Teufelskreis heraus, wenn man sich einem Gefühl nicht „hingibt", sondern prüft: Ist eine andere emotionale Bewertung möglich?

3. Der Chef weiß, dass er *nicht* weiß, was in den Mitarbeiter*innen vorgeht. Er kann allenfalls Vermutungen anstellen. Er

- unterlässt deshalb Zuschreibungen (*die sind nicht …*);
- versetzt sich in ihre Lage (*wie ginge es mir, wenn der Chef …*) und
- kommt zu dem Schluss, nicht zuletzt, weil dank ihrer Arbeit Umsatz und Gewinn stimmen, dass sie guten Willens sind und nur eine Ermutigung brauchen.

Allgemeiner: Man kommt leichter aus einem Teufelskreis heraus, wenn man – sofern nicht alle Erfahrungen deutlich dagegen sprechen – dem Gegenüber keine schlechten Eigenschaften, Absichten oder Motive unterstellt.

Mit einem solchen Blick auf sich und andere kann es gelingen, gar nicht erst in einen Teufelskreis hineinzugeraten. Ein Beispiel: Die Leiterin des Bereichs Politik eines Verbandes stellt den Mitarbeiter*innen ihr neues Konzept für die Jahresplanung vor. Bisher präsentierten alle Referentinnen und Referenten ihre Planungen auf der Bereichsversammlung. Das wurde vielfach als ermüdend erlebt und bemängelt, es bliebe zu wenig Raum für referatsübergreifende Fragen. Im neuen Konzept ist vorgesehen, dass die Referent*innen ihre Planungen in ihren Teams vorstellen. Auf der Bereichsversammlung sollen nur noch die Team-Schwerpunkte diskutiert werden.

Ein Sturm der Entrüstung weht der Bereichsleiterin entgegen: Viele Ideen würden unsichtbar bleiben. Es gäbe nicht mehr die Möglichkeit, sich umfassend zu informieren und zu allen Themen Stellung zu nehmen, damit würde die Mitbestimmung beschnitten …

Die Bereichsleiterin ist von der Vehemenz überrascht. Sie hatte gedacht, ihr Vorschlag würde die Kritik an den Bereichsversammlungen der letzten Jahre aufgreifen. Sie ist verunsichert und verärgert, dass ihr guter Wille nicht erkannt wird. Doch ihr gelingt es, ihre gute Meinung von den Mitarbeiter*innen zu aktivieren und in der Kritik das Bemühen zu sehen, den besten Weg für die Jahresplanung zu finden (und das Bedürfnis, seine Planungen allen vorzustellen, also auch der Bereichsleiterin): „Ich bin erstaunt über die Vehemenz der Kritik. Ich habe, offen gesagt, Zustimmung erwartet, weil ich der Meinung war, ich hätte viele eurer Kritikpunkte aus den vergangenen Jahren aufgegriffen. Jetzt ist euer Widerspruch auf dem Tisch. Lasst uns in aller Ruhe das Für und Wider meiner Vorschläge abwägen."

Der Entrüstungssturm legt sich. Die weitere Diskussion verläuft ruhig und sachlich.

Zum Schluss bemühe ich noch einmal die Abteilungsleiterin und Herrn Selig. Abb. 3.4 zeigt, welcher Kreislauf entsteht, wenn man kompetent kommuniziert.

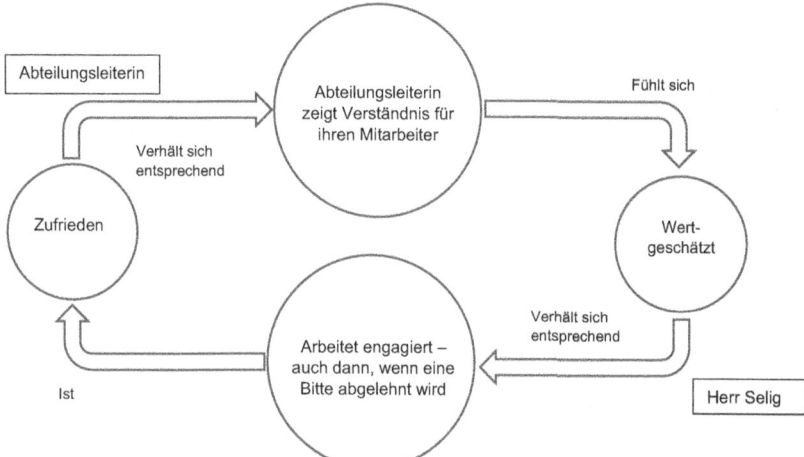

Abb. 3.4 Wohlfühlkreis. (Eigene Darstellung)

3.5 Literaturempfehlungen

Die Klassiker schlechthin, auf die ich mich in diesem Kapitel gestützt habe:
Ruth Cohn: Von der Psychoanalyse zur Themenzentrierten Interaktion. 20. Aufl.
Stuttgart: 2021
Friedemann Schulz von Thun: Miteinander reden. Band 1, 2 und 3. Reinbek (ver-
schiedene Ausgaben und Auflagen)
Paul Watzlawick: Man kann nicht nicht kommunizieren: das Lesebuch. 2. Aufl.,
Bern 2016

Schriftlich kommunizieren: Gekonnt texten

4

Wer schreibt, macht Eindruck. Aber welchen? Ein Brief kann kundenorientiert sein, eine Einladung einladend, eine Pressemitteilung informativ, eine Veranstaltungsankündigung interessant – oder nicht.

Kundenorientierte, verständliche, einladende, informative und interessante Texte sind selten. Häufig sind Briefe steif und holprig, Einladungen abschreckend, Protokolle unverständlich, Pressemitteilungen langweilig ... Das kostet Geld und Ansehen. Deshalb spricht viel dafür, *gute* Texte zu schreiben:

1. Texte sollen gelesen werden. Unverständliche, umständliche, langweilige Texte werden nicht gelesen – von Steuer- und Gerichtsbescheiden sowie ärztlichen Befunden abgesehen.
2. Die meisten E-Briefkästen sind voll. Alle Welt bietet Online-News an: Aufmerksamkeit ist ein hart umkämpftes Gut geworden. Gestelzte Texte, Worthülsen wecken kein Leseinteresse, sondern landen im Papierkorb oder werden übersprungen.
3. Schlechte Texte können teuer werden: wenn Kunden, Wählerinnen oder Spender einen Brief nach zwei Zeilen weglegen, eine Mail löschen, im Netz wegklicken, weil die Sprache nicht ihre Sprache ist, weil der Betreff steif oder der Teaser uninteressant ist.
4. Sie verbringen viel Arbeitszeit mit Schreiben.
5. Schreiben macht Arbeit. Arbeit sollte sich lohnen.
6. Schreiben heißt: sich zeigen. Mit guten Texten machen Sie einen guten Eindruck. Gute Texte sind Türöffner.
7. Mit guten Texten macht man sich selbst eine Freude.

© Der/die Autor(en), exklusiv lizenziert an Springer Fachmedien Wiesbaden GmbH, ein Teil von Springer Nature 2023
N. Franck, *Praxishandbuch für Referent*innen*,
https://doi.org/10.1007/978-3-658-41031-5_4

Auf den nächsten □□ Seiten geht es darum, wie Ihnen gute Texte gelingen. Zunächst stehen die Grundlagen im Mittelpunkt: Was macht Texte verständlich und anschaulich? Welche Wörter sollten Sie wählen? Wie vernünftige Sätze bauen? Und wie Farbe in Texte bringen?
  Briefe und E-Mails sind Themen des dritten Abschnitts. Korrespondenz kann dann erfolgreich sein, wenn sie als Kommunikation verstanden wird und die verschiedenen Kommunikationsdimensionen berücksichtigt werden, die im letzten Kapitel im Mittelpunkt standen.
  Im vierten Abschnitt geht es ums Schreiben für die virtuelle Welt: Was ist beim Webseiten-Texten und beim Twittern zu beachten?
  Es folgen Tipps, wie professionelle Berichte gelingen und Schreibhürden überwunden werden können.

4.1   Verständlich und anschaulich schreiben: Das Wort

Was ist notwendig, um gute Texte aufs Papier oder auf den Bildschirm zu bringen? Fünf Einsichten und Handwerk. Zunächst die Einsichten:

1. Nobelpreisträger sind nicht immer gute Vorbilder
Sie können es mit Einstein halten: „Wenn du vorhast, die Wahrheit zu beschreiben, dann überlasse die Eleganz dem Schneider." Weiter kommt man mit dieser Haltung in den seltensten Fällen. Auch dann nicht, wenn man erstklassig ausgebildet ist. Verständlich und anschaulich schreiben zu können, ist kein Nice-to-have, sondern für Referentinnen und Referenten eine unabdingbare Qualifikation.

2. Vergessen und trennen
Vergessen Sie einige Regeln aus der Schule:

* Ein Satz darf nicht mit *ich* anfangen. Er darf.
* In jedem Satz muss ein Verb stehen. Muss nicht. Meint zum Beispiel der NDR: „Das Beste am Norden."
* Sätze dürfen nicht mit *und* anfangen. Dürfen sie – siehe *Altes Testamen*t: „Am Anfang schuf Gott Himmel und Erde. *Und* die Erde war wüst und leer, *und* es war finster auf der Tiefe; *und* der Geist Gottes schwebte auf dem Wasser."

Trennen Sie sich zudem von akademischer Prosa, Soziologinnen- oder anderem Fachjargon und von Bürokratendeutsch, mit dem Sie sich vielleicht beim Kontakt mit Ämtern und Behörden infiziert haben.

3. An die anderen denken

Schreiben ist schreiben für andere. Deshalb kommt es darauf an, die potenziellen Leserinnen und Leser vor Augen zu haben: Wie muss ich schreiben, damit sie meinen Text verstehen und ihn interessant, überzeugend oder anregend finden. Allgemeiner: Was kann ich tun, damit sie meinen Text lesen? Die Lyrikerin darf nach Worten für *ihre* Befindlichkeit suchen, der Romancier mag sich als *unverstandenes* Genie gefallen. In Unternehmen, Verbänden, Parteien oder Ministerien sind diese Attitüden wenig hilfreich: Ist ein Text nicht adressatenorientiert, ist er eine verpasste Chance.

4. Gut Schreiben lernen durch Schreiben

Schreiben ist Arbeit. Ein klarer Satz ist kein Zufall. Aber auch kein Mysterium, sondern das Ergebnis von Übung. Truman Capote notierte in seinem Porträt von Jane Bowles, Schreiben sei „die härteste Arbeit, die es gibt". Er übertrieb.

5. Sich das Leben leichter machen

Gute Texte sind umgeschriebene Texte. Selbst Profis bringen nicht auf Anhieb verständliche und interessante Briefe, Berichte, Ankündigungen oder Pressemitteilungen zu Papier. Da Profis das wissen, quälen sie sich nicht mit dem Schreiben, sondern produzieren einen ersten (und zweiten) Entwurf, aus dem sie einen guten Text machen. Wenn *Sie* diese Profi-Haltung einnehmen, wenn Sie Hemingways Hinweis beachten, dass „der erste Entwurf immer Makulatur ist" – dann können Sie sich gelassen ans Schreiben machen: Es beruhigt, zu wissen, dass die erste (oder zweite) Fassung verbessert werden kann.

Auf den nächsten Seiten geht es um das Schreib-*Handwerk*. Den Anfang macht ein schlechter Text:

„Zum heutigen Zeitpunkt sind wir nicht in der Lage, Ihnen die gewünschten Entwürfe zu liefern, da wir Änderungen im Bereich des Textes vornehmen wollen. Wir haben bislang der Bedeutung von Body Copy und Claim zu wenig Beachtung geschenkt. Grundnahrungsmittelwerbung, das haben Tests, die als zuverlässig gelten, in ähnlich gelagerten Fällen gezeigt, kann nicht allein auf Headline und Visual setzen. Ein Unterbleiben von Änderungen würde der Kampagne, so möchte ich persönlich anmerken, großen Schaden zufügen."

Der Text ist eine Eigenkomposition. Ich habe Sätze aus drei verschiedenen Briefen zusammengestellt. Auf wenigen Zeilen finden Sie alles, was einen schlechten Text ausmacht:

• umständliche Formulierungen: *zum heutigen Zeitpunkt;*
• steife Substantivierungen: *Unterbleiben von Änderungen;*

- überflüssiger Wortballast: *Änderungen im Bereich des Textes*;
- eine aparte Mischung aus Anglizismen und Silbenschleppzügen: *Visual* und *Grundnahrungsmittelwerbung*;
- ein missglücktes Potpourri aus Anglizismen und Streckverben, *Headline* und *Beachtung geschenkt;*
- einen komplizierten Satzbau: *Grundnahrungsmittelwerbung, das haben Tests, die als zuverlässig gelten, in ähnlich gelagerten Fällen gezeigt, kann nicht allein auf Headline und Visual setzen.*

Was tun, um solchen Sprachmurks zu vermeiden? Aufs Wort achten!

Kurz ist gut
Der Journalist Joseph Pulitzer gab seinen Kolleg*innen folgenden Rat: „Was immer du schreibst – schreibe *kurz*, und die Leser werden es lesen."

Kurze Wörter sind geläufiger und deshalb leichter zu verstehen. Und sie sind meist anschaulicher. Deshalb:

Statt	*kurz und gut*
Schaden zufügen	schaden
heutiger Zeitpunkt	heute
in der Lage sein	können
Beachtung schenken	beachten
Grundnahrungsmittelwerbung	Werbung für Grundnahrungsmittel oder besser (zum Beispiel): Werbung für Brot und Butter

Statt	*ballastfrei*
im Bereich des Textes	am Text
in ähnlich gelagerten Fällen	in ähnlichen Fällen
möchte ich persönlich anmerken	ich meine

„Wir können Ihnen heute die gewünschten Entwürfe nicht liefern, da wir Änderungen am Text vornehmen wollen. Wir haben bislang die Bedeutung von *Body Copy* und *Claim* zu wenig beachtet. Werbung für Brot und Butter kann nicht allein auf *Headline* und *Visual* setzen. Das haben zuverlässige Tests gezeigt. Ein *Unterbleiben* von Änderungen würde der Kampagne, meine ich, sehr schaden."

Der Text ist schon viel kürzer und besser. An den kursiv gesetzten Wörtern muss noch gefeilt werden. Das erspare ich mir und Ihnen an dieser Stelle (ich komme am Ende des Abschnitts darauf zurück). Nur ein Hinweis zum letzten Satz. Er muss komplett überarbeitet, positiv formuliert werden. Zum Beispiel so: „Mit diesen Änderungen wird die Kampagne ein großer Erfolg."

Grundnahrungsmittel ist ein Oberbegriff. Mit solchen Begriffen kommt keine Farbe in einen Text. Deshalb habe ich *Grundnahrungsmittel* mit *Brot und Butter* übersetzt. Deshalb sollte man nicht *Hausrat* schreiben, sondern *Tisch* und *Stühle* – und

nicht	*sondern*
• regenerative Energien	Sonnen- und Windenergie,
• Niederschläge	Regen und Schnee,
• Baumbestand	Bäume (besser: Tannen, Fichten usw.),
• Öffentlicher Nahverkehr	Bus und Bahn.

Und nicht Suchtmittel, sondern Heroin, Kokain, Alkohol und Zigaretten (besser noch als *Alkohol*: Bier, Wein und Schnaps).

Mir gehen nie die *finanziellen Mittel* aus – höchstens das Geld. Über den zunehmenden *Kraftfahrzeugverkehr* in meiner Stadt klage ich nicht. Mir reicht schon der viele Autoverkehr.

Wer Bus und Bahn, Sonnen- und Windenergie schreibt, trifft eine Auswahl. Und in meiner Veranschaulichung von Alkohol fehlen Sekt und Likör. In den meisten Texten ist das unerheblich. Bei einer Pfändung, bei einem Unfall oder einer Inventur muss alles penibel aufgeführt werden. Immer dann, wenn es nicht um Vollständigkeit geht, gewinnen Texte durch kurze und anschauliche Wörter. Und „das erste, was nottut, ist Leben. Der Stil soll leben" (Friedrich Nietzsche).

Kein Leben ist in den folgenden beiden Sätzen: „Eltern können sich in der Ausstellung über *Suchtmittelgefahren* informieren. Aufgrund *ergiebiger Niederschläge* konnten wir nicht termingerecht liefern." Vermeiden Sie deshalb Oberbegriffe. Und *Behördendeutsch, Silbenschleppzüge* und *Bläh- und Plastikwörter*.

1. Behördendeutsch vermeiden

Wer im Westen der Republik aufgewachsen ist, kann sich wahrscheinlich nichts unter einem *flexiblen transportablen Schüttgutbehälter* vorstellen. Wer die DDR bewusst miterlebt hat, weiß: Von einem *Postsack* ist die Rede.

Niemand in der DDR sprach von Schüttgutbehältern. Das war offizielles Postbeamten-Deutsch. Dieser Stil ist meilenweit von der Umgangssprache entfernt, umständlich und nicht anschaulich. Man sollte b*linken*, bevor man abbiegt, zur *Bank* gehen, *Briefmarken* kaufen, sich im *Stadtpark* erholen – und nicht *Fahrtrichtungsanzeiger, Geldinstitut, Postwertzeichen* oder *städtische Grünanlage* schreiben.

2. Silbenschleppzüge abhängen

In die Kategorie „leblos" gehören auch Silbenschleppzüge wie *Grundnahrungsmittelwerbung*: die

- Richtwertfindung und die Mietsonderzahlung,
- Suchtmittelgefahren und die Niedrigenergiehäuser,
- Gebrauchtwagendaten und die Personaleinsatzplanung,
- Großbaustellenkontrolle und die Zuständigkeitsregelungen,
- Durchführungsverordnung und die Familienbildungsförderungsmaßnahme,
- Wiedereingliederungsprogramme und die Produktivitätskapazitätserweiterung
- und das BwBBG: Bundeswehrbeschaffungsbeschleunigungsgesetz.

Die deutsche Sprache bietet viele Möglichkeiten, Hauptwörter miteinander zu verbinden. Viele nutzen diese Möglichkeit. Schwergängige Texte sind das Ergebnis: „Eine Durchführungsverordnung für das Wiedereingliederungsprogramm für Suchtmittelgefährdete liegt deshalb noch nicht vor, weil es noch Klärungsbedarf über die Zuständigkeitsregelungen gibt."

Deshalb: Subventionen abbauen (statt Subventionsabbau), Kosten reduzieren (statt Kostenreduktion) usw. In manchen Texten kommt man um die *Reisekostenabrechnung* nicht herum. Umso mehr sollte darauf geachtet werden, dass diese Abrechnung nicht von weiteren Wortmonstern umstellt ist oder ein *Reisekostenabrechnungsfehler* gemacht wird.

Nicht alle Silbenschleppzüge sind unanschaulich. *Silbenschleppzüge* zum Beispiel. Das Fachwort *Komposita* kennen viele nicht und *Wortzusammensetzungen* ist länger und weniger griffig.

3. Keine Blähwörter entschlüpfen lassen

„Man kann gewiß nicht alles simpel sagen, aber man kann es einfach sagen"(Tucholsky 1993, S. 400). Manches *Problem* ist nicht einfach zu lösen. Deshalb muss man es jedoch nicht zur *Problematik* aufblähen. *Einfach sagen* – das heißt: nicht unnötig das Verständnis erschweren. Es muss deshalb nicht die *Zielprojektion* sein, wenn ein Ziel verfolgt wird. Blähwörter machen einen Text nicht „anspruchsvoll". Sie sind kein Signal für „Bildung". Blähwörter sind Lese-Blocker, die Texte steif und umständlich machen. Lassen Sie deshalb aus der Aufgabe keine *Aufgabenstellung* werden, aus dem Konzept keine *Konzeption* und aus einem Thema keine *Thematik*. Ein *Ziel* muss nicht zur *Zielstellung* oder *Zielsetzung* werden.

Und es muss auch nicht *zum heutigen* oder *zu einem späteren Zeitpunkt* sein: *heute* und *später* reicht. Niemand braucht sich Sorgen zu machen, ob die *Realisier-*

barkeit eines Projekts von der *Kostenseite* her gesichert ist. Die Stirn sollte sich erst dann in Falten legen, wenn das Projekt nicht *verwirklicht* (umgesetzt, realisiert, angepackt) werden kann, weil es *zu viel kostet* (zu teuer ist). Wenn der Bau eines Hauses *von der Kostenseite her gesehen nicht in Erwägung zu ziehen* ist, wird man vielleicht ein Haus *an*mieten. Ist ein Hausbau zu teuer, wird man vielleicht ein Haus mieten – und das Verb nicht mit der Vorsilbe *an-* aufblähen. Und Sie können getrost verzichten auf

- *ab*ändern – weil *ändern* reicht,
- *ab*klären – weil *klären* genügt,
- *ab*stützen – weil *stützen* nichts anderes meint,
- *an*kaufen – weil *kaufen* das treffende Wort ist,
- *an*liefern – weil *liefern* blähungsfrei ist,
- *auf*zeigen – weil *zeigen* (oder beweisen, belegen, demonstrieren) weniger hölzern ist.

Schopenhauer empfahl: „Man brauche gewöhnliche Worte und sage ungewöhnliche Dinge." Nun hat man nicht oft „ungewöhnliche Dinge" zu sagen und zu schreiben. Wenn das so ist, sind die passenden Worte wichtig: Wer unspektakuläre Sachverhalte oder Vorgänge mit ungewöhnlichen Worten ausdrückt, schreibt geschraubt, steif oder komisch – in jedem Falle unangemessen.

4. Keine Plastikwörter verwenden

Plastikwörter sind Wörter, die alle Kraft verloren haben, weil sie in Politikerreden, Pressemitteilungen und Kommentaren überstrapaziert wurden. *Innovation* und *Flaggschiff, Portfolio* und *Potenzial, Synergie* und *maßgeschneidert* gehören in die Kategorie der „bemoosten Textbausteine" (Schneider 2010a, S. 90 ff.), die Texten Leben entziehen. Und das heißt: Sie laden nicht zum Lesen ein.

Was gestrichen ist, kann nicht durchfallen

Kurz ist gut. Und, so Kurt Tucholsky, „was gestrichen ist, kann nicht durchfallen" (1993a, S. 292). – Blähen Sie Texte nicht mit überflüssigen Worten auf. Ergebnisse, zum Beispiel, wurden immer erzielt (oder erreicht) und Störungen sind immer aufgetreten, sonst wären sie nicht da. Deshalb ist *erzielte* vor Ergebnisse und *aufgetretene* vor Störungen überflüssig. Und deshalb kann in folgendem Satz kräftig gekürzt werden: „Die von uns erzielten Ergebnisse werden zur Lösung der aufgetretenen Probleme führen." *Erzielt* und *aufgetreten* wird gestrichen, zur *Lösung führen* durch ein schlichtes Verb ersetzt: „Unsere Ergebnisse werden die Probleme lösen."

Überflüssig ist
- *gemacht* vor Erfahrung und *getroffen* vor Vereinbarungen,
- *gemacht* vor Aussage und *stattgefunden* vor Besprechung,
- *näher* vor Einzelheiten und *unverbindlich* vor Preisempfehlung.

Überflüssig ist zudem
- *im Bereich* und *auf dem Gebiet* und *im Rahmen* oder *Sektor*,
- die *Lagerung* und *auf der (Ziel-)Ebene*,
- die *Angelegenheit* und die (Kosten-, Belegschafts-, Unternehmens-)*Seite*.

Probleme mit der Datenverarbeitung sind unerfreulich, aber kein Grund, daraus „Probleme *im Bereich* der Datenverarbeitung" zu machen. Wenn etwas viel Geld kostet, kann man das beklagen. Aber man sollte nicht schreiben: „Von der *Kosten-seite her* …" Und wenn ein Kind nicht gern in den Kindergarten geht, ändert sich daran nichts, wenn man es in den „*vorschulischen Bereich*" schickt.

Wenn man einen runden Tisch beschreiben soll, schreibt man: „Der Tisch ist rund." Man kann – spottet Tucholsky über Menschen, die imponieren wollen – diesen Sachverhalt auch so formulieren: „Rein möbeltechnisch hat der Tisch … eine kreisrunde Gestalt" (1993b, S. 275). Der erste Satz ist präzise. Das ist entscheidend. Und er ist schlicht. Das ist angemessen.

Ein Text ist dann gelungen, wenn nichts mehr gestrichen werden kann. Warum ist es wichtig, Überflüssiges zu streichen? Weil Überflüssiges Wichtiges verdecken und dazu führen kann, dass die Leserinnen und Leser einen Text gelangweilt weglegen. Deshalb kann Streichen eine Wohltat sein. Ein Beispiel:

> „Ein besonderes Highlight für die jüngeren Gäste ist auf dem Spielplatz des Otto-parks in … installiert. Das Karussell bietet neben Sitzplätzen auch Stellplätze für Kinderrollstühle, so dass alle Kinder gemeinsam mit dem Spielgerät fahren können. Die Bügel, die die Rollstühle festhalten und für Sicherheit sorgen, müssen eingerastet sein, sonst kann es sich nicht drehen. Zwischen den Plätzen für die Rollstuhlfahrer sind auch drei weitere Sitzplätze für Mitfahrer vorhanden. Mithilfe der … Stiftung konnte das Karussell angeschafft werden."

Der Text veranschaulicht den Voltaire-Satz: „Alles sagen zu wollen, ist das Geheimnis der Langeweile." Der dritte und der vierte Satz sind überflüssig und nehmen der Kernaussage die Wirkung. Streicht man die beiden Sätze, gewinnt man Platz, um etwas Leben in den Text zu bringen:

> „‚Das ist super!', freut sich die sechsjährige Ann-Kathrin über das neue Karussell im Ottopark in … Das Besondere an diesem Karussell, das mithilfe der … Stiftung angeschafft wurde: Neben Sitzplätzen gibt es auch Stellplätze für Kinderrollstühle, sodass alle Kinder gemeinsam fahren können. Kindern eine Freude zu machen, macht so viel Freude."

Die Ursprungsversion hat 78 Wörter, meine Überarbeitung 52.

Kurz ist gut – Die Ausnahme: Pronomen und Abkürzungen
Ich habe wenige Zeilen zuvor *Überflüssiges* und *Karussell* kurz hintereinander wiederholt, um auf eine Ausnahme von der Empfehlung hinzuweisen, das kurze Wort zu wählen: Ich habe keine – kürzeren – Pronomen gewählt.

Pronomen
Kürze darf nicht zulasten der Verständlichkeit gehen. Pronomen erschweren häufig das Textverständnis, wenn gerätselt werden muss, für wen oder was ein Pronomen steht:

- „Kaufen Sie, wenn der Akku schon nach kurzer Zeit wieder leer ist, einen neuen und entsorgen Sie ihn dann fachgerecht." – Den neuen Akku?
- Das Ordnungsamt einer süddeutschen Kleinstadt blamierte sich mit folgendem Schild: „Wenn Ihr Hund einen Haufen hinterlässt, werfen Sie ihn bitte in einen der dafür vorgesehenen Abfallbehälter." – Den Hund?
- „Von Lebensmittelspenden abhängige Menschen halten sich meist dort auf, wo sie verteilt werden." Wer wird verteilt? – Die Menschen oder die Lebensmittel?
- In einer Kleinanzeige war zu lesen: „Studentin sucht Zimmer mit Bad, in dem sie auch Musikunterricht geben kann." – Musikunterricht im Bad?

Viele tun sich schwer mit *ihn, seine, dessen* und mit *dieser, jene, letzterer,* mit Personal- und anderen Pronomen – beim Schreiben und beim Lesen. Jeder Satz kann mehrfach gelesen werden, bis man ihn versteht. Niemand macht das gerne. Texte sollten verständlich sein. Das ist ein Gebot der Höflichkeit.

Im Deutschunterricht haben Sie vielleicht gelernt: Wer Wörter wiederholt, hat einen „schlechten Stil". Das ist richtig, denn wir langweilen uns, wenn wir zum Beispiel dreimal hintereinander *machen* lesen. Bei Verben sollten Sie sich, wie es in der Schule hieß, um einen „Wechsel im Ausdruck" bemühen. Wird in der Einleitung der Aufbau eines Berichts erläutert, sollte es nicht wiederholt *dargestellt* heißen: „Im zweiten Teil werden … dargestellt. Im dritten Teil werden … dargestellt. Im fünften Teil wird schließlich dargestellt …" Ein Problem kann *beleuchtet* oder *untersucht* werden, einer Frage *nachgegangen* und ein Ansatz *kritisiert* oder mit einem anderen Ansatz *verglichen* werden.

Wiederholen Sie jedoch die entscheidenden Substantive einer Aussage, die tragenden Begriffe und zentralen Personen. Geben Sie keine Rätsel auf, sondern schreiben Sie verständlich.

Im Johannes-Evangelium heißt es: „Im Anfang war das Wort, und das Wort war bei Gott, und Gott war das Wort." Dreimal *Wort* und zweimal *Gott* in einem Satz.

Dieser Satz ist verständlich und eindringlich. Das lässt sich über die folgende „Übersetzung" nicht sagen: „Am Anfang war das Wort. Es befand sich bei Gott, und letzterer war identisch mit ersterem."
Letzterer und *ersterem* machen zudem Texte holprig, strahlen einen hölzernen Sprachcharme aus. Alle kennen das Sprichwort, „wer anderen eine Grube gräbt, fällt selbst hinein". In folgender Fassung hätte sich niemand diese Volksweisheit gemerkt: „Derjenige, welcher anderen eine Grube gräbt, fällt selbst in dieselbe."

Abkürzungen
BGB und ZPO, TKG und GWB, Art. und Abs. – Juristinnen und Juristen kommen ohne Abkürzungen nicht aus. Niemand außerhalb dieser Zunft mag EuGH und IGH oder VwVfG und ZPO.

Abkürzungen sind nützlich und können lästig sein. Abkürzungen müssen verständlich sein und richtig dosiert werden. Alle haben Verständnis für *ADHS,* wenn Sie über die *Aufmerksamkeits-Defizit-Hyperaktivitäts-Störung* schreiben. Viele Abkürzungen machen das Lesen anstrengend. Vor allem dann, wenn sie für die Leser*innen neu sind und sie bei einem längeren Text rätseln müssen: Was heißt noch einmal ADHS? Wofür steht UNCTAD? Was war der Unterschied zwischen NPO und NGO?
Abkürzungen müssen eingeführt werden: Zunächst schreibt man den Terminus aus und setzt die Abkürzung dahinter in Klammern. Dann wird nur noch die Abkürzung verwendet.
Akronyme, die als allgemein bekannt vorausgesetzt werden können, müssen nicht eingeführt werden: ARD und ZDF, SPD und CDU, DGB und USA, PIN und TÜV.
Während man davon ausgehen kann, dass alle die ARD kennen, sollten zum Beispiel Abkürzungen für die Landesrundfunkanstalten SWR, MDR oder RBB eingeführt werden.
Einfache Abkürzungen, die ebenfalls nicht eingeführt werden, sind keine Freude fürs Auge. Häufen sich solche Abkürzungen, wirken Texte wie Schreiben von Finanzämtern oder anderen Behörden: „Die Referatsleitung machte z. B. darauf aufmerksam, dass u. U. gerade die, v. a. beiläufig erwähnten …"[1]

---

[1] Die gängigen Abkürzungen für Maße und Gewichte – *cm, km, kg und EUR* – werden ohne Punkt am Ende geschrieben.
Akronyme dekliniert man in der Regel nicht: „Die Chefredakteurin des MDR …" (nicht: MDRs). Keine Regel ohne Ausnahme: PCs und WCs, EKGs und CDs. Für Abkürzungen, die als selbstständiges Wort gesprochen werden, gibt es keine verbindliche Groß- oder Kleinschreibung. Sowohl Asta, Opec oder Nato als auch ASTA, OPEC oder NATO sind korrekt.
Mehr zu Abkürzungen und den Anforderungen an ein Abkürzungsverzeichnis in Franck (2022). In der *Duden*-Reihe liegt ein *Wörterbuch der Abkürzungen* vor (6. Aufl. 2011).

Konkret und anschaulich: Verben, Verben, Verben

„Wir bitten Sie", heißt es im Brief eines Wohlfahrtsverbandes, „um schnelle Bearbeitung der beanstandeten Mängel, um eine zügige Bearbeitung Ihres Antrages auf Fördermittel zu gewährleisten."

Der Satz ist zu verstehen. Der Absender bemüht sich seit einigen Jahren um das Image eines modernen und dynamischen Verbandes. Der zitierte Satz signalisiert das Gegenteil von modern und dynamisch. Das ist das Problem an diesem Satz.

Verben statt Substantive

Das Problem hat einen Namen: *Substantivitis.* Wo die Substantivitis den Ton angibt, werden Verben in Hauptwörter umgewandelt (substantiviert). Aus beantragen, bearbeiten, einrichten oder unterstützen wird Beantrag*ung*, Bearbeit*ung*, Einricht*ung* und Unterstütz*ung*. Substantiv folgt auf Substantiv. Das Ergebnis ist ein trockener und schwerfälliger Nominalstil, wie er in Amtsstuben gepflegt wird.

Der zitierte Satz ist eine schlechte Visitenkarte. Er liest sich anders, wenn die Substantivierung rückgängig gemacht (und die Wiederholung vermieden) wird: „Bitte beheben Sie diese Mängel rasch, damit wir Ihren Antrag zügig bearbeiten können." (Da im Brief die Mängel bereits benannt wurden, muss zum Schluss nicht noch einmal *beanstandete* Mängel stehen. Und der Adressat weiß, welchen Antrag er gestellt hat. Deshalb muss nicht noch einmal Antrag *auf Fördermittel* geschrieben werden.)

Verben fristen in vielen Texten ein Schattendasein. Substantive verdrängen sie und entziehen Texten Farbe und Leben. Es wird in Jahresberichten mitgeteilt: „Wir haben eine Verbesserung der Verbandskommunikation und eine Senkung der Verwaltungskosten vorgenommen." Entschieden weniger steif und dynamischer klingt: „Wir haben die Verbandskommunikation *verbessert* und die Verwaltungskosten *gesenkt.*"

Verben sind vor allem dann erste Wahl, wenn eine Partei oder NGO, ein Forschungsinstitut oder ein Unternehmen unterstreichen will: Wir sind dynamisch, wir packen Problem an, wir tun was. Die folgende Selbstdarstellung ist verbschwach (ich habe das Original leicht verfremdet):

> „Übergeordnetes, in der Satzung der Trägergesellschaft verankertes Leitmotiv des DKRZ ist es, auf der Basis interdisziplinärer Forschung Beiträge zur Reduzierung der individuellen und gesellschaftlichen Belastung durch den Konsumrausch zu leisten. Kennzeichnendes Merkmal dabei ist die Vernetzung von psychologischer und soziologischer Grundlagenforschung mit klinischen und epidemiologischen Forschungsansätzen. Konkret sind die wissenschaftlichen Beiträge des DKRZ auf die Ziele der Verbesserung von Prävention, Früherkennung, Diagnostik und Therapie des Konsumrauschs und seiner Komplikationen sowie der Verbesserung der epidemiologischen Datenlage zum Konsumrausch in Deutschland ausgerichtet."

Der Text lädt nicht zum Lesen ein. Die Substantiv-Häufungen machen ihn schwergängig – die *Reduzierung, Vernetzung, Verbesserung* und *Forschung.* Verben machen den Text verständlicher und unterstreichen: Wir tun was!

> „Das DKRZ forscht nach Wegen, die individuellen und gesellschaftlichen Belastungen zu reduzieren, die der Konsumrausch verursacht. Das Zentrum vernetzt psychologische und soziologische Grundlagenforschung mit klinischer und epidemiologischer Forschung. Sein Ziel: die

> - Prävention,
> - Früherkennung,
> - Diagnostik und
> - Therapie

> des Konsumrauschs zu verbessern.
> Darüber hinaus arbeitet das Zentrum daran, aussagekräftigere epidemiologische Daten zum Konsumrausch in Deutschland zu gewinnen."

Mit weniger Worten (55 statt 680) mehr sagen: Forschung und Daten sind wichtig. Das Leitmotiv und die Verankerung in der Satzung habe ich gestrichen. Das Motiv ist ehrenwert; dass es in Satzung verankert ist, ziemlich langweilig. Taten zählen.

Verallgemeinert: Leitmotive und Satzungen, Zielstellungen und Gründungsgedanken mögen verbandsintern wichtig sein. Außenstehende interessiert die Frage: Was macht der Verband? Was erreicht die Partei? Was stellt die Regierung auf die Beine? Organisationen und Institutionen, die erfolgreich handeln, sollten das auch deutlich zum Ausdruck bringen – durch Verben: *Wir bekämpfen mit Bildung Armut.* Statt: Unsere Zielsetzung ist die Bekämpfung von Armut durch Bildung. Und: *Wir fördern vor allem die berufliche Ausbildung.* Nicht: Schwerpunkt unserer Förderung ist die berufliche Ausbildung. Sowie: *Wir retten verschüttete Menschen und bekämpfen Waldbrände.* Statt: Unsere Aufgabe ist das Suchen und Retten von verschütteten Menschen nach Katastrophen und die Waldbrandbekämpfung.

„Ich kam, sah und siegte", soll Cäsar gesagt haben. Dieser Satz lässt sich auch anders formulieren: Nach Erreich*ung* und Besichtig*ung* der hiesigen Örtlichkeiten war mir die Erring*ung* des *Sieges* möglich. – Bloß: Wer hätte das geglaubt?

Substantive sind dann angebracht, wenn etwas regelmäßig geschieht: die *Ziehung* der Lottozahlen, die *Leerung* der Mülltonnen. Substantive stehen für Gegenstände und regelmäßige oder gleichförmige Vorgänge. Wird etwas getan, sollte das auch durch ein Tätigkeitswort ausgedrückt werden.

Ungestreckte Verben statt Schachtelsätze

Verben machen einen Text allerdings nur dann anschaulich und konkret, wenn sie nicht gestreckt werden. Streckverben machen Texte dröge. Einige Beispiele:

- zum Einsatz kommen   statt   einsetzen
- zum Abschluss bringen   statt   abschließen
- Beachtung schenken   statt   beachten (oder kümmern)
- in Zweifel ziehen   statt   bezweifeln
- Mitteilung machen   statt   mitteilen

Streckverben sollte man auch deshalb vermeiden, weil sie zu Schachtelsätzen einladen. Ein Beispiel: „Frau Blum *brachte* gestern in der überfüllten Kantine des Zweigwerkes in Düren am Ende der rege besuchten Weihnachtsfeier, die bereits am späten Vormittag begonnen hatte und wie immer mit einem opulenten Büfett, das vom Feinkostservice Leckermann ausgerichtet wurde, ihre Freude *zum Ausdruck*, dass auch im nächsten Jahr zweihundert neue Arbeitsplätze geschaffen werden."

Nach 37 Worten erfahren wir, was Frau Blum *brachte*. In der Zwischenzeit darf gerätselt werden: *Brachte* Frau Blum ihren Partner mit oder in der Kantine ein Kind zur Welt? *Brachte* sie einen Toast auf den Buchhalter aus oder alles durcheinander?

Der zweite Teil des Streckverbs steht am Satzende. Die Leserinnen und Leser müssen sich bei solchen Sätzen sehr anstrengen, um die Satzaussage (*zum Ausdruck bringen*) zu erkennen. Diese Zumutung muss nicht sein. Deshalb *können* statt *in der Lage sein, interessieren* statt *Interesse finden* und *informieren* statt *Mitteilung machen*.

Ja, aber: Anglizismen, Fach- und Fremdwörter

Wer angibt, hat's nötig. Wer verständlich und anschaulich schreiben will, sollte nur die Fach- und Fremdwörter und Anglizismen verwenden, die geläufig sind. *Body Copy* und *Claim, Headline* und *Visual* darf in einem Auftrag stehen, den die Chefin einer Werbeagentur einem *freien Mitarbeiter* mailt (auf den *Freelancer* habe ich verzichtet). Wenn sich in Briefen einer Werbeagentur an ihre Kunden Anglizismen tummeln, dann ist das nicht kundenfreundlich. Und die Mischung aus Fachjargon und steifen Formulierungen lässt an der Kompetenz der Agentur zweifeln.

Ein kruder Stilmix auch in folgendem Auszug aus einer Referentenvorlage: „Wir sollten andenken, ob unser Dachverband der Corporate Responsibility mehr Aufmerksamkeit schenken sollte." *Unternehmensverantwortung* ist das treffende deutsche Wort, *angedacht* ein krudes Modewort und *Aufmerksamkeit schenken* ein steifes Streckverb.

Mit Anglizismen lassen sich Vorgänge pointiert ausdrücken. Für *Pinkification* gibt kein deutsches Wort, um prägnant auf die geschlechtsspezifische Ausrichtung der Spielwarenproduktion hinzuweisen. Man sollte allerdings nicht voraussetzen, dass *Pinkification* oder *Upskirting* und *Downsizing* allgemein bekannt ist.

Anglizismen sind eine gute Wahl, wenn ein griffiges oder treffendes deutsches Wort fehlt: *Job* und *Flop* oder *dealen*. Entwicklungsrichtung ist schwergängig als *Trend*.

Niemand kommt ins Grübeln, ist von *Airbag* oder *Mountainbike* die Rede. Gilt das auch für *Frequent-Flyer?* Und warum sollte es der *Vielflieger* oder die *Vielfliegerin* nicht tun?

Viele Anglizismen sind nicht notwendig, weil es treffende und verständliche deutsche Wörter gibt. Für *Sustainability* zum Beispiel Nachhaltigkeit

Zerbrechen Sie sich nicht den Kopf, ob es *downgeloadet* oder *gedownloadet* heißt. *Heruntergeladen* ist ebenso treffend wie *nutzerfreundlich* statt *user-friendly*.

Die Güte eines Wortes hängt nicht von seiner Herkunft ab. Entscheidend ist, ob es treffend und verständlich ist (so denkt man auch in den USA, wo Kinder in den *kindergarten* gehen, ein *wunderkind* Traum vieler Eltern ist und der *zeitgeist* bei manchen *weltschmerz* auslöst).

Schreiben Sie über Krankheit und Gesundheit oder Umweltschutz oder Nachhaltigkeit, kommen Sie ohne Fachbegriffe nicht aus. Fachtermini sind wichtige Mittel der Präzision. Sie sind kein Problem, wenn sie *verständlich* und *treffend* sind. Sie sind eine gute Wahl, wenn es keine angemessene Übersetzung gibt, zum Beispiel: *Exkursion* und *Psyche*. Oder wenn das deutsche Wort eher skurril ist: *Exhibitionist* statt *Gliedvorzeiger*. Und gängige Fremdwörter sind nützlich, um Wiederholungen zu vermeiden – wie *Termini* einige Zeilen zuvor.

Wenn ein Fachbegriff notwendig ist, muss er erläutert werden. Zum Beispiel: Verben, die mit einem Substantiv verbunden sind, machen einen Text steif. Der Fachausdruck für solche Verben ist *Funktionsverben*.

Viele Fachbegriffe entziehen – wie Substantivierungen – Texten Farbe und Leben. Ein gutes Beispiel findet sich in *Die Wurzeln des Lebens* von Richard Powers: Der Doktorand Adam Appich hat Schwierigkeiten, ein Promotionsthema zu finden. Interessieren würde ihn die Frage, ob „Menschen dazu in der Lage (sind), eigenständige moralische Entscheidungen zu treffen, auch wenn sie den Überzeugungen ihres Umfelds zuwiderlaufen." Seine Betreuerin übersetzt: „Das heißt, eine Studie über transformatives Potenzial als Funktion starker normativer Eigengruppenfavorisierung." (2020, S. 296)

Kann ein deutsches Wort ohne Präzisionsverlust verwendet werden, sollte man das tun. Vor allem dann, wenn die Leserinnen und Leser keine Fachleute sind. Ein Kammerjäger mag eine Biologin über *Rattus norvegicus* in der Gemeinde informieren. In einem Text für die Bürgerinnen und Bürger sollte – verständlich und nicht weniger präzise – *Wanderratte* stehen.

Nicht jedes Fach- oder Fremdwort ist auf Anhieb als Fach- oder Fremdwort zu erkennen. Aus einer Veranstaltungsankündigung einer freien Kunsthochschule: „Über bildnerisches Selbsttun sollen Erkenntnisse über die subtilen Qualitäten der sozialen Lebenswelt erfahrbar gemacht werden. Es werden keine Vorkenntnisse erwartet."

Von den *subtilen Qualitäten* abgesehen, wird in dem Text auf Fremdwörter verzichtet. Trotzdem sind viele Begriffe *Fremd*-Wörter, weil ihre Bedeutung vielen Menschen fremd ist. *Bildnerisches Selbsttun* ist vielen ebenso wenig geläufig wie *soziale Lebenswelt*. Das sind Termini, die das Selbstverständnis des Absenders ausdrücken – und die mangelnde Bereitschaft, sich allgemein verständlich auszudrücken.

Wenn die freie Kunsthochschule ihren Adressatenkreis nicht erweitern möchte, ist gegen *subtile Qualitäten* und *bildnerisches Selbsttun* nichts einzuwenden. Warum dann aber der Hinweis, dass keine Vorkenntnisse erwartet werden? Wünscht sich die Kunsthochschule mehr öffentliche Resonanz, sollte sie ihren Fachjargon durch anschauliche und geläufige Ausdrücke ersetzen.

Fremdwörter und Anglizismen sind die richtigen Wörter, wenn

1. ein griffiges deutsches Wort fehlt: Job und Flop, Team und Trend, Longseller und Bestseller;
2. es keine angemessene Übersetzung gibt: Eine *Exkursion* ist kein Ausflug, die *Psyche* ist nicht dasselbe wie die Seele und ein *Newsletter* ist kein Rundbrief;
3. wenn sie sich in der Umgangssprache eingebürgert haben: Smartphone, Mountainbike, Airbag und Tablet.[2]

4.2   Verständlich und anschaulich schreiben: Der Satz

„Der jüngere Hausherr hatte, als der allgemeine Aufbruch begann, mit der Hand nach der linken Brustseite gegriffen, wo ein Papier knisterte, das gesellschaftliche Lächeln war plötzlich von seinem Gesicht verschwunden, um einem gespannten und besorgten Ausdruck Platz zu machen, und an den Schläfen spielten, als ob er die Zähne aufeinanderbisse, ein paar Muskeln."

---

[2] Der um die „Reinheit" der deutschen Sprache besorgte *Verein Deutsche Sprache* empfiehlt: *Multifon, Bergrad, Prallkissen* und *Flachrechner*. Weitere amüsante Vorschläge finden Sie hier: www.vds-ev.de/denglish/anglizismen.

Eine Szene aus den *Buddenbrooks*. Der Satz hat 53 Wörter. Thomas Mann ist ein Meister kunstvoller Sätze. Wer das nicht ist, sollte kürzere Sätze schreiben. Zum Beispiel der Stadtrat, der in der Zeitschrift *Stadt und Gemeinde* einen Beitrag so beginnt: „Die Stadt ... (127.000 Einwohner) hat mit insgesamt 364 Städten und Gemeinden am erstmals vom Bundesministerium für Familie, Senioren, Frauen und Jugend ausgeschriebenen Bundeswettbewerb ‚Kinder- und familienfreundliche Gemeinde' teilgenommen und ist als eine von insgesamt 15 prämierten Städten und Gemeinden für ihre Familienorientierung ausgezeichnet worden."

Von William Faulkner stammt der Rat: „Schreibe den ersten Satz so, dass der Leser unbedingt auch den zweiten lesen will. Und dann immer so weiter." Kurze Sätze sind meist verständlicher und lesen sich oft angenehmer als lange Sätze. Liegt also in der Kürze die Würze? Der folgende Satz hat nur 22 Wörter – und ist missraten: „Neue Steuerungsmodelle, übergreifende Managementansätze, effizienzsteigernde Organisationsprozesse sind Themen, mit denen sich öffentliche Verwaltungen angesichts des Kostendrucks und der erforderlichen Haushaltssanierung zunehmend beschäftigen."

Also noch kürzer? Man kann auch mit der Hälfte der Wörter scheußliche Sätze produzieren: „An der der Tür gegenüberliegenden Wand hängt ein Bild des Bundespräsidenten."

Und man kann schließlich mit der Reihung kurzer Sätze langweilen: „Ihre Bewerbung ist bei uns eingegangen. Über Ihr Interesse freuen wir uns. Die Entscheidung über die Stellenbesetzung wird einige Zeit in Anspruch nehmen. Sie werden zur gegebenen Zeit wieder Nachricht von uns erhalten. Nachfragen beantwortet das Hauptamt."

Die Beispiele zeigen: Es gibt nicht die „richtige" Satzlänge. Nicht jeder lange Satz ist unverständlich und nicht jeder kurze informativ oder lesefreundlich. Der einzelne Satz sollte verständlich und der gesamte Text flüssig zu lesen sein. Alle Sätze sollten das Ergebnis einer doppelten Prüfung sein: Sind alle Wörter notwendig (vgl. 4.1); sind die notwendigen Wörter lesefreundlich zusammengestellt?

Klar und übersichtlich: Lesefreundliche Sätze

Das Hauptübel vieler Sätze ist nicht ihre Länge, sondern ihre Bauweise. Man folgt nicht der Maxime, eins nach dem anderen, sondern verschachtelt Informationen und Überlegungen. Schachtelsätze ermüden, weil man sich anstrengen muss, den roten Faden nicht zu verlieren.

Ein eingeschobener Nebensatz ist noch kein Problem: „In der Industrie, *wo alle Organisationsprozesse auf Wirtschaftlichkeit und Effektivität ausgerichtet sind,* kommt der Auswahl der richtigen Führungskräfte eine herausgehobene Stellung zu." Vielen ist allerdings eine Schachtel zu wenig: „Die Feststellung, *dass es zu Verzögerungen bei der Antragstellung für das Forschungsprojekt ,Geschlecht und Verkehrspolitik' kam,* ist, *wie wir bereits am 11.11. mitgeteilt haben,* unzutreffend."

Noch mehr Nebensätze zwischen dem Hauptsatz sind eine Zumutung – vor allem dann, wenn auch noch die Nebensätze verschachtelt werden: „Die Feststellung, *dass es zu Verzögerungen bei der Antragstellung für das Forschungsprojekt ,Geschlecht und Verkehrspolitik' kam,* ist, *wie wir Ihnen bereits am 11.11. mitgeteilt haben, dies können Sie der beiliegenden Kopie unseres Schreibens entnehmen,* unzutreffend."

Es ist schön, wenn Sie mehr als einen Gedanken haben. Geben Sie jedem dieser Gedanken Raum. Klemmen Sie diese Gedanken nicht ein. Vermeiden Sie Schachtelsätze. Dazu haben Sie mindestens vier Möglichkeiten.

1. Nebensätze anhängen

Ein Schachtelsatz: „Die Herstellung des Jahresberichts wird sich, weil Papier der von Ihnen gewünschten Stärke, das einen hochwertigen Vierfarbdruck ermöglicht, nur in Portugal zu beziehen ist, verzögern."

Stellt man die Nebensätze hinter den Hauptsatz, wird der Satzbau lesefreundlicher: „Die Herstellung des Jahresberichts wird sich verzögern, weil Papier der von Ihnen gewünschten Stärke, das einen hochwertigen Vierfarbdruck ermöglicht, nur in Portugal zu beziehen ist."

Die Überarbeitung ist noch unbefriedigend, weil im Nebensatz ein Nebensatz eingeschoben ist. Mit einer Streichung (*von Ihnen gewünscht*), einer Konkretisierung (*Stärke*) und einem anderen Verb (*bekommen* statt *zu beziehen ist*) kommt man weiter: „Die Herstellung des Jahresberichts wird sich verzögern, weil wir nur in Portugal sehr dünnes Papier bekommen, das einen hochwertigen Vierfarbdruck ermöglicht."

Erst der Hauptsatz, dann der Nebensatz. Beginnen Sie Sätze nicht mit einem Nebensatz: Sie laufen Gefahr, zu lange Sätze zu produzieren, die die Aufnahmekapazität der Lesenden arg strapazieren. Ein kurzer Nebensatz am Anfang ist kein Problem: „Obwohl der Etat gering war, gelang der NGO eine erfolgreiche Kampagne." Zwei Nebensätze vor dem Hauptsatz sind eine Zumutung:

„Da das Begreifen von Zusammenhängen optimal nur durch tätiges Erproben gewonnen wird, unser Alltag jedoch immer weniger Anlässe gibt, praktische Erfahrungen zu machen, müssen wir in der pädagogischen Arbeit bewusst entwickelte Gelegenheiten zur Förderung, Entfaltung und Differenzierung sinnlicher Aktivitäten bieten."

So entsteht ein klarer Textaufbau:
- Worum geht es? *Hauptaussage:* In der pädagogischen Arbeit sinnliche Aktivitäten fördern und entfalten.
- Warum ist das wichtig? *Allgemeine Begründung:* Zusammenhänge werden optimal nur durch tätiges Erproben begriffen.
- Was steht dem entgegen? *Besondere Umstände:* Der Alltag bietet immer weniger Möglichkeiten, praktische Erfahrungen zu machen.

„Wir müssen in der pädagogischen Arbeit bewusst entwickelte Gelegenheiten zur Förderung, Entfaltung und Differenzierung sinnlicher Aktivitäten bieten, denn das Begreifen von Zusammenhängen wird optimal nur durch tätiges Erproben gewonnen. In unserem Alltag jedoch gibt es immer weniger Anlässe, praktische Erfahrungen zu machen."

Allerdings hilft ein klarer Satzbau nicht viel weiter, weil das verquaste Pädagogen-Deutsch für die meisten unverständlich ist. Vielleicht meinte der Verfasser dies:

„Wir müssen Kindern ermöglichen, mit allen Sinnen zu lernen, denn Zusammenhänge können sie nur durch den praktischen Umgang mit ihrer Umwelt richtig begreifen. In unserem Alltag gibt es jedoch immer weniger Möglichkeiten, praktische Erfahrungen zu machen."

2. Einen Doppelpunkt setzen
Der Doppelpunkt hilft, Sätze übersichtlich zu machen: „Bei Problemen können angesprochen werden: die Personaldezernentin, der Personalrat, die Frauenbeauftragte oder die Mitarbeiterinnen und Mitarbeiter der psychosozialen Beratungsstelle." – Statt: „Bei Problemen *können* die Personaldezernentin, der Personalrat, die Frauenbeauftragte oder die Mitarbeiterinnen und Mitarbeiter der psychosozialen Beratungsstelle *angesprochen werden*."

Man kann das Verb auch hinter das erste Glied der Aufzählung stellen: „Bei Problemen können die Personaldezernentin angesprochen werden, der Personalrat, die Frauenbeauftragte oder die Mitarbeiterinnen und Mitarbeiter der psychosozialen Beratungsstelle."

3. Satzaussage dicht zum Satzgegenstand stellen
Mark Twain bemerkte einmal: „Wenn der deutsche Schriftsteller in einen Satz taucht, dann hat man ihn die längste Zeit gesehen, bis er auf der anderen Seite seines Ozeans wieder auftaucht mit seinem Verbum im Mund."

Nicht nur deutsche Literaten stellen die Satzaussage gerne an das Satzende. Ich zitiere aus einer Presseinformation der *Arbeitsgemeinschaft ökologischer Forschungsinstitute*:

> „Fachleute verschiedener Disziplinen wie der Hamburger Toxikologe Dr. Helmut Sagunski, der Leiter des Chemischen Untersuchungsamtes der Stadt Nürnberg Dr. Peter Pluscke und die Mediziner Dr. Heike Jacobi, Oldenburg und Bobo Kulinski, Rostock stellten ihre Ansätze zu Anforderungen an eine Grenz- und Richtwertfindung dar." (Zeichensetzung wie im Original)

Nach 32 Wörtern wird mit der Satzaussage herausgerückt: Die Fachleute „stellten dar". Verständlicher ist der Satz, wenn Satzgegenstand und Satzaussage zusammenstehen: „Fachleute verschiedener Disziplinen *erläuterten* ihre Ansätze zu Anforderungen an eine Grenz- und Richtwertfindung: der Leiter des Chemischen Untersuchungsamtes ..."

Allerdings wird dann deutlich: Die Aussage ist sehr dürftig. *Dass* Fachleute Anforderungen erläutern, ist langweilig. Interessant wäre, *welche* Anforderungen sie stellen.

Die Trennung von Satzgegenstand und Satzaussage lässt sich zudem umgehen, wenn man das in der Amtssprache beliebte Passiv vermeidet. Nicht: „Von den Autoren *wurden* die Analyse der Ursachen mangelnder Chancengleichheit in Deutschland und der Überblick über die Vorzüge des Bildungswesens in Skandinavien um ein Dutzend Empfehlungen zur Bildungsreform *ergänzt*."[3]

Sondern: „Um ein Dutzend Empfehlungen zur Bildungsreform *ergänzten* die Autoren ihre Untersuchungen zur mangelnden Chancengleichheit in Deutschland und ihren Überblick über die Vorzüge des skandinavischen Bildungswesens." Oder besser: „Die Autoren analysierten die Ursachen mangelnder Chancengleichheit in Deutschland und gaben einen Überblick über die Vorzüge des skandinavischen Bildungswesens. Sie ergänzten ihre Untersuchung um ein Dutzend Empfehlungen zur Bildungsreform."

Wer sich um einen verständlichen Satzbau bemüht, wird feststellen: Vieles kann schlicht formuliert werden – lesefreundlich und ohne Bedeutungsverlust.

4. Wichtiges an die richtige Stelle: Die Hauptsache in den Hauptsatz
Was ist im folgenden Satz die Hauptsache? „Die Mitarbeiterinnen der Forschungsabteilung, die einen neuen Mikrochip entwickelt haben, trinken gerne Bordeaux." –

---

[3] Das Passiv ist angebracht, wenn ein Erleiden ausgedrückt werden soll: Ich wurde im Grundstudium mit Mittelhochdeutsch traktiert. Und wenn nicht interessiert, wer die handelnde Person ist: Das Museum wird um 13 Uhr geöffnet.

Wenn die Entwicklung eines neuen Chips wichtiger ist als die Vorliebe für eine
Weinsorte, dann sollte dies im Hauptsatz stehen: „Die Mitarbeiterinnen der Forschungsabteilung entwickelten einen neuen Mikrochip." Sollte die Vorliebe für
Bordeaux wichtiger sein, gibt es keinen Grund, in einem eingeschobenen Nebensatz die Entwicklung eines Mikrochips zu erwähnen.

Dieser Satz ist auf Anhieb zu verstehen. Und es fällt nicht schwer, einen solchen
Satz zu schreiben. Doch Sätze gehen häufig daneben, wenn die Hauptsache nicht
im Hauptsatz steht: „Neue Steuerungsmodelle, übergreifende Managementansätze, effizienzsteigernde Organisationsprozesse sind Themen, mit denen sich öffentliche Verwaltungen angesichts des Kostendrucks und der erforderlichen Haushaltssanierung zunehmend beschäftigen."
   Der Hauptsatz lautet: „Neue Steuerungsmodelle ... sind Themen." Was ist
wirklich wichtig? Dass sich die öffentlichen Verwaltungen mit neuen Steuerungsmodellen beschäftigen, weil sie unter Druck stehen. Texte werden prägnanter und
verständlicher, wenn der Satzbau die zentralen Gedanken hervorhebt: Was ist die
Hauptsache, die wichtigste Aussage? Der Ort für die wichtigste Aussage ist der
Hauptsatz: „Öffentliche Verwaltungen beschäftigen sich zunehmend mit neuen
Steuerungsmodellen, übergreifenden Managementansätzen und effizienzsteigernden Organisationsprozessen, weil der Kostendruck gestiegen ist und die Haushalte
saniert werden müssen."

Nicht aufplustern, sondern an die Leserinnen und Leser denken
Aus einer Pressemitteilung des Leibnitz-Instituts für Nutztierbiologie: „Die *Ernäh-
rungssicherheit* ist weltweit eine der großen *Herausforderungen* des 21. *Jahrhunderts.* Neben der *Tiergerechtigkeit* bildet die umwelt- und ressourcenschonende
Erzeugung tierischer *Nahrungsmittel* eine wesentliche *Grundlage* für die langfristige *Akzeptanz* der modernen *Gesellschaft.*"

   In diesen zwei Sätzen wird Hauptwort an Hauptwort gereiht und es werden
bedeutungsschwere Adjektive aufgefahren. Es geht schlichter – und eindringlicher:

* Es ist eine große Herausforderung, alle Menschen *satt zu bekommen.* (Am
  Rande: Die Herausforderung ist nicht neu; deshalb kann man das 21. Jahrhundert streichen.).
* Was ist notwendig, damit die Gesellschaft die Nutztierhaltung akzeptiert? Sie
  muss *artgerecht, umwelt- und ressourcenschonend* sein.

Das Ergebnis: „Es ist eine große Herausforderung, alle Menschen satt zu bekommen. Langfristig akzeptieren die Bürgerinnen und Bürger die Nutztierhaltung nur

dann, wenn sie artgerecht ist und die Herstellung tierischer Lebensmittel umweltfreundlich und ressourcenschonend erfolgt."
Trauen Sie sich, schlicht zu schreiben. Verzichten Sie auf Pomp-Adjektive und wuchtigen Nominalstil. Die Leserinnen und Leser danken es Ihnen. Wer über komplizierte Zusammenhänge schreibt, sollte diese Zusammenhänge präzise und verständlich erläutern. Von einer Psychologin, die über einen psychisch stark gestörten Menschen schreibt, erwarten wir auch, dass sie sich nicht ausdrückt wie ihr Patient.

Ich fasse zusammen: Sie haben gute Chancen, verständliche und anschauliche Texte zu Papier zu bringen, wenn Sie

- sich für das kurze und anschauliche Wort entscheiden,
- viele Verben verwenden,
- mit Pronomen, Fach- und Fremdwörtern sowie Anglizismen zurückhaltend sind,
- streichen, was überflüssig ist,
- unverschachtelte Sätze bauen.[4]

4.3 Interesse wecken und aufrechterhalten: Textanfang, Überschrift und Textaufbau

Worauf kommt es an, wenn Sätze zu Texten zusammengefügt werden? Wer beim Schreiben an die Leserinnen und Leser denkt, hat gute Chancen, einen gelungenen Text zu formulieren. Was mag sie an meinen Informationen und Ankündigungen interessieren, neugierig machen, beeindrucken, überzeugen?
Die Antworten auf diese Fragen sind Leitlinien für den Textaufbau und den Textanfang. Ich fange mit dem Anfang an.

Der Anfang muss stimmen
Der erste Satz ist wichtig. In der Liebe, in der Literatur und in Sachtexten. Auf den Anfang kommt es an.

---

[4] Deutsch fällt vielen Ausländer*innen und nicht wenigen Deutschen schwer. In Deutschland gibt es rund 7,5 Mio. funktionale Analphabet*innen. Um sie zu erreichen, informieren zum Beispiel viele Städte auf ihren Webseiten in Leichter Sprache. Die Bundestagsfraktion von Bündnis 90/Die Grünen, die Bundeswehr und der Deutschlandfunk auch.
Anregungen und Anleitungen gibt das Netzwerk *Leichte Sprache: leichte-sprache.org/ wp-content/uploads/2017/11/Regeln_Leichte_Sprache.pdf* Auch nützlich: Hurraki. Ein Wörterbuch für Leichte Sprache: hurraki.de/wiki.

Nicht „jedem Anfang wohnt", wie Hesse meinte, „ein Zauber inne". Häufig ist aller Anfang langweilig, weil nicht zum Lesen motiviert wird, kein Wort in den Text hineinzieht, nichts Neues oder Interessantes versprochen wird. Langeweile ist in vielen Texten das Ergebnis von Absenderverliebtheit. Ein typisches Beispiel:

> „‚Sucht hat immer eine Geschichte' ist das Leitthema der Öffentlichkeitskampagne zur Suchtvorbeugung des Ministeriums für Arbeit, Gesundheit und Soziales des Landes Nordrhein-Westfalen. Mit der Kampagne soll die Bedeutung und Notwendigkeit der suchtvorbeugenden Arbeit in NRW herausgestellt werden. Sucht wird als umfassendes Problem gesehen, bei dem sowohl persönliche, soziale und suchtmittelspezifische Faktoren als mögliche Ursachen einer ..."

Es ist uninteressant, dass eine *Öffentlichkeitskampagne* ein *Leitthema* hat. Niemand wird neugierig, wenn eine *Kampagne die Bedeutung der Notwendigkeit* herausstellt. Außerhalb des Ministeriums schrecken Texte ab, die nach dem Motto geschrieben sind, das Langweiligste zuerst (zumal, wenn Substantiv an Substantiv gereiht wird).

Pflicht: Das Interesse der Leser*innen im Blick haben
Absenderverliebtheit meint: Der Esel nennt sich immer zuerst. Sollen Texte zum Lesen einladen, muss am Anfang stehen, was die Leserinnen und Leser interessieren könnte. Das heißt für die zitierte Pressemitteilung: Am Anfang steht,

- *warum* die Kampagne wichtig ist (zum Beispiel weil Drogen ein gesellschaftliches Problem sind);
- *wer* etwas von dem Angebot des Ministeriums hat (zum Beispiel Eltern, die ihre Kinder vor Drogen schützen möchten).

In vielen Selbstdarstellungen paart sich die Absenderverliebtheit mit der *Chronologie*, der Freundin der Langeweile:

> Der Verein Schuldenfrei e. V. wurde auf Initiative von Herbert Neumann im Herbst 2003 gegründet. Seit 2004 ist er Mitglied im Paritätischen Wohlfahrtsverband Nordrhein-Westfalen e. V. In seinem nunmehr zwanzigjährigen Bestehen hat er ...

Beim Sport sollte man sich warm laufen. Texte, die gelesen werden sollen, starten gleich durch, um Interesse und Aufmerksamkeit zu wecken – mit dem Wichtigsten, einem Aufmerksamkeitswecker oder einem prägnanten Zitat:
Das *Wichtigste zuerst*
Über achthundert Menschen befreite Schuldenfrei im vergangenen Jahr aus der Schuldenfalle

Aufmerksamkeitswecker
Immer mehr Deutsche sitzen in der Schuldenfalle
Zitat
„Wir brauchen ein neues Schuldrecht." Das forderte die Vorsitzende von Schuldenfrei auf der Jahrespressekonferenz des Vereins.
Ein weiteres Beispiel:

> Im Rahmen ihrer Veranstaltungsreihe „Kunst ganz nah" zeigt die Kreissparkasse Siegburg, Simone-de-Beauvoir-Straße 9, vom 12. bis zum 28. März während der Schalterstunden Lithografien und Aquarelle von Aisha Ceyhun. Eröffnet wird die Ausstellung am 12. März um 16 Uhr 30.

Die wenigen Zeilen dieser Ankündigung schafft man trotz des unglücklichen Aufbaus. Ein längerer Text dieser Art würde nicht nur meine Geduld überstrapazieren.

Was könnte interessieren? Die Lithografien und Aquarelle und die Künstlerin, sofern sie einen Namen hat. Die Ausstellungseröffnung ist interessanter als der Hinweis, dass die Ausstellung während der Schalterstunden zu sehen ist: Vielleicht ist Aisha Ceyhun anwesend und es gibt ein Glas Sekt und Schnittchen.

Die Kreissparkasse ist – wenn es darum geht, dass viele Besucher*innen kommen – uninteressant. Sie nach vorne zu stellen, ist ein klassischer Fehler. Professionell ist folgende Haltung: Interessierte werden es registrieren und zu schätzen wissen, dass die Kreissparkasse sich für Kunst engagiert.[5]

Deshalb: Eine Ausstellung mit Lithografien und Aquarelle von Aisha Ceyhun wird am 12. März in der Kreissparkasse Siegburg um 16 Uhr 30 eröffnet – und dann alles Weitere.

Aus dem letzten Beispiel lässt sich eine Regel für den Anfang ableiten: Fange nie mit „Im Rahmen" an. Die zwei harmlosen Wörter führen zu langweiligen Einstiegen und scheußlich langen Sätzen im Nominalstil.

Kür: Anfang und Ende zusammenbinden
Kür ist ein Einstieg, der am Ende des Textes wieder aufgegriffen wird. Zum Beispiel ein Einstieg, in dem eine Episode geschildert, eine Frage gestellt oder ein geflügeltes Wort zitiert wird. Diese Aufbau-Kür ist geeignet für Kommentare und für Beiträge für Unternehmenschroniken oder Jahresberichte sowie für Berichte über ein Naturschutzprojekt oder eine Hilfsaktion. Ein Beispiel.

---

[5] Diese Sichtweise kann zu Konflikten führen, wenn die Sparkassenleiterin oder andere Chefs absenderverliebt den eigenen Namen an erster Stelle sehen will.

Anfang: Den Wettlauf mit dem Hasen hat der Igel bekanntlich gewonnen. Das Rennen mit dem Menschen wird er verlieren, wenn wir die Natur weiter mit rasanter Geschwindigkeit versiegeln.
Hauptteil: Informationen
Ende: Hase und Igel sind sich daher einig, dass für sie sowohl mehr als auch weniger besser wäre. Mehr Natur und weniger Beton.

Aufbereitet statt chronologisch: Textaufbau

Stimmt der Anfang, geben die Leser*innen dem Text einen Vorschuss. Der sollte nicht durch eine ungeordnete Faktenhäufung verspielt, sondern durch einen klaren Textaufbau gerechtfertigt werden: Auf einen *aufmerksamkeitsstarken Anfang*, der zum Lesen motiviert, folgt die *Hauptsache*: die wichtigsten Informationen. Danach kommt alles Weitere: *Einzelheiten* und nähere Umstände.

So gelingt ein solcher Textaufbau:

* *Informationen gewichten.* Geleitet von den Fragen: Was interessiert die, die diesen Text lesen sollen? Was ist wichtig und was weniger wichtig;
* Auf die *Demonstration dessen verzichten, was man alles weiß.* Alles sagen zu wollen, führt zu Langeweile. Weniger ist oft mehr.
* *Keine* Verbands- oder Unternehmens*geschichten erzählen.* Die Geschichte eines Projekts, die Entwicklung eines Verbandes, der Rahmen einer Aktion sind für Außenstehende (zunächst) uninteressant. Erst wenn deutlich geworden ist, die Initiative leistet gute Arbeit, der Verband bereitet nützliche Informationen auf, die Handelskette tut etwas für das Tierwohl, kann Interesse für die Initiative, den Verband oder das Unternehmen aufkommen.

Ein einfaches Beispiel: Die Selbstdarstellung eines Projektes, das Kindern und Jugendlichen aus bildungsfernen Schichten hilft, einen guten Schulabschluss zu erreichen.

„Kein Kind, kein Jugendlicher geht verloren", lautet das Leitziel von ABC. Das von der XYZ-Stiftung und der DEF-Stiftung in Berlin initiierte Programm startete 2006 und wird mittlerweile in zehn Stadtteilen bundesweit umgesetzt. Ziel ist es, durch den Aufbau lokaler Bildungsnetzwerke auf gerechte Bildungschancen aller „Kinder und Jugendlichen hinzuwirken."

Leitziel und Initiatoren, Programmstart und Umsetzung gehören nicht an den Anfang. Interesse können Erfolge wecken. Die interessieren vor allem Spenderinnen und Unterstützer. Mit Ergebnissen lässt sich punkten, mit Zielen eher nicht. Neugierig kann die Aussage eines Jugendlichen machen: „Die haben mir echt geholfen." Oder: „Ich hab's geschafft. Danke ABC."

Kurz, informativ, griffig: Überschrift
Die Überschrift ist das Aushängeschild eines Textes. Sie soll neugierig machen, zum Lesen einladen.

Ist schon die Überschrift langweilig, kommt kein Interesse auf, weiter zu lesen. Deshalb lohnt sorgfältiges Texten. Eine Überschrift soll Interesse wecken. Aber keine falschen Erwartungen. Mit Überschriften gewinnt man Leser. Mit (interessanten, nützlichen oder unterhaltsamen) Informationen nimmt man die Leserinnen für sich ein.

Gelungene Überschriften sind *auf Anhieb verständlich, kurz, informativ* und *griffig* – aber nicht reißerisch. Damit eine Überschrift griffig wird, sind Substantivierungen und das Passiv tabu.

- Nicht: Lehrerprotest gegen Schulmissstände
  Sondern: Lehrer protestieren gegen Missstände in Schulen
- Nicht: Greenpeace-Warnung vor Anstieg des Meeresspiegels
  Sondern: Greenpeace warnt vor Anstieg des Meeresspiegels
- Nicht: Neue Fahrradwege werden von Senioren getestet
  Sondern: Senioren testen neue Fahrradwege

Verzichtet wird auf Artikel und Satzkonstruktionen, die Satzzeichen erfordern.

- Nicht: Ein 80-Jähriger knackt den Lotto-Jackpot
  Sondern: 90-Jährige knackt Lotto-Jackpot
- Nicht: Neue App hilft, den Salzkonsum zu reduzieren
  Sondern: Mit neuer App Salzkonsum reduzieren

Wie in diesen Beispielen sollte – wenn möglich – stets Präsens gewählt werden. Anführungszeichen werden in Überschriften nur bei direkter Rede gesetzt, wenn die oder der Zitierte nicht erwähnt wird:

- „Verkehrsminister vernachlässigt Bahnreform".
- Linke: Verkehrsminister vernachlässigt Bahnreform.

Mit einer Dach- oder Unterzeile können die Aussagekraft und der Leseanreiz erhöht werden:

Dachzeile: Er kam, sah und log
Überschrift: **Bankmanager sagt vor Gericht nicht die Wahrheit**

Überschrift: **Landkreis will Musikschule schließen**
Unterzeile: Eltern wehren sich: Demonstration geplant

Weitere Möglichkeiten, Interesse zu wecken, sind Fragen, (seriöse) Versprechen und kreative Veränderungen bekannter Wendungen:

Wie bitte?
Viele über 70-Jährige klagen über Hörprobleme

So gehts
In 14 Tagen Winterspeck loswerden

David gegen Corona
Gesundheitsminister sind überfordert

Glaube, Liebe, Zweifel
Gläubige verlassen die katholische Kirche

Einsame Spritze
Berlin kann Impfpflicht nicht durchsetzen

Ein Aufmerksamkeitswecker ist dann eine gute Wahl, wenn der Text hält, was die Überschrift verspricht: *„Spektakuläre* Blicke auf Steilfelsen" ist besser als „schöne Aussicht" – sofern die Aussicht tatsächlich spektakulär ist. Das gilt auch für „Die 5 *besten* Tipps für den PC-Kauf" oder *„Enorm* sparen mit …" Allerdings: Wer dauernd auf die Pauke haut, wird nicht besser gehört, sondern macht taub.
    Kür sind Gegensätze und Überschriften mit Rhythmus:

Groß im Kleinkrieg
Neuer Streit in der Koalition

Nur langsam schneller voran
Digitalisierung der Stadtverwaltung stockt

Sind Anglizismen oder bestimmte Begriffe in der Zielgruppe beliebt:

Lieber safe als sorry
Sicher surfen mit ...

Lieber safe als sorry
Kondome nicht vergessen

Für eine gute Überschrift ist keine Schaumschlägerei erforderlich. Vielmehr kommt es darauf an, das Wichtigste in wenigen anschaulichen Worten zusammenzufassen – einen Text so zu verdichten, dass Leseinteresse geweckt wird.

4.4 Gewinnende Korrespondenz: Briefe und E-Mails

Briefe und E-Mails sind Visitenkarten. Briefe machen einen guten oder schlechten Eindruck. Mit einer E-Mail als erste Reaktion auf eine Bestellung, Spende oder Anfrage können Kunden, Spenderinnen oder Mitglieder und Bürgerinnen gewonnen oder abgeschreckt werden. Abschreckende Briefe können teure Imagekampagnen ins Leere laufen lassen. Kurz: Briefe und E-Mails sind ein wichtiges und nützliches Kommunikationsmittel.

Korrespondenz ist sehr häufig *Sachbearbeitung* statt Kommunikation: Es geht um eine Sache, nicht um Kommunikation mit der Adressatin, dem Empfänger. Deshalb wird die *Beziehung*sseite vernachlässigt. Und es wird übersehen, dass jeder Brief auch eine *Selbstauskunft* ist (zum Beispiel darüber, ob man sich die Mühe macht, fehlerfrei und verständlich zu schreiben).

E-Mails fördern die Konzentration auf die Sachaussage: Das Medium drängt zu Geschwindigkeit und zur Kürze. Und so wird aus der individuellen Anrede, egal, um wen es geht, ein *Hallo*, aus dem Gruß ein *MfG*.

Die Alternative? *Schriftliche* Kommunikation als *Kommunikation* begreifen. Und das heißt: Auf die *Selbstauskunft* und die *Beziehungsseite* achten, die durch die Sprache, den Aufbau und die Form eines Briefes oder einer E-Mail zum Ausdruck gebracht wird. Worauf kommt es dabei besonders an, wenn man Kunden und Spenderinnen binden, Förderer und Mitglieder gewinnen oder Geschäftspartnerinnen und Wähler für sich einnehmen will? Auf

- die *Schreibperspektive* – mit der Beziehungsbotschaft: *Wir können uns in Ihre Lage versetzen;*
- *individuelle* Briefe und Mails – mit der Beziehungsbotschaft: *Sie sind uns wichtig;*
- eine *lebendige* Sprache – mit der Selbstauskunft: *Wir sind aus dem 21. Jahrhundert.*

Schreibperspektive: Wir können uns in Ihre Lage versetzen
Wollen Sie Ihre Zielgruppe erreichen, muss deren Perspektive beim Schreiben leitend sein. Korrespondenz misslingt, wenn *Sachbearbeitung* die Schreibperspektive ist. Zwei Beispiele:

Frau Burg aus Würzburg schreibt an die Hauptstelle einer Bank in Nürnberg. Sie möchte ein Konto eröffnen und einen Termin für eine Anlageberatung vereinbaren. Die Bank antwortet:

„Ihr Schreiben vom 19.04.2023
Sehr geehrte Frau Burg,
    bezugnehmend auf das o. g. Schreiben bitten wir Sie, sich an unsere Zweigstelle in Würzburg, Elsner Straße 12, zu wenden.
    Mit freundlichen Grüßen"

Eine vertane Chance, gewinnend so kommunizieren. Dabei ist es in diesem Fall so einfach. Frau Burg muss keinen weiten Weg auf sich nehmen. Das ist erfreulich – und das schreibt man:

Das Gute ist oft so nah
Guten Tag, Frau Burg,
    wir freuen uns über Ihr Vertrauen – und haben eine gute Nachricht: Sie müssen nicht nach Nürnberg fahren. Eine Filiale unserer Bank ist ganz in Ihrer Nähe, in der Elsner Straße 12. Dort werden Sie kompetent beraten.
    Viele Grüße nach Würzburg

Ich habe den Brief inhaltlich nicht verändert. Guter Service hieße: „Bitte wenden Sie sich an Frau Schmid, sie wird Sie gerne und gut beraten." *Sehr* guter Service: „Wir haben Ihren Brief an Frau Schmid geschickt, sie ist informiert, wenn Sie sich bei ihr melden."
    Ich verallgemeinere meinen Vorschlag: Jeder Brief ist eine Chance, einen guten Eindruck – und das heißt: Werbung für den Absender – zu machen. Durch einen freundlichen Satz und einen Hinweis, der signalisiert: Wir haben uns in Ihre Lage versetzt. Ein zweites Beispiel:

„Betreuungspauschale
Sehr geehrte Frau Kruse,
    die Betreuungskosten wurden ab dem 01.01.2023 von 269,02 € auf 257,46 € geändert. Sie haben jedoch für die Monate Januar bis April noch 269,02 € bezahlt. Somit ergibt sich eine Überzahlung in Höhe von 46,24 €.

Wir bitten Sie, in Zukunft nur noch 257,46 € zu überweisen und die Überzahlung bei Ihrer nächsten Zahlung zu verrechnen.
Für Ihr Bemühen danken wir im Voraus und verbleiben
mit freundlichen Grüßen"

Der Buchhalter, der diesen Brief schrieb, hatte nur die Arbeit vor Augen, die ihm dieser Vorgang machte, nicht die Perspektive der Empfängerin. So wird aus einer guten Nachricht ein Vorwurf: *Wie können Sie nur zu viel Geld überweisen!* Aus einem Guthaben wird eine *Überzahlung!*

Frau Kruse macht sich sicher gerne die Mühe, künftig nur noch 257,46 € zu überweisen. Für diese *Bemühung* muss ihr nicht *im Voraus gedankt* werden. Nimmt man die Perspektive von Frau Kruse ein, entsteht ein völlig anderer Brief:

Weniger Kosten für eine gute Betreuung
Guten Tag, Frau Kruse,
ich habe eine gute Nachricht für Sie: Die Betreuungskosten wurden zum 1. Januar 2023 gesenkt – von 269,02 € auf 257,46 €.
Von Januar bis einschließlich April haben Sie noch 269,02 € überwiesen. Daher haben Sie bei uns ein Guthaben von 46,24 €.
Wir bitten Sie, Ihre nächste Überweisung um diesen Betrag zu reduzieren und künftig nur noch 257,46 € zu überweisen.
Mit freundlichen Grüßen

Bleibt die Perspektive der Empfängerinnen und Empfänger unbeachtet, geraten Briefe skurril:

„Seminar-Nr.: 086/23
Thema: Grundkurs Kampagnenplanung
Termin: 29.03.–31.03.2023
Ort: 14974 Ludwigsfelde, Struveweg 11
Sehr geehrter Herr Holt,
in den Unterlagen für o. g. Kurs hat sich leider ein Fehler eingeschlichen: Das Seminar startet am Mittwoch, den 29.03.2023 um 10:00 h und nicht um 09:00 h! (An allen anderen Tagen beginnen wir um 9:00 h.)
Wir bedanken uns für Ihr Verständnis und verbleiben
Mit freundlichen Grüßen"

Herr Holt kann eine Stunde länger schlafen oder ausgiebiger frühstücken – und wird in einem mit einem Monster-Betreff (kopiert aus der Anmeldebestätigung) für einen Irrtum um Verständnis gebeten, der für die meisten Teilnehmer*innen eine gute Nachricht ist. Deshalb:

Der Grundkurs Kampagnenplanung beginnt eine Stunde später
Guten Tag, Herr Holt,
    am ersten Tag geht es erst um 10 Uhr los. Sie können ein wenig länger schlafen, ausgiebiger frühstücken oder kurz in die Ludwigsfelder Therme gehen. (Oder: Wir hoffen, dass Sie unser kleiner Fehler in der Anmeldebestätigung erfreut.)
    Wir wünschen Ihnen eine gute Anreise.
    Viele Grüße nach Königs-Wusterhausen

Sie vermeiden einen Kardinal*fehler* jeder Korrespondenz, wenn Sie die Perspektive der Adressatinnen und Adressaten einnehmen – *und nicht sich in den Mittelpunkt rücken,* das Unternehmen oder Ministerium, den Verein oder Verband, die Hochschule oder Partei.

Kardinal*tugend* jeder Korrespondenz ist es, das in den Vordergrund zu stellen, was für die Adressatinnen und Adressaten wichtig ist, was sie interessiert.

Wenn ein Schreiben viele Menschen erreicht, ist es besonders wichtig, die Perspektive der Empfängerinnen und Empfänger zu beachten. Das hat der Verfasser des folgenden Rundschreibens versäumt:

„Besuch der EXPO am 13. Juli
Sehr geehrte Kolleginnen und Kollegen,
    am 13. Juli werden um 7:00 Uhr die Busse zur Abfahrt zur EXPO vor dem Geografie-Gebäude in der Keunstraße 20 bereitstehen. Wie bereits angekündigt, werden während der Busfahrt die anteiligen Fahrtkosten eingesammelt (bitte **kein** Hartgeld). Um 18:00 erfolgt die Abfahrt von der EXPO. In der Anlage finden Sie Kopien zweier verschiedener EXPO-Pläne.
    Die von Ihnen bestellten Karten liegen nun vor, bitte holen Sie diese in den nächsten Tagen bei Frau Nouripour, Raum 14 ab.
    Mit freundlichen Grüßen"

Ein gemeinsamer Ausstellungsbesuch während der Arbeitszeit ist eine erfreuliche Sache. Sollte man meinen. Doch das Rundschreiben liest sich wie eine Dienstanweisung. Die Busse stehen zur Abfahrt bereit! Die Rückfahrt erfolgt um 18 Uhr! Die Karten liegen vor …

Es geht auch anders. Für ein erfreuliches Ereignis lohnt es, ein paar freundliche Worte zu finden, die einstimmen:

In wenigen Tagen ist es so weit
Guten Tag, liebe Kolleginnen und Kollegen,
    unser gemeinsamer EXPO-Besuch am 13. Juli beginnt vor dem Geografie-Gebäude in der Keunstraße 20. Wir starten um 7 Uhr. Gegen … Uhr werden wir in … sein. Für die Besichtigung der EXPO haben Sie genügend Zeit. Um 18 Uhr fahren wir zurück. Zur Orientierung schicke ich Ihnen zwei Pläne der EXPO mit.

Ihre Eintrittskarte ist inzwischen eingetroffen. Bitte holen Sie Ihre Karte in den nächsten Tagen bei Frau Nouripour im Raum 14 ab.
Viele Grüße aus dem Südflügel
Bitte bezahlen Sie die Fahrtkosten am 13. Juli im Bus. Es macht uns das Leben leichter, wenn Sie mit Scheinen bezahlen.

Wir brauchen Zeit und Sie Geduld. So lautet die Botschaft in fast allen Zwischenbescheiden: „Die Bearbeitung Ihrer ... wird einige Zeit in Anspruch nehmen, daher bitte ich Sie, sich bis zu einem weiteren Bescheid unsererseits zu gedulden und von Rückfragen abzusehen." Oder: „Sie erhalten zu gegebener Zeit weitere Nachricht. Bis dahin bitte ich um Geduld."

Die meisten Zwischenbescheide sind Entlastungsschreiben, in denen signalisiert wird: Ihre Frage(n), Bewerbung, Reklamation usw. macht uns schon genug Arbeit – kommen Sie bloß nicht auf die Idee, nachzufragen, wann Sie mit einer Antwort rechnen können. Was „zu gegebener Zeit" meint, das entscheiden wir!

Die Empfänger*innen registrieren, dass dies die eigentliche Mitteilung hinter der Bitte um Geduld ist. „So fühlt man Absicht, und man ist verstimmt" (Goethe).

Wer am längeren Hebel sitzt, kann sich diese Haltung erlauben. Einen guten Eindruck macht sie nicht. Wer Kunden binden oder gewinnen will, wer am guten Ruf seines Unternehmens oder Verbandes interessiert ist, nimmt die Perspektive der Empfängerinnen und Empfänger eines Zwischenbescheids ein. Und das heißt: nicht abwimmeln und vertrösten, sondern:

- deutlich machen, Ihre Bewerbung, Bestellung, Reklamation usw. ist in guten Händen;
- erläutern, warum die Antwort einige Zeit dauert;
- mitteilen, an wen man sich wenden kann, wenn man Fragen zum Stand der Bearbeitung hat.

Aus einer solchen Haltung entstehen Zwischenbescheide, die nicht frustrieren, sondern für den Absender einnehmen. Zwei Anregungen:

Vielen Dank für Ihr Vertrauen
Guten Tag, Frau Schneidewind,
    wir haben uns über Ihre Bewerbung gefreut.
    Personalentscheidungen sind die vielleicht wichtigsten Entscheidungen in einem Unternehmen. Deshalb prüfen wir jede Bewerbung sehr sorgfältig. Sobald dieser Prozess abgeschlossen ist, melden wir uns bei Ihnen.
    Bitte rufen Sie mich an, wenn Sie Fragen zum Stand der Entscheidung haben.
    Viele Grüße nach Wuppertal
    Claudia Falk

Danke
Guten Tag, Herr Tesfaiesus,
über Ihr Interesse an unserem Unternehmen und unseren neuen Produktionsverfahren haben wir uns gefreut. Gerne beantworten wir Ihre Fragen. Da wir die Antworten aus mehreren Abteilungen einholen müssen, wird es einige Tage dauern, bis Sie die gewünschten Informationen erhalten.
Bitte melden Sie sich, wenn Sie vorab eine Antwort ganz dringend benötigen.
Viele Grüße nach München
Angelika Schreiber

Individuelle Korrespondenz: Sie sind uns wichtig
Wertschätzung macht man auch dadurch deutlich, dass man keine Briefe mit Formulierungen „von der Stange" verschickt. Eine individuelle Ansprache statt einer Aneinanderreihung von Textbausteinen signalisiert: *Sie sind uns wichtig.*

Mit *Textbausteinen* meine ich Standard-Formulierungen, die seit Jahrzehnten tradiert und ohne nachzudenken verwendet werden. Man beginnt mit „anliegend übersenden wir Ihnen …" Oder man verspricht, für Fragen, die oft *Rückfragen* genannt werden, *zur Verfügung zu stehen* – und das *jederzeit!*
Ein Briefanfang mit *anliegend* oder *anbei* tut nicht weh; er ist auch nicht falsch, weil es keine richtigen oder falschen Briefanfänge gibt. Ein solcher Anfang ist jedoch eine vertane Chance – zum Beispiel zu *danken* oder sich über Interesse zu *freuen.* Deshalb sollten Briefe und Mails mit Formulierungen aus dem Floskel-Baukasten, mit antiquierten Kontor-Textbausteinen in der Korrespondenz mit Spenderinnen und Spendern tabu sein. Deshalb sollte man es mit Goethe halten, der Faust im Studierzimmer sagen lässt: „Bedenke wohl die erste Zeile, dass deine Feder sich nicht übereile."
Deshalb biete ich Alternativen zu dem bürokratischen Quellstoff, der am häufigsten anzutreffen ist. Der wichtigste Gedanke: *Selbst überlegen, was möchte ich ausdrücken.* Und was ist *dafür* die passende Formulierung? Eine gute Schreib-Leitlinie ist die Frage: *Würde ich das in einem Gespräch auch so sagen?*
Anlage, anbei: In der Anlage (anbei) senden wir Ihnen die gewünschten Informationen.
Die freundliche anlagenfreie Alternative: Gerne senden wir Ihnen die gewünschten Informationen.
Bezug, sich beziehen: Bezug nehmend (wir beziehen uns) auf Ihr Scheiben vom …
Der freundliche Brief- oder Mailanfang: Vielen Dank für Ihren Brief. Gerne beantworte ich Ihre Fragen zur … Oder: Über Ihre Mail habe ich mich sehr gefreut.

dienen, dienlich sein: Ich hoffe, Ihnen mit diesen Informationen gedient zu haben (dienlich gewesen zu sein).

Es ist löblich, der Menschheit, dem Guten, Wahren und Schönen zu *dienen.* Unseren Mitmenschen *helfen* wir. Oder wir sind für sie da: Ich hoffe, die Informationen helfen Ihnen weiter.

dürfen: … darf ich mich für Ihre wertvolle Anregung bedanken.

Sie dürfen. Deshalb einfach tun: Vielen Dank für Ihre wertvollen Anregungen.

erhalten 1: Wir haben Ihr Schreiben (dankend) erhalten.

Die freundliche und floskelfreie Alternative: Vielen Dank für Ihr Interesse an unserer Arbeit (unserem Projekt). Oder: Vielen Dank für Ihre kritischen Worte über unseren neuen Sponsor.

erhalten 2: Ihre Spendenquittung erhalten Sie immer im Januar als Sammelquittung …

Die Wir-Ihnen-Alternative: *Wir* senden *Ihnen* immer im Januar …

falls: Falls Sie weitere Fragen haben, rufen Sie uns an.

Freundlich und ohne Vorgabe, anzurufen: Bitte melden Sie sich, wenn Sie noch Fragen haben.

gestatten: Wir gestatten uns, darauf hinzuweisen, dass …

Die direkte freundliche Ansprache ist stets erste Wahl: Bitte beachten Sie, dass …

hiermit: Hiermit möchte ich Sie darüber informieren, dass …

Es geht auch ohne *hiermit:* Ich möchte Sie darüber informieren. Freundlicher: Bitte beachten Sie, dass …

höflichst: Wir bestätigen Ihre Anmeldung vom 24.01.2019 und bitten Sie höflichst, uns mitzuteilen, ob Sie …

Bitten ist höflich: Vielen Dank für Ihre Anmeldung. Bitte teilen Sie uns mit, ob Sie …

in Beantwortung: In Beantwortung Ihres Schreibens vom 19.01.2019 …

Ein komplett überflüssiger und nicht sehr freundlicher Einstieg. Besser: Vielen Dank für Ihr Angebot. Oder: Über Ihr Interesse an … haben wir uns gefreut.

in Höhe von: Für die Betreuung der Gastwissenschaftler entstehen Kosten in Höhe von …

Alltagsnäher: Für die Betreuung der Gastwissenschaftlerinnen entstehen Kosten von … Oder kürzer: Die Betreuung der Gastwissenschaftlerinnen kostet …

in Kenntnis setzen: Wir möchten Sie darüber in Kenntnis setzen, dass …

Freundlicher: Bitte beachten Sie, dass …

mit Datum: Eine Einladung ging Ihnen bereits mit Datum vom 12.08.2018 zu.

Ohne Datum und ohne die überflüssige Null: Wir haben Sie bereits am 12.08.2018 eingeladen (Wir haben Ihnen bereits am 12.08.2018 eine Einladung geschickt).

mitteilen: Ich beziehe mich auf unser am 14.02.2019 geführtes Telefonat und teile Ihnen hiermit Folgendes mit: …

Nicht nacherzählen und immer freundlich: Ich möchte Sie darüber informieren, dass …

o. g., obig: Wir bestätigen Ihre Anmeldung zum o. g. Mitgliedertreffen.

Immer schreiben, was Sache ist: Wir freuen uns, dass Sie an der Exkursion der Mitglieder des Kulturbeirats teilnehmen.

unsererseits: Unsererseits steht dem Projekt nichts entgegen.

Schlichter und alltagsnäher: Wir sind mit dem Projekt einverstanden.

verbleiben: Mit der Bitte um Verständnis verbleiben wir …

Verbleiben Sie nie!

weiterhin: Auf weiterhin gute Zusammenarbeit verbleibe ich …

Schlichter und alltagsnäher: Ich hoffe, dass wir weiter so gut zusammenarbeiten.

wunschgemäß: Wunschgemäß übersenden wir Ihnen …

Mit mehr Enthusiasmus und ohne *über* vor *senden:* Gerne senden wir Ihnen …

zur Verfügung: Für weitere Fragen stehen wir gerne zur Verfügung.

Es kann zu Haltungsschäden führen, wenn man *zur Verfügung steht.* Deshalb: Bitte melden Sie sich, wenn Sie noch Fragen haben. Oder: Wir sind gerne für Sie da, wenn Sie noch Fragen haben.

Ein Anwendungsbeispiel für diese Empfehlungen. Zunächst das Original:

Herzlichen Dank

Sehr geehrter Herr Zeh,

anlässlich des Kreisschützenfestes haben Sie der … eine Spende zukommen lassen. Wir haben uns sehr über Ihre Spende in Höhe von 345 € gefreut und danken Ihnen sehr herzlich für Ihre großzügige Unterstützung.

Wie wir aufgrund der von Ihnen erfolgten Einladung zwecks Scheckübergabe mitgeteilt haben, unterstützt die … zahlreiche unterschiedliche Projekte für hilfsbedürftige Kinder in der heimischen Region sowie auch im In- und Ausland, wobei Bildungsförderung einen unserer Hauptschwerpunkte darstellt. Über das zu gegebener Zeit mit der erhaltenen Spende ausgewählte Projekt halten wir Sie auf dem Laufenden.

Mit Ihrer Unterstützung bringen Sie auf besondere Weise Ihr Vertrauen in unsere Arbeit zum Ausdruck, auch dafür ein aufrichtiges Dankeschön.

Wir wünschen Ihnen eine besinnliche Adventszeit.

Mit freundlichen Grüßen

Kevin Müller

Anlage: Zuwendungsbestätigung für Ihre Spende

Meine Version kommt mit weniger Wiederholungen aus, weil eine Grundregel der Kommunikation beachtet wird: anderen nur das mitzuteilen, was sie *nicht* wissen. Und ein *Schwerpunkt* braucht kein *Haupt* davor, *sowie* macht ein *auch* überflüssig.

Vielen Dank für Ihre großzügige Unterstützung
Guten Tag, sehr geehrter Herr Zeh,
über Ihre Spende haben wir uns sehr gefreut. Die … unterstützt hilfsbedürftige
Kinder in unserer Region und im gesamten Bundesgebiet sowie im Ausland. Beson-
ders engagieren wir uns in der Bildungsförderung.
Selbstverständlich werden wir Sie darüber informieren, was wir mit Ihrer Spende
für die Kinder erreicht haben.
Sehr geehrter Herr Zeh, mit Ihrer Hilfe ermöglichen wir Kindern eine Zukunft, die
keinen guten Start ins Leben hatten. Auch im Namen dieser Kinder danken wir Ihnen
ganz herzlich.
Wir wünschen Ihnen eine besinnliche Adventszeit.
Viele Grüße aus der Leibnizstraße
Kevin Müller
Das Gute an Spenden für das Gute: Sie können von der Steuer abgesetzt werden.
Wir schicken Ihnen die Spendenquittung mit.

Lebendige Sprache: Wir sind aus dem 21. Jahrhundert
Sprache ist lebendig. Korrespondenz häufig nicht: Es werden keine sprachlichen
Updates vorgenommen. Daher halten sich in vielen Briefen steife Anreden, bü-
rokratische Betreffs und langweilige „Grußformeln". Briefe werden von Menschen gelesen, die viele Medien nutzen, die im Leben stehen. Moderne Korrespondenz lässt deshalb Leben in Briefe – in der Anrede und dem Gruß, im
Betreff und PS.

Anrede
Ich sage „guten Tag", wenn ich jemanden treffe oder anrufe. Das ist freundlich und
höflich. Ich empfehle diese Alltagsnähe auch für Briefe. „Guten Tag" ist ein gewin-
nender Beginn: „Guten Tag, Herr Fischer" oder: „Guten Tag, lieber Herr Fischer".

Diese Anrede hat zudem zwei Vorteile: Man kann das im Alltag unübliche „sehr
geehrte(r)" umgehen und das steife „sehr geehrte Damen und Herren", wenn weder
Namen noch Geschlecht der Empfängerinnen und Empfänger bekannt sind.
Zu gewagt? Vor allem dann, wenn die Wähler oder Kunden, die Spenderinnen
oder Mitglieder die sechzig überschritten haben? Über 90 % der Deutschen sind
online. Auch „Silver Ager" surfen, chatten, posten und liken. Und das geht nicht
spurlos an ihrem Sprachempfinden vorbei.
Da es bei der Entscheidung für die angemessene Anrede kein Entweder-oder
gibt, geht auch: *Guten Tag, sehr geehrte Frau Rubens.*

Gruß

Wenn ich ein (Telefon-)Gespräch beende, sage ich:

* „Ein schönes Wochenende" und nicht: „Hochachtungsvoll";
* „Viele Grüße an Ihre Frau" und nicht: „Mit freundlichen Grüßen";
* „Ich rufe in der nächsten Woche noch einmal an" und nicht: „Beste Grüße";
* „Melde dich doch bald mal wieder" und nicht: „Ich verbleibe mit ...".

Ich verbleibe nie – und empfehle, sich am Sprach-Alltag zu orientieren. In vielen Büchern über Korrespondenz heißt der Gruß *„Grußformel"*. *Formel* bedeutet: Ich muss nicht nachdenken, sondern mir nur etwas aus dem Formel-Angebot aussuchen (*Hochachtungsvoll, mit freundlichen Grüßen* usw.). So entsteht 08/15-Korrespondenz. Dabei macht es keine große Mühe, persönlich zu grüßen. Geht ein Brief nach Köln: *Viele Grüße nach Köln* oder: *Viele Grüße an den Rhein.* Zum Beispiel.

Zu wissen, dass Köln am Rhein liegt, gehört zur Allgemeinbildung. An welchem Flüsschen Osnabrück liegt, wissen wenige. Es macht deshalb etwas her, mit *Viele Grüße an die Hase* zu schließen. Oder man greift den Slogan auf, mit dem sich die Stadt schmückt: *Viele Grüße in die Friedensstadt.* Gehen häufig Briefe oder Mails an eine Spenderin in Hannover, können es Grüße nach *Hannover,* in die *Landeshauptstadt, Messestadt* oder *an die Leine* sein. Mit wenig Aufwand lässt sich so Korrespondenz variieren.

Bei schönem Wetter kann man *Sonnige Grüße in die Pfalz* schicken. Oder *Sonnige Grüße aus dem Münsterland.* Sind Sie sicher, dass Ihr Brief am Montag oder am Freitag gelesen wird, wünschen Sie *Einen guten Start in die neue Woche* oder *Ein schönes Wochenende.*

Kurz: Jeder Gruß sollte ein *individueller* Gruß sein. Vermeiden Sie Gruß*formeln,* nutzen Sie die Möglichkeit, einen Brief ohne Mühe zu individualisieren.

Betreff

Der Betreff soll den Inhalt eines Briefs zusammenfassen. Diese Funktion lässt Freiheiten. Nirgends ist festgelegt, dass man aus dem Betreff einen bürokratischen Akt machen muss (es sei denn, Sie korrespondieren mit dem Finanzamt oder einer anderen Behörde). Ich mache für den Betreff Anleihen beim Fernsehen. Die *Tagesthemen* oder politische Magazine beginnen oft mit einer kleinen Vorschau, einem „Appetizer". Etwa so: „Die FDP nimmt den Wirtschaftsminister erneut in die Mangel. Es knirscht wieder in der Koalition." Erst dann folgt das „Guten Abend, meine Damen und Herren".

Eine solche Vorschau kann zum Lesen motivieren. Langweilig ist:
- „Ihre Anfrage vom …"
- „Spendenquittung"
- „Anmeldebestätigung Seminar Trinkwasser für alle. Köln, 02.03.2023, 9:30 Uhr bis 16 Uhr"

Diese Betreffe verstoßen gegen ein zentrales Gebot der Kommunikation: *Du sollst nicht langweilen.*

PS

Früher schrieb man unter den Gruß das, was man vergessen hatte. Wer einen PC besitzt, kann Informationen problemlos nachträglich einfügen. Ein Postskriptum ist also nicht mehr notwendig. Trotzdem sollte man nicht darauf verzichten: Viele Menschen lesen zuerst das PS. Nutzen Sie die Tatsache, dass ein PS Aufmerksamkeit auf sich zieht. Zum Beispiel für kurze Informationen über einen Erfolg oder über ein neues Projekt.

Nicht selten werden die Chancen vertan, die Betreff und PS eröffnen. Dabei macht es nicht viel Mühe, gewinnend zu schreiben. Man muss nur Grußformel- und andere Routinen durchbrechen. Ein Beispiel:

Sehr geehrte Frau Brandt,
wunschgemäß übersenden wir Ihnen anliegend unsere Broschüre „Natur erspüren", in der wir uns und unseren Naturgarten für blinde und sehbehinderte Kinder vorstellen möchten.
Falls Sie den Wunsch haben, sich unseren Garten einmal persönlich anzusehen, oder wenn Sie Fragen an uns haben, stehen wir Ihnen gerne – nach kurzer telefonischer Terminabsprache – zur Verfügung.
Mit freundlichen Grüßen
Peter Schön
Anlage

Ich verwende den schönen Titel der Broschüre als Betreff. Das schafft Platz für den Hinweis, dass sich Herr Schön über das Interesse von Frau Brandt *gefreut* hat. Deshalb schickt er auch *gerne* Informationen über die Arbeit des Vereins und nicht „wunschgemäß". Schreiben im Geiste des 21. Jahrhunderts heißt auch: begründen, warum eine Terminabsprache gewünscht wird. Schließlich: „Anlage" ist überflüssig. Ein werbendes PS nicht.

Natur erspüren
Guten Tag, Frau Brandt,
über Ihr Interesse an unserem Garten haben wir uns gefreut. Gerne senden wir Ihnen Informationen über unsere Arbeit.
Wir laden Sie ein, sich unseren schönen Garten einmal anzusehen. Vereinbaren Sie bitte einen Termin, wenn Sie vorbeikommen möchten, damit wir uns Zeit für Sie nehmen können.
Viele Grüße nach Solingen
Peter Schön
Im nächsten Monat „eröffnen" wir unser Insektenhotel und auf der Schmetterlingswiese werden wieder die Wildblumen blühen.

Höflichkeit vor Schnelligkeit: Netiquette

Mit E-Briefen können Sie Zeit und Geld sparen – und viele Mitmenschen nerven. Das spricht für einen professionellen Umgang mit diesem Medium. Was heißt *professioneller* Umgang?

* Klarheit darüber, welche *Funktion* eine E-Mail erfüllen soll. Ersetzt sie den konventionell verschickten Brief oder ein Gespräch (Telefonat)?
* Die Beachtung elementarer *Netzetikette*.

Prüfen Sie, ob die E-Mail wirklich notwendig ist. Lautet die Antwort „Nein", schreiben Sie sie nicht.

Schreiben Sie korrekt. Für private Mails gilt die Maxime: *Erlaubt ist, was gefällt.* Für dienstliche und geschäftliche E-Mails gelten die gleichen Regeln wie für andere Formen der Korrespondenz: Eine höfliche Anrede und ein freundlicher Gruß sind ebenso selbstverständlich wie die Einhaltung der Rechtschreib- und Grammatikregeln. Viele Menschen empfinden vor allem den Verzicht auf Anrede und Gruß und das laxe „Hi" oder „Hallo" als störend. Enthält eine E-Mail viele Tippfehler, ist das nicht lässig, sondern unhöflich. Über Smileys mögen Kinder und Jugendliche schmunzeln. Geschäftspartnerinnen, Kunden und Mitglieder reagieren meist nicht erfreut. Abkürzungen, die im privaten Chat oder in SMS-Nachrichten üblich sind, gehören nicht in E-Mails an Kundinnen und Geschäftspartner.

Formulieren Sie einen aussagekräftigen Betreff. Wer täglich viele Mails erhält und sich vor Viren schützen möchte, entscheidet auch anhand des Betreffs, ob er eine E-Mail öffnet oder ungelesen löscht.

Machen Sie sich nicht wichtig. Wer sich gerne wichtigmacht, weist der Mail hohe Priorität zu – und gilt schnell als Wichtigtuer. Hohe Priorität sollte daher die Ausnahme sein. Eine E-Mail mit niedriger Priorität sollte man nie verschicken.

Nerven Sie nicht 1. Die Bitte um Empfangsbestätigung wirkt großspurig und nervt viele Empfänger*innen. Diese Bitte sollte nur in Ausnahmefällen geäußert werden. Wer nach dem Senden einer E-Mail anruft und fragt, ob die Mail angekommen sei, macht sich unbeliebt. *Nerven Sie nicht 2.* E-Mails sollen Zeit sparen und die Arbeit erleichtern. Das Gegenteil ist der Fall, wenn Informationen angefordert werden, aber keine Postanschrift angegeben wird. Liegen die gewünschten Informationen nur in gedruckter Form vor, muss zunächst nach der Postanschrift gefragt werden. Das ist lästig.

Gehen Sie sorgfältig mit Anhängen um. Wenn man nicht sicher ist, dass der Empfänger über eine schnelle und belastbare Datenverbindung verfügt, sollten Dateianhänge nicht größer als 10 MB sein. Dateien sollten in Formaten verschickt werden, die keine Viren übertragen – zum Beispiel PDF. Der Inhalt des Anhangs sollte in der Mail kurz erläutert werden, damit der Empfänger entscheiden kann, ob er den Anhang sofort oder später öffnen möchte.

Vermeiden Sie CC-Manie. Die Funktion *carbon copy* ist nützlich, weil ohne große Mühe viele Menschen informiert werden können. Aber ist das immer erforderlich und erwünscht? Wer sich mit vielen Adressen im CC-Feld wichtigmachen möchte, riskiert, sich unbeliebt zu machen – zumal dann, wenn Kritik CC an viele Abteilungen geschickt wird.

Verschicken Sie Informationen – keine Adressen. Wer viele Menschen mit einer E-Mail informieren will, sollte darauf achten, Informationen zu verschicken und nicht die Adressen aller Empfängerinnen und Empfänger: Es ist indiskret, E-Mail-Adressen breit zu streuen. Und eine lange Empfängerliste ist lästig, wenn man eine Mail ausdruckt.

Sagen Sie, wenn es geht, *Wichtiges* persönlich. *Vermeiden Sie schlechte Nachrichten.* Vor allem Führungskräfte sollten diesen Hinweis beachten: Der Respekt vor den Mitarbeiter*innen gebietet, Budgetkürzungen, Abmahnungen und andere schlechte Nachrichten im Gespräch zu überbringen. Last, but not least: Vertrauliche Daten und Informationen gehören nicht in eine E-Mail.

Ruf mal an!

E-Mails ersetzen häufig Telefonate oder bei virtueller Teamarbeit die Diskussion in einer Gruppe. Das kann ein Plus sein. Etwa dann, wenn man eine Frage an Kollege A hat, dieser aber gerade telefoniert oder nicht an seinem Platz ist. Man schickt ihm eine kurze E-Mail.

Die kann gründlich danebengehen: Der Absender setzt zwei Fragezeichen hinter seine Frage, um auszudrücken, dass ihm die Antwort wichtig ist, und der

Empfänger interpretiert diese Fragezeichen als Vorwurf oder Befehl. Oder: Frau X kann seit einer Stunde Herrn Y nicht erreichen. Sie schickt eine E-Mail an alle Kolleginnen und Kollegen: „Weiß jemand, wo Herr Y ist?" Die Frage liest sich anders, wenn Frau X schreibt: „Weiß jemand, wo Herr Y ist???" Ob ein, zwei oder drei Fragezeichen: Herr Y wird über diese Suchaktion nicht erfreut sein.

In virtuellen Teams neigen Mitarbeiterinnen und Mitarbeiter, die nicht versiert im Schreiben sind, zum Befehlston. – Was tun?

- Nie mehr als ein Fragezeichen setzen und Ausrufezeichen vermeiden.
- Zurückhaltend sein mit Füllwörtern – also zum Beispiel nicht schreiben: „Ich würde *wirklich* gerne wissen, warum dieser Termin nicht eingehalten wurde."
- Nur das schreiben, was man dem Empfänger oder der Empfängerin auch unter vier Augen sagen würde.
- Nie mit „gleicher Münze heimzahlen": Wer mit dem Schornsteinfeger ringt, wird schwarz. Egal, ob er oder sie eine Auseinandersetzung gewinnt oder verliert.
- E-Mails, in denen Konflikte angesprochen werden, nie ungefragt an Dritte weiterleiten.
- Ein-Wort-Antworten von Vorgesetzten – „ja" oder „genehmigt" – ohne Anrede sind kein motivierendes Führungsinstrument. Und der Mail-Anpfiff wird meist unangenehmer empfunden als mündliche Kritik. Und von moderner Führung hat nichts verstanden, wer meint, ein „echter" Chef müsse Rechtschreibung und Grammatik nicht beachten.

Vor allem jedoch: (wieder) das persönliche Gespräch suchen, zum Telefonhörer greifen. Das schont die Augen und die Nerven.

4.5   Aufmerksamkeit wecken: Schreiben fürs Netz

Eine gute Nachricht: Was Sie auf den vorangegangenen Seiten gelesen haben, gilt auch für Online-Texte. Ich kann mich daher auf die Besonderheiten dieser Textgattung konzentrieren.

Online-Medien sind keine Medien für Muße und Gelassenheit. Wer sich nicht auf *YouTube* über (Katzen-)Videos amüsieren oder im Social Web plaudern möchte, sucht Informationen. Der Leser ist Surfer. Eine Webseite ist ein „Auf-den-ersten-Blick"-Medium: Informationen müssen schnell aufgefunden werden – zumal dann, wenn eine Nutzerin über eine Suchmaschine auf die Seite kommt und *Google* oder *Ecosia* noch viele weitere Seiten anzeigen.

Deshalb sollten Texte im Internet verständlich und anschaulich sein. Deshalb müssen Online-Texte gut strukturiert sein – und das heißt: vor allem dem Grundsatz folgen, das Wichtigste zuerst. Auch deshalb, weil viele Nutzerinnen mobil online gehen und Smartphone-Bildschirme relativ klein sind.

Was ist darüber hinaus zu beachten? Sie sollten sich vor Mythen hüten und Überschrift, Teaser und Struktur besonders beachten.

Nicht kurz, sondern interessant: Mythen über Webseiten-Texte
In den Anfangsjahren der Online-Welt ging es nicht so komfortabel zu wie heute. Alles vollzog sich langsamer, (bezahlbare) Bildschirme waren kleiner, die Bildschirmauflösung schlechter und die Flatrate unbekannt. Aus dieser Zeit stammt die Empfehlung, die sich hartnäckig in der Literatur hält, Online-Texte müssten kürzer sein als Print-Texte.

Müssen sie nicht. Gute Online-Texte werden unterschiedlichen Interessen gerecht, sowohl dem User, der einen schnellen Überblick will, als auch der Leserin, die sich ausführlich informieren will. Problematisch sind lange Texte dann, wenn sie weitschweifig sind und keine Absätze und Zwischenüberschriften haben.

Online-Texte müssen auch nicht einfacher geschrieben sein, sondern gut. Sie müssen, wenn es sich nicht um ein Unterhaltungsportal handelt, *Informationen* und *Argumente* bieten. Wer Neurodermitis hat, möchte sie loswerden und sucht nach Hinweisen, wie das gelingen kann. Wer die gesuchten Informationen findet, ist zufrieden und bleibt vielleicht noch eine Weile auf der Seite, um sich über die gesellschaftlichen Rahmenbedingungen von Gesundheit und Krankheit zu informieren oder über die Ziele der Selbsthilfegruppe oder Forschungseinrichtung.

Wer wissen möchte, warum in Deutschland die Bildungschancen sehr stark von der sozialen Herkunft geprägt werden, sucht nach Antworten mit „weil". Das deutsche Bildungswesen ist hochselektiv, *„weil* es …" Werden keine Argumente, sondern Parolen, Ideologie oder Werbung geboten, zieht der Besucher weiter.

Für Aufmerksamkeit sorgen: Überschrift
Wer eine Zeitung oder Zeitschrift in den Händen hält, schaut zuerst auf Bilder. Wer eine Webseite aufruft, blickt zuerst auf die Überschrift.

Was macht eine gute Überschrift aus? Sie weckt Interesse. Deshalb muss sie verständlich sein, frei von Verbands- oder Unternehmensprosa, Fremd- und Fachwörtern (siehe ausführlicher im Abschn. 4.3).

Die Leser*innen wollen wissen, was sie erwartet. Deshalb sollte die Überschrift den Inhalt eines Textes pointiert zusammenfassen. Damit das gelingt, muss die Kernaussage des Textes klar sein. Klarheit geht vor Originalität. *Kernaussage* meint, in den Alltag übertragen: Der Satz, mit dem man seine Nachbarin am Gartenzaun informiert, was das Neue, Wichtige, Interessante in dem Artikel ist.

Oft ist eine Überschrift die richtige Wahl, die auf die Frage antwortet: *Wer macht (will oder kann) was?* Weitere Möglichkeiten, Interesse zu wecken, sind:

- Einen *Nutzwert* versprechen: Wie Sie beim Hausbau Geld sparen können.
- Eine *relevante Frage* stellen: Warum sind Zecken in Süddeutschland so gefährlich?
- *Hintergrundinformationen* ankündigen: Einblicke in das Steuerparadies Südkorea. Oder: Wie funktioniert das Steuerparadies Südkorea?

Tabu sind deshalb: Ironie, Wortspiele und Doppeldeutigkeit, Klischees, Abkürzungen und Zungenbrecher sowie nicht geläufige Wörter und Begriffe. Vorsicht ist geboten bei Bildern und Alliterationen. Peinlichkeit droht. Ich zitiere: „Die Prostata ist die Achillesferse des Mannes." „Brennpunkt Blase". Nicht mehr besonders originell ist die Verfremdung oder Abwandlung von Lied-, Film- und Buchtitel oder Werbespots. Und man läuft Gefahr, verstaubte Titel zu wählen: „Der Stoff, aus dem …"

Suchmaschinen gewichten Überschriften deutlich stärker als den übrigen Text. Deshalb ist es wichtig, dass die zentralen Begriffe dort auftauchen – die Begriffe, nach denen Interessierte suchen.[6]

„Das Bienenvolksterben wird weitergehen", „Apis mellifera bedroht" – nur Expert*innen finden einen Artikel über das Bienensterben, der so überschrieben ist. Niemand sucht nach *Bienenvolksterben*. Nur sehr wenige Menschen geben die lateinische Bezeichnung in *Ecosia*, *DuckDuckGo* oder eine andere Suchmaschine ein. *Bienensterben* muss also in der Überschrift vorkommen. Und *Husten* statt *Tussis* in einem Beitrag über die Bekämpfung von Husten.

In den Text hineinziehen: Teaser
Teaser sollen Appetit auf mehr machen. Im Teaser wird der Inhalt eines Textes zusammengefasst – ohne alles vorwegzunehmen. Er soll versprechen, dass sich das Lesen lohnt – aber nicht mehr versprechen, als der folgende Text hält. Wer klickt,

---

[6] Fast alle Internet-User nutzen Suchmaschinen, um nach Informationen oder nach Produkten zu suchen. Auch fast alle Journalistinnen. Rund 95 % der User in Deutschland nutzen *Google*.

will belohnt werden! Zwei bis drei Sätze mit rund dreihundert Zeichen sind eine gute Länge, um deutlich zu machen, welchen Nutzen man von der Lektüre des Textes hat. Damit dies gelingt, ist ein *klarer Satzbau* wichtig: Formulieren Sie kurze ganze Sätze mit einer Aussage pro Satz. Und Sie sollten

- auf *Füllwörter und überflüssige Adjektive verzichte*n: Halten Sie den Text schlank, damit das Wesentliche deutlich wird;
- immer *aktiv formulieren* und *Substantivierungen vermeiden*;
- auf *Alltagssprache setzen*: Verwenden Sie konkrete Begriffe, um den Text anschaulich zu machen: *Wurst* statt *Wurstwaren, Radfahrer* und *Fußgängerinnen* statt *unmotorisierte Verkehrsteilnehmer;*
- auf Quellenangaben verzichten (es sein denn, die Quelle ist wesentlicher Bestandteil des Beitrags).

Im Teaser sollte der zentrale Begriff der Überschrift vorkommen, um die Chance zu erhöhen, dass ein Beitrag von Suchmaschinen gefunden wird. Ein Beispiel:

Überschrift: „Rentenkommission soll Vorschläge zur Zukunft der Alterssicherung ausarbeiten"
Beginn Teaser: „Zum Start der Rentenkommission fordert die IG Metall einen Kurswechsel in der Rentenpolitik, um die Alterssicherung …"

Aus dem gleichen Grunde sollte im Teaser auf Synonyme verzichtet werden: Schreiben Sie *Frankfurt am Main*, wenn Frankfurt am Main in der Überschrift steht, nicht *Mainmetropole*, bleiben Sie bei *Storch*, wechseln Sie nicht zu *Adebar*. Sie können im Teaser die Wer- oder *Was- (Wann- und Wo-) Frage beantworten* oder einen Frage-Teaser texten:

„Apotheke Natur
Gibt es wirklich wirksame Natur-Heilmittel gegen Reiseübelkeit, müde Beine, Kopfschmerzen und ähnliche Alltagsleiden? Wir verraten Ihnen die besten Rezepte. Von der Ingwer-Limonade bis zur Rosskastanien-Salbe. *Mehr"*

Klar gliedern: Absätze und Zwischenüberschriften
Was für Printmedien gilt, trifft für Texte im Internet in besonderem Maße zu: Sie müssen übersichtlich sein. Dabei helfen: kurze Absätze und Zwischenüberschriften. Deshalb sollte nach drei oder vier – überschaubaren – Sätzen geprüft werden, ob ein Absatz sinnvoll ist.

Nach zwei oder drei Absätzen sollte eine Zwischenüberschrift stehen, in der zusammengefasst wird, um was es in den folgenden Absätzen geht. Aussagekräftige Zwischenüberschriften halten Surfer auf der Seite. Die Leitlinie beim Texten: Die Perspektive der Surferin beachten. Was mag sie interessieren?

Und wenn ich nur 280 Zeichen habe?

Taylor Swift folgen auf *Twitter* 92 Mio Menschen. *Twitter* ist ein virtueller Ort für Banalitäten.[7]

Barack Obama folgen über 133 Mio. Menschen. *Twitter* ist ein virtueller Ort mehr oder minder relevanter Nachrichten.

Die Zukunft von Twitter ist ungewiss. Seit Mr. Musk die Plattform gekauft hat, hört so mache*r auf zu zwitschern: Jens Spahn zum Beispiel. Kevin Kühnert und Saskia Esken wechselten zum dezentral aufgebauten Mastodon.[8] Jahn Böhmermann wirbt nicht nur auf Twitter für diesen Kurznachrichtendienst, auf dem auch Whoopi Goldberg, Igor Levit, Sibylle Berg, Greenpeace und das Deutsche Zentrum für Luft- und Raumfahrt vertreten sind. Ob Musk Twitter „zugrunde richten" wird, wie Leber meint (2022, S. 5), ist noch nicht entschieden.

Welche Chancen haben Akteure, die nicht in der Hitparade sind oder maßgeblich die Geschicke eines Landes bestimmen, in diesem Raum gehört zu werden und nicht in der Flut von Informationen auf *Twitter* unterzugehen? Umgangssprachlich gefragt: Was geht?

Mit 280 Zeichen Informationen verbreiten, die einen Mehrwert bieten: die Zusammenfassung einer Studie, Hintergrundinformationen oder eine originelle Sicht auf Vorgänge, die aktuell in der Öffentlichkeit (oder der Zielgruppe) diskutiert werden – zum Beispiel. Und persönliche Statements einer Abgeordneten, eines Verbandschefs usw. Das darf nicht trivial-peinlich sein. Wann und wo die Peinlichkeitsgrenze überschritten wird, hängt vom Absender und der Zielgruppe ab.

Wer seriös und sachlich twittert, ist immer auf der sicheren Seite. Seriös und sachlich muss nicht heißen: steife Verbandssprache oder unverständliches Wissenschaftsdeutsch. Tweets müssen informativ und verständlich sein – auch dann, wenn es um komplizierte Themen geht.

Eine emotionale Ansprache trägt, sofern angemessen und zielgruppengerecht, dazu bei, dass Nutzerinnen und Nutzer Inhalte eher verbreiten. Wer nicht für Bar-

---

[7] Zu Hasskommentaren auf Twitter siehe die Studie des Leibniz-Zentrums für Europäische Wirtschaftsforschung (Andres und Slivko 2021).

[8] Mehr dazu bei Weisbrod (2022, S. 59), Hauck und Koenigsdorff (2022, S. 14) und Beuth et al. (2023).

bara Sch. oder Mario B. twittert, sollte nicht auf die Tränendrüse drücken und sich Sie nicht im Ton vergreifen. *Un*social Media kommt nicht gut an.
Schließlich: Ein griffiger Hashtag ist für den Erfolg eines Tweets sehr wichtig. Das Doppelkreuz-Zeichen # hilft, Informationen auffindbar zu machen.

4.6 Informieren statt nerven: Professionelle Berichte

Ich zitiere noch einmal zwei Referenten-Aufgaben, die in Stellenanzeigen genannt werden: „Durchführung von Experteninterviews", „Evaluation von Programmen, Maßnahmen oder Prozessen".
Die Ergebnisse dieser Arbeit werden als Bericht vorgelegt. In Berichten wird festgehalten, was getan oder beobachtet wurde, welche Ergebnisse erzielt wurden. Berichte sollen knapp und präzise darüber informieren, wie ein bestimmtes Ergebnis oder Ereignis zustande kam, wie ein Prozess verlief. – Wie strukturiert und formuliert man einen Bericht?

Übersichtlich: Gliederung
Es gibt kein für alle Anlässe passendes Raster – aber nützliche Anhaltspunkte. Im Mittelpunkt eines Berichts stehen Antworten auf vier Fragen:

1. Welche Bedingungen wurden vorgefunden (welche Fragen waren zu klären, welche Probleme zu lösen)?
2. Was wurde mit welchen Mitteln unternommen?
3. Welche Ergebnisse wurden erzielt?
4. Wie sind die Maßnahmen und Ergebnisse zu bewerten?

Diese Informationen können ergänzt werden um eine Dokumentation und eine Chronologie der wichtigsten Handlungen.

1. Situationsanalyse
Die Situationsanalyse beantwortet folgende Fragen: Was ist bzw. war? Was entwickelte sich wie? Bilanziert werden die internen und externen Bedingungen eines Projekts oder einer Institution. Das können zum Beispiel sein:

Intern
• Personen: Zahl der Kinder pro Erzieher oder Lehrerin, der Beschäftigten, der Teilnehmer, der befragten Zuwanderinnen; die Personalstruktur eines Unternehmens, eines Verbandes usw.

- Entscheidungsstrukturen: hierarchische oder flache Strukturen, transparente oder unklare Entscheidungsmechanismen usw.
- Ausstattung: Räume, Arbeitsmittel, Medien, Grünflächen usw.
- Finanzen: Mittel für Personal, für Medien, Veranstaltungen, Werbung usw.
- Konflikte: innerhalb der Belegschaft, zwischen Statusgruppen, zwischen Asylsuchenden und Anwohnern, zwischen russischen und türkischen Jugendlichen usw.

Extern
- Umgebung: Lage des Asylheims, Sozial- und Infrastruktur des Einzugsgebiets usw.
- Wettbewerb: zwischen Bildungsträgern, Jugendgruppen, von Dienstleistern um Kundinnen und Kunden, von Vereinen um Spenden usw.
- Konflikte in den Außenbeziehungen: mit der Stadtverwaltung, mit dem Einzelhandeln, mit Anwohnerinnen oder Naturschützern.

2. Maßnahmen
Was wurde getan? Welche Mittel oder Medien wurden eingesetzt? Wie sah die Vor- und wie die Nachbereitung aus? Wie wurden die Teilnehmer, die Studentinnen, die Patienten, Expertinnen einbezogen?

3. Ergebnisse
Was wurde erreicht? Was hat sich (nicht) verbessert bzw. verändert?

4. Bewertung
Warum verlief dieser Prozess so? Was müsste verändert werden, damit er anders verläuft? Welche Bedingungen und Maßnahmen waren entscheidend, um dieses Ergebnis zu erreichen? Woran lag es, dass die gewünschten Resultate nicht erzielt wurden? Was ist noch zu tun? Wie repräsentativ ist das Ergebnis?

Diese vier Punkte können um eine Dokumentation und eine Chronologie ergänzt werden. Dokumentation und Chronologie haben vor allem eine Funktion: Sie sollen den Hauptteil des Berichts von vielen Daten, Zahlen und Schilderungen von Abläufen entlasten.

5. Dokumentation
In eine Dokumentation werden aufgenommen: (Beobachtungs-)Protokolle, Interviews, Fotos, Tabellen, Statistiken, Bilanzen. Videoaufnahmen, Arbeitsproben usw. können als Anlagen einen Bericht ergänzen.

6. Chronologie

Was wurde in welcher Reihenfolge gemacht? Die Übersicht über die Abfolge von Treffen, Besprechungen, Reisen usw. kann tabellarisch dargestellt werden.

Diese sechs Gliederungspunkte sind nützlich – nicht verbindlich. Verbindlich sind folgende Grundinformationen, die am Anfang eines Berichts stehen:

Art des Berichts:

Evaluation, Expertinnen-Interviews, Beobachtung, Veranstaltungsreihe, Lobbygespräche, Reise usw.

Thema, Gegenstand des Berichts
* Gesundheitserziehung im Kindergarten
* Medienkompetenz von Dozentinnen und Dozenten an Volkshochschulen
* Ertrag der Kamingespräche mit Fraktions- und Parteivorsitzenden

Ort und Berichtszeitraum
* Sommerresidenz Waldheim, Boltenhagen
* vom 01.07.2020. bis 14.09.2020.

Name der Verfasserin des Berichts.

Sachlich, verständlich und präzise: Stil

Für den Stil von Berichten gilt: berichten, nicht dichten. Berichte müssen verständlich und präzise sein. Sie sollen so umfassend wie nötig und so kurz wie möglich sachlich informieren. „Fakten, Fakten, Fakten" ist ein nützliches Motto für Berichte.

Ein Beispiel. Ein kurzer Auszug aus dem Tätigkeitsbericht einer Frauenbeauftragten: „Das Frauenbüro organisiert seit 2008 (Weiter-)Bildungsangebote. Für Studentinnen wird in jedem Semester ein Rhetorik-Kurs angeboten. Die Nachfrage ist in jedem Semester groß. Stets liegen eine Woche nach der Ankündigung 40–50 Anmeldungen vor."

Es wird informiert; kein Wort ist überflüssig. Für Studentinnen wird *in jedem Semester* und nicht regelmäßig ein Rhetorik-Kurs angeboten. *40 bis 50 Interessierte* melden sich an – nicht zahlreiche.

Präzision ist gerade dann wichtig, wenn es um Gefühle geht – zum Beispiel der Schmerz von Geflüchteten über die Trennung von ihren Familienangehörigen, der Ärger von Beschäftigten über die mangelnden Informationen über Umstrukturierungen. Präzise heißt: diese Gefühlsäußerungen so exakt wie möglich zu erfassen.

Eigene Gefühle, zum Beispiel das Entsetzen über die ermittelte Vernachlässigung von pflegebedürftigen Menschen in ländlichen Regionen, sollte man sehr ernst nehmen. In einen Bericht gehören sie nur dann, wenn Teil des Berichts eine Darstellung (und Analyse) der Reaktionen der Beobachter und Beobachterinnen oder aller Handelnden sein soll. Auch dann gilt: präzise beschreiben. Ein wenig überspitzt formuliert: Man braucht einen kühlen Kopf, um nachvollziehbar über den eigenen Nervenzusammenbruch schreiben zu können.

4.7   Schreibhürden überwinden

An der Hochschule wird über das Schreiben wenig gesprochen – schon gar nicht über Schreib*schwierigkeiten*. Deshalb quälen sich viele Studentinnen im ersten und Studenten im siebten Semester mit Hausarbeiten. Sie schreiben „auf den letzten Drücker"; sie entwickeln Vermeidungsstrategien, aber keine Sicherheit und Routine im Schreiben. Jede Hausarbeit erscheint als ganz neue Herausforderung. Selbst in meinen Schreibworkshops für Doktorand*innen stelle ich fehlende Schreibroutine fest. – Wie können Schreibhürden überwunden werden?

Selbstüberforderung: Mangelndes Training
Schwedisch und Schwimmen, Chemie und Cha-Cha-Cha, Jura und Judo – kein Weg führt am Lernen vorbei. Für Französisch oder Englisch braucht man mehrere Jahre, um es zur Perfektion zu bringen. Mit dem Texten verhält es sich nicht anders. Es gelingt nicht ohne Training, „aus dem Stand".

Gedanken, Ideen oder Argumente in eine angemessene sprachliche Form zu bringen, muss geübt werden. Diese Fähigkeit ist kein Nebeneffekt der Auseinandersetzung mit Umwelt- oder Europapolitik, mit Vereinsrecht oder Volkswirtschaft. Wer auf das Training verzichtet und meint, aus dem Stand Texte schreiben zu können, die andere mit Gewinn (oder gar gerne) lesen, überfordert sich. Das gilt besonders für Mathematiker, Juristinnen oder Naturwissenschaftler*innen, die im Studium meist keine Trainingsmöglichkeiten hatten.
Wer sich dagegen einräumt, dass Schreiben, besser: Texten, gelernt werden muss, hat gute Chancen, es zu lernen. Und dafür ist es nie zu spät. Wer oft trainiert, kommt schneller voran. Schreiben lernen heißt, sich bewusst damit auseinanderzusetzen, *wie* Sachverhalte dargestellt werden können, wie Wissen strukturiert und verständlich aufbereitet werden kann. Der wiederholte Blick ins vierte Kapitel ist eine zuverlässige Trainingshilfe.

Selbstüberforderung: Druckreif schreiben wollen
In ‚Camus' *Die Pest* träumt der Angestellte Joseph Grand davon, ein großes Werk
zu schreiben, das mit einem beeindruckenden Satz beginnt. Dieser Satz kommt nie
zu Papier und das Werk wird nie geschrieben.

Fällt es Ihnen schwer, mit dem Schreiben zu beginnen – auch wenn Sie nicht die
Ambition von Monsieur Grand verfolgen? Vielleicht liegt es daran, dass Sie Schreiben als ein „Alles-oder-nichts-Unternehmen" betrachten, bei dem nur *ein* Versuch
gestattet ist, dass Sie auf Anhieb „druckreif" schreiben wollen.

Man sollte nicht zu früh mit dem Schreiben anfangen, aber auch nicht darauf
setzen, dass man einen längeren Text ausschließlich im Kopf konzipieren kann.
Erarbeitetes Wissen und eigene Überlegungen müssen geordnet werden. Um Ord-
nung schaffen zu können, muss man die Gedanken zu Papier bringen. Dort können
sie strukturiert, ergänzt, vertieft oder korrigiert werden.

Ein vorzeigbarer Text ist ein Text, der umgeschrieben wurde. Die angemessene
Form und der treffende Ausdruck gelingen nicht auf Anhieb. Wer viel schreibt,
weiß das und bringt einen ersten, zweiten (und dritten) Entwurf zu Papier, aus dem
ein gelungener Text werden kann. Diese Erfahrung hilft, gelassen mit Schwächen
der ersten Fassung umzugehen und das Problem des Anfangs loszuwerden.

Falsche Vorbilder
Eine große Schwierigkeit beim Schreiben-Lernen sind die Bücher und Aufsätze,
die während eines Studiums zu lesen sind oder waren: Wenige Wissenschaftler
schreiben verständlich, präzise und anschaulich. In den Fächern, die keine unmittelbar wirtschaftlich verwertbaren Ergebnisse hervorbringen, stehen Wissenschaftlerinnen und Wissenschaftler unter einem Rechtfertigungsdruck. Das kann dazu
verleiten, Selbstverständlichkeiten in verschachtelten Sätzen zu unverständlichen
Texten aufzublähen.

In der Rhetorik wird empfohlen, „den Meistern durch Nachahmung die Regeln
des Handwerks zu entlocken", um „es zu eigener Meisterschaft zu bringen" (Ueding 1996, S. 21). Wer einen Krimi schreiben will, sollte die Erzählperspektiven
und den Aufbau eines Plots bei Gisa Klönne oder Stieg Larsson studieren. Wer sich
jedoch die akademische Pose zum Vorbild nimmt, erschwert sich das Schreiben
und bringt sich um die Chance, Texten zu lernen. In den wissenschaftlichen Texten,
die an der Hochschule Ihr täglich (Lese-)Brot waren oder noch sind, finden Sie
selten brauchbare Anhaltspunkte, um Schreiben zu lernen. Machen Sie aus dieser
Not eine Tugend: Lassen Sie sich von schlechten Vorbildern nicht beeindrucken.

Zu wenig Planung

Man stellt sich eine große Schreibhürde in den Weg, wenn man das Schreiben lange hinauszögert – und wenn man zu früh startet. Es ist sinnvoll, sich bei der *Erarbeitung* eines Themas Notizen zu machen, Lektüre-Ergebnisse und eigene Gedanken schriftlich festzuhalten. Es kann jedoch in eine Sackgasse führen, wenn man zu früh mit dem Schreiben beginnt. Zwar können beim Schreiben „die besten Ideen kommen". Aber diese Ideen brauchen eine Struktur und eine angemessene Form, damit aus ihnen eine schlüssige Vorlage oder ein präzises Dossier wird. Die „besten Ideen" ersetzen keine Kriterien, was warum wichtig ist und was nicht.

Komplexere Texte lassen sich nicht wie der Schulaufsatz aus dem Ärmel schütteln; sie lassen sich nicht im Kopf konzipieren und gestützt auf ein paar Gliederungspunkte am Stück „runterschreiben". Wer ohne ein Konzept schreibt, landet im Abseits. Auch deshalb, weil Schreiben nicht eine bloße Exekution des Denkens ist.

Abstracts sind eine Hilfe für alle, die mit dem Frühstart-Problem zu kämpfen haben: Man schreibt für jedes Kapitel eines Berichts oder eines Antrags eine kurze Inhaltsangabe von fünf bis zehn Zeilen: Worum soll es in welcher Reihenfolge in diesem Kapitel gehen? Man gibt sich also vor dem Schreiben eines Kapitels eine Regieanweisung: Das will ich jetzt zu Papier bringen. Und an eigene Anweisungen kann man sich getrost halten.

Autoritäten: Leserin und Leser, Text

Den Schreibprozess blockiert, wer beim Schreiben nicht mit dem „Stoff" ringt, sondern mit der Vorstellung, was die potenziellen Leser von dem Text halten werden. Hindern solche Vorstellungen am Schreiben, hilft es, sich interessierte, noch nicht wissende Leserinnen vorzustellen – und sich vorzunehmen, so zu schreiben, dass deren Interesse nicht erlahmt. Anders formuliert: Lösen Sie sich von der Frage, wie wirke ich (bzw. mein Text). Fragen Sie: Wie kann ich den Adressaten meiner Bemühungen einen verständlichen, informativen und interessanten oder aufschlussreichen Text vorlegen?

Bauen Sie Ihren Text, wenn das Thema es erlaubt, „so auf, dass eine gewisse Spannung aufkommt. […] Versetzen Sie sich in die Rolle des Lesers, und versuchen Sie nachzuvollziehen, wie er auf Ihre Darstellung reagieren könnte." Sie sollen nicht nur Ihr Wissen demonstrieren. „Sie sollen auch zeigen, dass Sie argumentieren und einen Stoff angemessen darstellen können" (Keseling 2013, S. 212 f.).

Machen Sie sich zudem frei von zu großem Respekt vor dem Wortlaut wissenschaftlicher Texte. Nutzen Sie diese Texte – klug, nicht wortgetreu. Und „glauben Sie nicht, dass Sie Ihr eigenes Argument schwächen, wenn Sie es klar und in simplen Worten darstellen" (Groebner 2012, S. 125). Leser*innen lassen sich durch einen verständlichen Text stärker beeindrucken als durch Texte, die schwer zu verstehen sind. Deshalb: „Write clearly and simply if you can, and you'll be more likely to be thought of as intelligent" (Oppenheimer 2006, S. 153).

4.8 Literaturempfehlungen

Verständlich und anschaulich schreiben: Wörter und Sätze
Kurt Tucholsky: Die Sprache ist eine Waffe. Sprachglossen. 13. Aufl. Reinbek 2018
Mark Twain: Die schreckliche deutsche Sprache. Löhrbach 2013
www.blablameter.de/
www.leichtlesbar.ch
www.wortliga.de
Interesse wecken und aufrechterhalten: Textanfang, Überschrift und Textaufbau
Norbert Franck: Gekonnt texten. Wiesbaden 2021
Gewinnende Korrespondenz: Briefe und E-Mails
Norbert Franck: Erfolgreich mit Spenderinnen und Spendern korrespondieren. Wiesbaden 2017
Scholz & Friends (Hrsg.): Über den Umgang mit E-Mails. 6. Aufl. Mainz 2019
Aufmerksamkeit wecken: Schreiben fürs Netz
Norbert Franck: Praxiswissen Presse- und Öffentlichkeitsarbeit. 3. Aufl. Wiesbaden 2017
Petra Laak: Clever Texten fürs Web. 2. Aufl. Berlin 2021
Schreibhürden überwinden
Gisbert Keseling: Schreibblockaden überwinden. In: Norbert Franck, Joachim Stary (Hrsg.): Die Technik wissenschaftlichen Arbeitens. 17. Aufl. Paderborn 2013, S. 191–216
Wissenschaftlichen Referentinnen und Referenten empfehle ich:
Norbert Franck: Handbuch Wissenschaftliches Schreiben. 2. Aufl. Paderborn 2022
Norbert Franck: Wissenschaftsdeutsch. Gute Texte schreiben. Paderborn 2022
Wenn Sie *englische Texte schreiben:* Bei Pinker finden Sie Anregungen für einen guten Stil.
Steven Pinker: The Sense of Style. London 2015

Mündlich kommunizieren: Souverän referieren, präsentieren und moderieren

Nach einer umständlichen Begrüßung: Anekdötchen zum Fremdschämen. Selbstverliebt geht es weiter. Kein kluger Satz, dafür strapaziöse Exkurse. Eine Mischung aus Unruhe, Langeweile und Müdigkeit macht sich im Publikum breit.

Goethe irrte: „Es trägt Verstand und rechter Sinn mit wenig Kunst sich selber vor." Cato auch: „Beherrsche die Sache, dann folgen die Worte."

Und es wird viel dummes Zeug über Vorträge, Reden und Präsentationen geschrieben. Zum Beispiel: Es käme nicht darauf an, *was* man sagt, sondern *wie* man es sagt. Stimme und Körpersprache seien entscheidend. Seit über fünfzig Jahren wird die Mär verbreitet, der Inhalt eines Vortrags mache nur sieben Prozent der Wirkung aus (aktuelles Beispiel: Krieger 2022, S. 48). Körpersprache und Stimme seien mit 55 % wirkmächtiger. Diese Zahlen sind abstruse Schlussfolgerungen aus einer Studie von Mehrabian (1971).

Ich meine: Was man sagt (und was nicht), ist wichtig. Wichtig ist, dass man etwas zu sagen hat.

Wie man das, was man zu sagen hat, gekonnt sagt, ist Schwerpunkt auf den folgenden Seiten. Zunächst geht es um das Schreiben von Reden. Für eigene oder – als klassische Aufgabe von Referent*innen – für Reden von Vorgesetzten. Es schließen sich Hinweise zum Coachen für den Auftritt von Vorgesetzten an.

Im folgenden Abschnitt geht es um die Frage, worauf es bei *Präsentationen* ankommt. Wie können Sie Ergebnisse und Planungen wirkungsvoll darstellen? Was sollten Sie ins Bild setzen? Und was nicht?

© Der/die Autor(en), exklusiv lizenziert an Springer Fachmedien Wiesbaden GmbH, ein Teil von Springer Nature 2023
N. Franck, *Praxishandbuch für Referent*innen*,
https://doi.org/10.1007/978-3-658-41031-5_5

Die weiteren Themen:

- die gekonnte Leitung von Diskussionen und Moderationen,
- die souveräne Beteiligung an Videokonferenzen und
- der gelassene Umfang mit Lampenfieber.

Referentinnen sind keine Referenten – und umgekehrt. Last, but not least geht es um den Zusammenhang von Geschlecht und Sprache- und Gesprächsverhalten.

5.1   Reden schreiben: Ghostwriting

Reden*schreiben* ist eine klassische Referententätigkeit (externe Redenschreiberinnen sind teuer und müssen aufwendig gebrieft werden). Manche Topmanagerin schreibt ihre Reden selbst – und übersieht, dass eine Rede keine „Schreibe" ist. Mancher Spitzenpolitiker meint wider alle Erfahrung, mit Stichworten auszukommen – und blamiert sich gründlich.

Einsichtige Topmanagerinnen oder Spitzenpolitiker und viel beschäftigte Verbandschefs lassen ihre Reden von Referent*innen schreiben. Das ist manchmal ein undankbares Geschäft: Gute Ideen fallen den Kommentaren der Fachabteilung zum Opfer, anschauliche Formulierungen verschwinden aus dem Redeentwurf, wenn die Rechtsabteilung das Manuskript in die Hände bekommt. Es verlangt Hartnäckigkeit, Fach- und Rechtsabteilungen davon zu überzeugen, dass eine Rede dann eine gute Rede ist, wenn sie dem Redner *und* dem Publikum gerecht wird.

Vor allem in der Anfangszeit sind manche Redenschreiber*innen auf einer emotionalen Achterbahnfahrt: Den eigenen Worten zu lauschen und den Applaus sich zuzuschreiben, kann euphorisch stimmen. Und es kann Stolz machen, wenn Kolleg*innen die „tolle Rede" loben. Doch es können auch Zweifel aufkommen, ob es nicht zu wenig ist, lediglich Stichwortgeberin oder Textlieferant zu sein.

Für Vortrag und Rede gilt der Goethe-Hinweis: „Man muss etwas zu sagen haben, wenn man reden will." Bei einer Rede kommt es darauf an, *eigene* Gedanken – dem Anlass angemessen – in *eigene* Worte zu fassen. Eigene Gedanken sind Voraussetzung für eine originelle Rede. Nur wenn eigene Gedanken in Worte gefasst werden, gewinnt eine Rede Überzeugungskraft.

Sie müssen daher, wenn Sie ghostwriten, genau wissen, welche Intention Ihr Vorgesetzter mit einer Rede verfolgt, welche Gedanken Ihre Chefin zu diesem Anlass oder jener Veranstaltung in den Mittelpunkt stellen will. Fragen Sie,

- wie sie wahrgenommen werden will,
- ob er persönlich werden will,
- ob eine Prise Humor oder Ironie gewünscht wird.

Weiß die Chefin das nicht und beschränkt das Briefing auf: „Sie machen das schon", ist für Ihren Vorgesetzten der Redeanlass nur ein lästiger Pflichttermin, für den er sich keine Vorbereitungszeit nehmen will, müssen Sie sich zunächst sachkundig machen und dann überlegen: Was kann ich verständlich und anschaulich zu Papier bringen? Die zentrale Herausforderung besteht dabei darin, dass diese Rede zum Redner bzw. zur Rednerin „passt".

Auf den nächsten Seiten steht die Frage im Mittelpunkt, was notwendig ist, damit im Manuskript kein *Lese-*, sondern ein *Rede* text steht: Wie müssen Texte formuliert werden, damit sie *verstanden* und *gut gesprochen* werden können?

Meine Anregungen folgen der Maxime: Im *Mittelpunkt stehen die Zuhörer*innen*. Ihnen muss man etwas bieten – und sie nicht langweilen.

Rede verstehe ich im Folgenden, im Unterschied zum Vortrag, als soziale Situation, in der nicht die Wissensvermittlung im Vordergrund steht, sondern das Ziel, zu überzeugen oder zu unterhalten, zu motivieren oder zu mahnen.

Sprechen wie man spricht: Verständlich und anschaulich formulieren
Lessing empfahl seiner Schwester in einem Brief: „Schreibe wie Du redest, so schreibst Du schön." Viele verfassen Manuskripte nach dem Motto, *rede wie du schreibst*. Halten Sie es mit Lessing: Zuhörerinnen erwarten Hör-Texte. Zuhörer erwarten Reden, deren Regisseurin die Rhetorik ist. Alle verzichten gerne auf Vorträge, in denen die Grammatik Regie führt, die oberste Instanz der Schriftsprache.

Verständlich formulieren
Die Basis guter – verständlicher – Reden sind konkrete Wörter in schlanken Sätzen. Verständliche Reden sind nicht nur eine Freude für die Zuhörer*innen; sie haben noch einen weiteren Vorzug: Das Reden fällt mit einem verständlich formulierten Redetext entschieden leichter.

Sie erleichtern das Verständnis, wenn Sie
1. Sätze nicht überfrachten,
2. kurze Sätze formulieren,
3. aktiv schreiben,
4. rückbezügliche Fürwörter vermeiden,
5. Anglizismen und Fachjargon sparsam verwenden,
6. die Zuhörenden nicht mit einem Abkürzungsfimmel ärgern,
7. mit Zahlen und Statistiken zurückhaltend sind.

1. Eine Kernaussage pro Satz

Ein zentrales Problem vieler Reden ist die Verdichtung von Informationen: Es wird zu viel in einen Satz gepackt. Wer fürs Hören schreibt, sollte Informationen Schritt für Schritt zu Papier bringen. Erhält jeder Gedanke einen eigenen Satz, fällt das Verstehen leichter.

2. Kurze Sätze formulieren

Sätze mit mehr als 25 Wörtern sind schwer verständlich. Diese Feststellung gilt für gedruckte Texte. Umso mehr sollten Sie sich bei Reden und Vorträgen vor Satzmonstern wie diesem hüten: „Ich erinnere mich, dass mir einer derer, die über Politik so viel nachgedacht haben wie wenige sonst, nämlich Carl Schmitt, erklärt hat, wenn er noch einmal eine Vorlesung über das Staatsrecht und seine Geschichte zu halten hätte, würde er mit den Primaten beginnen."

Der Redner hielt sich an Tucholskys *Ratschläge für einen schlechten Redner*:

> „Sprich mit langen, langen Sätzen – solchen, bei denen du, der du dich zu Hause, wo du ja die Ruhe, deren du so benötigst, deiner Kinder ungeachtet, vorbereitest, genau weißt, wie das Ende ist, die Nebensätze schön ineinandergeschachtelt, so daß der Hörer ungeduldig auf seinem Sitz hin und her träumend, sich in einem Kolleg wähnend, in dem er früher so gern geschlummert hat, auf das Ende solcher Perioden wartet ... Du musst alles in die Nebensätze legen. Sag nie: ‚Die Steuern sind zu hoch.' Das ist zu einfach. Sag: ‚Ich möchte zu dem, was ich soeben gesagt habe, noch kurz bemerken, dass mir die Steuern bei weitem ...' So heißt das!" (1993a, S. 291).

Entschieden besser, weil entschlackt und entwirrt, hört sich der zitierte Satz so an: „Carl Schmitt sagte mir einmal: Ich würde bei den Primaten beginnen, wenn ich noch einmal eine Vorlesung über das Staatsrecht und seine Geschichte zu halten hätte."

Unterstützen Sie zudem Ihre Argumentation syntaktisch. Verstecken Sie die Hauptaussage nicht im Nebensatz. Ich komme auf einen bereits im Abschn. 4.2 zitierten Satz zurück:

> „Neue Steuerungsmodelle, übergreifende Managementansätze, effizienzsteigernde Organisationsprozesse sind Themen, mit denen sich öffentliche Verwaltungen angesichts des Kostendrucks und der erforderlichen Haushaltssanierungen zunehmend beschäftigen."

Der Hauptsatz lautet: „Neue Steuerungsmodelle ... sind Themen." Was ist wirklich wichtig? Dass sich die öffentlichen Verwaltungen mit neuen Steuerungsmodellen beschäftigen. Warum tun sie das? Weil sie unter Druck stehen.

Aussagen sind verständlicher und prägnanter, wenn die Argumentation durch den Satzbau gestützt wird. Der Ort für die Hauptaussage ist, wie der Name sagt, der Hauptsatz, an den sich die Begründung im Nebensatz anschließt:

> „Öffentliche Verwaltungen beschäftigen sich zunehmend mit neuen Steuerungsmo-dellen, übergreifenden Managementansätzen und effizienzsteigernden Organisations-prozessen [Aussage], weil der Kostendruck gestiegen ist und die Haushalte saniert werden müssen" [Begründung].

Besser sind zwei Sätze, die durch eine orientierende Frage verbunden werden:

Öffentliche Verwaltungen beschäftigen sich zunehmend:
* mit neuen Steuerungsmodellen,
* mit übergreifenden Managementansätzen und
* mit effizienzsteigernden Organisationsprozessen. [Aussage]

Warum tun sie das? [Orientierung auf Begründung]

Aus zwei Gründen:
1. weil der Kostendruck gestiegen ist und
2. weil die Haushalte saniert werden müssen.

Die Wiederholung von *mit* und *weil* erleichtert es, die Aufzählung und Begründung deutlich hervorzuheben.

3. Aktiv schreiben
Ich ziehe zwei Empfehlungen (aus Abschn. 4.1) zusammen: Wenn Sie Dynamik in eine Rede bringen wollen und Kraft signalisieren wollen, texten Sie aktiv mit vie-len Verben: „Die *Regio AG* bringt den Fortschritt voran: Sie führt die Quotierung ein, erleichtert die Teilzeitarbeit, fördert die Weiterbildung und belohnt Arbeitneh-merinnen und Arbeitnehmer, die mit Bus, Bahn oder Fahrrad zur Arbeit kommen."

4. Rückbezügliche Fürwörter vermeiden
Seine und *dessen*, *dieser* und *jene*, mit Personal- und anderen Pronomen erschwe-ren es, einer Rede zu folgen. Fürwörter führen leicht zu Rätseln. Reden sollten informativ und interessant sein – nicht rätselhaft (ausführlicher: 4.1).

5. Anglizismen und Fachjargon sparsam verwenden
„Können wir nicht Milestones statt Schritte sagen, damit es die Menschen verste-hen?" – fragte ich in meiner Zeit als Abteilungsleiter, wenn Fachreferent*innen einen Text mit vielen Anglizismen und Fachwörtern geschrieben hatten.

Allenfalls unter Bankern und Wirtschaftsexpertinnen sollte von *Customer Journey* und *Zero-Base-Budgeting* die Rede sein. Und unter PR-Leuten darf *Agenda Setting* oder *Agenda Cutting* als bekannt vorausgesetzt werden. Folgen Sie bei der Verwendung von Anglizismen und Fremdwörtern der Maxime, so viel wie nötig, so wenig wie möglich. Erläutern Sie Fachbegriffe, die Sie nicht als bekannt voraussetzen können (ausführlicher: 4.1).

6. Die Zuhörenden nicht mit Abkürzungen ärgern
Abkürzungen müssen eingeführt werden: „Im Antidiskriminierungsgesetz, ich verwende die gängige Abkürzung ADG, ist vorgesehen, dass …" Sind Fachbegriffe wahre Zungenbrecher oder sehr lang – zum Beispiel Pronominalisierungstransformation oder Aufmerksamkeitsdefizit-/Hyperaktivitätsstörung –, wird niemand etwas gegen Abkürzungen einwenden (ausführlicher: 4.1).

7. Mit Zahlen und Statistiken zurückhaltend sein
Zahlen und Statistiken sind ohne schriftliche Vorlage schwer zu verstehen und zu behalten. Runden Sie deshalb Zahlen auf und machen Sie sie anschaulich.

Vermeiden Sie Zahlenhäufungen, und machen Sie Zahlen *plastisch*, denn viele Menschen können sich unter einem Quadratmeter oder Hektar nichts vorstellen: „Wir haben in den letzten drei Jahren in unserem Landkreis 250.000 qm Wald aufgeforstet. Das ist die Fläche von 30 Fußballplätzen. Eine große Leistung für einen kleinen Landkreis."
Zahlen sind nicht immer selbstredend. Ist ein Umsatzplus von sieben Prozent viel oder wenig? Ist ein Wirtschaftswachstum von 2 % in Ihren Augen ausreichend? Das wollen die Zuhörerinnen und Zuhörer wissen. Bewerten Sie deshalb Zahlen: „Ein Umsatzplus von sieben Prozent, davon hätten wir Anfang des Jahres nicht einmal zu träumen gewagt."
Bewerten heißt auch: akzentuieren. Was ist für *Ihren* Arbeitszusammenhang besonders relevant? Ein Beispiel:

Die *gute* Nachricht: Die Zahl der Verkehrsunfälle ging während der Covid-19-Pandemie 2020 und 2021 deutlich zurück. So sank die Zahl der tödlichen Unfälle von 3046 im Jahr 2019 auf 2719 im Jahr 2020. 2021 waren es 2562 Tote. Auch die Zahl der Verletzten ging spürbar zurück. Von …
Die *schlechte* Nachricht: 2022 sind wieder mehr Verkehrstote zu beklagen. 2021 starben 2562 Menschen auf Deutschlands Straßen. 2022 verloren 2790 Menschen ihr Leben. Das sind rund neun Prozent mehr.
Akzent Alter: Während 2021 insgesamt weniger Verkehrsunfälle als 2020 registriert wurden, stieg die Zahl der Unfälle in der Altersgruppe der 18- bis 25-jährigen von knapp 50.000 auf über 51.000. Genauer von 49.884 auf 51.215. Das ist ein Anstieg von fast drei Prozent, um genau zu sein: 2,7 %.

Seien Sie nicht pingelig: Verzichten Sie auf Komma-Angaben: „Wir haben 72 neue Mitglieder gewinnen können. Das ist ein Plus von knapp neun Prozent" (statt 8,8). Wenn Ihr Publikum es wirklich ganz genau wissen will, nennen Sie zunächst eine gerundete Zahl: „Wir haben einen Gewinn von fast zwei Millionen Euro erzielt – um genau zu sein, von 1,987 Mio. Euro. Das ist ein Zuwachs von 11,2 %" (statt 11,237 %).

Anschaulich formulieren
Durch anschauliche Formulierungen und Beispiele, durch Bezüge zu aktuellen Ereignissen und rhetorische Stilfiguren (vgl. 5.2) können Sie „Leben" in Reden bringen – und vielleicht Sätze texten, die in die Geschichte eingehen: „Wer zu spät kommt, den bestraft das Leben." Dieser berühmte Satz ist die anschauliche Übersetzung eines Korrespondenten. Michael Gorbatschow hatte am 6. Oktober 1989 in Ostberlin gesagt: „Ich glaube, die Gefahren warten nur auf jene, die nicht auf das Leben reagieren" (Zeit-Online 2010).

Konkret sprechen   Im Abschn. 4.1 habe ich gezeigt, wie Sie mit einfachen Worten einen Sachverhalt treffend beschreiben können (und dass mit schwergängigen, aufgeblasenen und leblosen Wörtern das Gegenteil zu erreichen ist).

Vor allem Oberbegriffe machen Reden und Vorträge steif. Deshalb: Bus und Bahn, Sonnen- und Windenergie. Für Bildung können zu geringe *finanzielle Mittel* bereitgestellt werden. Eindringlicher ist: Für Bildung wird zu wenig *Geld* ausgegeben. Man kann über die Probleme sprechen, die der zunehmende *Kraftfahrzeugverkehr* hervorruft. Oder die Probleme benennen, die der *Autoverkehr* produziert, der nach wie vor zunimmt.

Fragen   Fragen stellen eine Beziehung zu den Zuhörerinnen und Zuhörern her. Sie erhöhen die Aufmerksamkeit und erleichtern das Verständnis. Leiten Sie deshalb ab und zu Erläuterungen mit einer Frage ein.

* Statt: Die Grenzen der freiwilligen Vereinbarungen zur Frauenförderung liegen … – Frage: Wo liegen die Grenzen freiwilliger Vereinbarungen zur Frauenförderung?
* Statt: Die Bildungspolitik des Senats scheiterte aus drei Gründen. – Frage: Aus welchen Gründen scheiterte die Bildungspolitik des Senats?

Beispiele   Jedes Publikum mag konkrete und verständliche Beispiele, die einen erkennbaren Bezug zum Thema haben. Beispiele aus der Praxis oder dem Alltag sind besonders beliebt. Beispiele sind allerdings – wie Medikamente – nur in der richtigen Dosierung hilfreich.

Vergleiche Mit Vergleichen können Sie Sachverhalte verdeutlichen – zum Beispiel die Tatsache, dass es in vielen Zusammenhängen auf Qualität ankommt und nicht auf Quantität: „Mit einem Tropfen Honig, sagt ein italienisches Sprichwort, fängt man mehr Fliegen als mit einem Fass Essig."

Mit Vergleichen lässt sich zudem eine Brise Ironie einstreuen: „Viele Wissenschaftler sind wie fahrende Ritter. Reisten Ritter im Mittelalter von Turnier zu Turnier, um ihren Ruhm zu mehren, ziehen heute Wissenschaftler von Kongress zu Kongress, um sich mit ihren wissenschaftlichen Gegnern zu messen" (David Lodge).

Vergleiche können hinken oder schiefgehen (und Politiker*innen die Karriere kosten), aber auch viel Kreativität freisetzen. Vergleiche müssen konkret und verständlich sein. Vielen sagen zum Beispiel Sportvergleiche nichts. Es interessieren sich nun einmal nicht alle dafür, wer aus der *Poleposition* startet, wie man den *Ball flach hält* oder wo das *Abseits* liegt.

Analogien Mit Analogien können die Zuhörerinnen und Zuhörer überrascht werden. Analogien verstärken die Wirkung einer Aussage, veranschaulichen einen Sachverhalt. Analogien helfen zudem, Zahlen, deren Größe unseren Erfahrungshorizont überschreitet, und schwer überschaubare Zeiträume vorstellbar zu machen:

• Die Bahn ist wie der Frühling: Wenn man schon alle Hoffnung aufgegeben hat, kommt sie.
• Wenn wir das Alter der Erde mit einer Woche gleichsetzen, dann wäre das Universum etwa zwei bis drei Wochen alt. Der Mensch wäre während der letzten zehn Sekunden aufgetreten, und Hochschulen im modernen Sinne gäbe es noch keine Sekunde.

Begrüßen, danken, ehren: Nicht mit großen, sondern mit passenden Worten
Eine Veranstaltung eröffnen, Publikum begrüßen, Menschen danken, ehren oder gratulieren – worauf kommt es bei diesen kleinen Redeanlässen an? Diese Reden müssen *individuelle* Reden sein. Sie dürfen nicht aus vorgefertigten Textbausteinen zusammengeschustert werden. Wer kopiert, was er oder sie schon öfter bei solchen Anlässen gehört hat, wer übernimmt, was in Büchern mit Musterreden steht, erweckt den Eindruck, einen fremden Text zu sprechen, in eine Rolle geschlüpft zu sein – und langweilt, weil man solche Reden in unterschiedlichen Varianten schon gehört hat.

Anrede

Gibt es die richtige, die verbindliche Anrede? Nein: Es gibt Gepflogenheiten, Traditionen und regionale Unterschiede. Traditionen und Gepflogenheiten ändern sich. So tun sich heute zahlreiche SPD-Mitglieder mit der Anrede „Genossinnen und Genossen" schwer. In den Gewerkschaften geht dem einen oder der anderen das traditionelle „Du" nur schwer über die Lippen, während andernorts das „Du" selbstverständlich geworden ist (und manchen nervt).

Auf der sicheren Seite sind Sie, wenn Sie nach der Funktion der Anrede fragen. Was soll eine Anrede? Sie soll für eine gute Atmosphäre sorgen, die Zuhörer*innen freundlich stimmen. Das Gegenteil erreichen Sie mit Anrede-Ketten: „Sehr verehrte Frau Kultusministerin, meine Damen und Herren, liebe Kolleginnen und Kollegen, liebe Eltern und liebe Studentinnen und Studenten".

Das langweilt. Halten Sie die Anrede kurz und knapp – vor allem bei kurzen Reden. Ist es unumgänglich, bestimmte Personen zu erwähnen, sollten Sie versuchen, die Anrede in die Rede einzubauen:

> „Es ist ein gutes Zeichen, wenn die Politik in die Hochschule kommt, um zu hören, was Studierende und Lehrende meinen. Herzlich willkommen, Frau Ministerin Heidedorf. In den vergangenen Jahren haben sich die Studierenden ihre Bachelor- oder Master-Urkunde im Sekretariat abgeholt. Ich freue mich, dass wir dieses Jahr ihren Abschluss feiern. Ich freue mich besonders, dass ihre Eltern mitgekommen sind. Herzlich willkommen, meine Damen und Herren. Sie haben sicher bemerkt, dass alle Lehrenden mit Ihnen feiern möchten. Nehmen Sie das bitte als Ausdruck dafür, dass wir Sie gerne unterrichtet haben."

Einige Anmerkungen zu diesem Beispiel: Ministerinnen oder Bürgermeister sind nicht nur Funktionsträger. Sie haben auch einen Namen. Der Bundespräsident, eine Ministerpräsidentin oder andere Menschen in Amt und Würden werden in der Begrüßung hervorgehoben: *Sehr geehrter Herr Bundeskanzler, sehr geehrter Frau Ministerpräsidentin* – zum Beispiel.

Seien Sie zurückhaltend mit weiteren Differenzierungen, um niemanden zu verstimmen. Unangebracht ist: „Sehr geehrte Damen und Herren, liebe Studentinnen und Studenten": Studentinnen und Studenten sind auch Damen und Herren. Will ein Professor, aus welchen Gründen auch immer, differenzieren, dann zum Beispiel so: „Liebe Kolleginnen und Kollegen, liebe Studentinnen und Studenten".

Vermeiden Sie auch die Unterscheidung zwischen Bürgern und ausländischen *Mit*bürgern. Mitbürgerinnen sind Bürgerinnen zweiter Klasse.

Geht es auf einer Veranstaltung formell zu, wenn die Etikette zählt, dann sollten Sie beachten:

- *Akademische Grade* sind Bestandteil des Namens. Der wichtigste Titel genügt: „Sehr geehrter Herr Professor Weiß" (Professor *Dr.* Weiß ist überflüssig).
- *Adelstitel* sind ebenfalls Teil des Namens. Hat eine Gräfin einen akademischen Grad erworben: Dr. Gräfin von Wedel (bei niederem Adel: Frau Dr. von Wedel).
- Wer den *höchsten Rang* hat, wird zuerst genannt. Ausnahme 1: Gäste aus dem Ausland haben Vorrang. Ausnahme 2: Bei Hochzeiten, Geburtstagen, Jubiläen usw. sind das Brautpaar, der Jubilar usw. die wichtigsten Personen.
- Bei *Ranggleichheit* bestimmt das Alter die Reihenfolge.
- Bei Reden zu *privaten Anlässen* und bei *Ehrungen* wird nicht von der üblichen Anrede abgewichen: Ein Duzfreund wird auch in einer Rede geduzt. Bei offiziellen Ehrungen geht dem Du eine förmliche Anrede voraus: „Sehr geehrte Frau Außenministerin, liebe Annalena".

Einstieg

Wollen Sie die Sympathie und Aufmerksamkeit des Publikums gewinnen, sollten Sie folgende Einstiegfettnäpfe umgehen:

Ankündigen, worüber man nicht spricht

„Liebe Auszubildende,

ich will Ihnen keinen langen Vortrag halten über Ihren neuen Lebensabschnitt oder die Bedeutung des Handwerks für die Region und die Gesellschaft insgesamt und auch nicht darüber, dass …"

Was als gute Nachricht gedacht ist, wird vom Publikum als überflüssig aufgenommen: Warum stiehlt der Redner uns die Zeit mit Aufzählungen, worüber er nicht spricht? Eine wirklich gute Nachricht oder freundliche Worte hören dagegen alle gern. Mit einer guten Nachricht oder freundlichen Worten haben Sie einen guten Anfang.

Alles-schon-gesagt-Einstieg

„Liebe Kolleginnen und Kollegen,

ich erzähle euch sicher nichts Neues, wenn ich sage, dass die Globalisierung für uns …"

Wenn schon alles gesagt wurde, hilft nur eins: den Mund halten. Die Ankündigung, nichts Neues zu sagen, verstimmt das Publikum. Hat man etwas Neues zu sagen, sagt man es. So einfach kann reden sein, wenn keine schlechten Reden kopiert werden.

Wider-besseres-Wissen-Einstieg

„Lieber Herr Direktor Wenzel,

ich weiß, Sie mögen keine Reden und schon gar keine langen. Doch heute müssen Sie eine kleine Ansprache über sich ergehen lassen."

„Es ist einfacher, den Mund zu halten als eine Rede", meinte Heinz Erhardt. Solche Vorbemerkungen sind als humorvoller Einstieg gemeint. Aber eben nur gemeint. Deshalb: Herrn Wenzel etwas Nettes, Originelles sagen, aber nicht, dass er keine Reden hören will.

Versprechen, sich kurzzufassen

„Keine Angst, meine Damen und Herren, ich werde mich kurzfassen und Ihre Geduld nicht strapazieren."

Was als Entwarnung gedacht ist, wird als Ankündigung wahrgenommen, dass nichts Originelles folgt. Keine Dirigentin käme auf die Idee, zu Beginn seines Konzerts zu sagen: „Nur ein paar Töne, meine Damen und Herren, wir werden uns kurz fassen. Und was würden Sie von einem Liebhaber halten, „der zum Auftakt eines Treffens, wir blicken auf ein aufgeschlagenes, frisch bezogenes Bett", Kerzen, deren Schein sich in Gläsern aus Murano fängt, … sagt: ‚Keine Angst, ich werde mich ganz kurz fassen'? (Spengler 2009, S. 33 f.)."

Drohen, dass es sentimental wird

„Liebe Absolventen, liebe Kollegen, meine Damen und Herren,

gerade an einem solchen bedeutenden Tag wie heute, an dem Sie Ihre Master-Urkunde erhalten, darf ein der Wissenschaftlichkeit und Sachlichkeit verpflichteter Wissenschaftler ein wenig sentimental werden und sich zurückerinnern an die Zeit …"

„Nein!", seufzen alle Anwesenden still. Geht es doch nicht um den Redner, sondern um die Absolventinnen und Absolventen. Selbstdarsteller sind unbeliebt. Deshalb: Nie mit Sentimentalitäten oder Erinnerungen drohen. Weder bei einer Feier noch bei einer Eröffnung oder Begrüßung sollte sich der Redner oder die Rednerin in den Mittelpunkt einer Rede drängeln. Im Mittelpunkt stehen die Zuhörenden.

Drohen, dass es kompliziert wird

- „Ich kann Ihnen, sehr geehrte Damen und Herren, einige Details und Zahlen nicht ersparen, denn …"
- „Die Frage nach … ist außerordentlich kompliziert und nur mit einigen Rückgriffen auf … hinreichend komplex zu beantworten."

Starten Sie nicht mit Hinweisen, was droht, sondern kommen Sie direkt zur Sache.

Sagen, was alle wissen
„Liebe Kolleginnen und Kollegen,
   wir sind heute zusammengekommen, um einmal ausführlich darüber zu sprechen, ob …"
Solche Einstiege vor dem Einstieg sind überflüssig. Alle wissen, warum sie gekommen sind.

Umständlichkeit
„Liebe Mitarbeiterinnen und Mitarbeiter,
   wenn ich die letzten Jahre Revue passieren lasse, dann komme ich zu dem Schluss, dass wir ein großes Arbeitspensum bewältigt haben und unsere Arbeit von Erfolg gekrönt war."
   Ein Anfang mit angezogener Bremse. Die Alternative: mit voller Kraft beginnen. Die steckt im klaren Hauptsatz: zunächst Satzgegenstand und Satzaussage, dann alles Weitere. Nach den ersten zwei oder drei Sätzen darf der Satzbau – in Maßen – differenzierter werden.
   Klassische Bremsen sind „wenn" und „als" oder „im Namen" und „zum Bestehen". Werden diese Bremsen gelöst, kann man schwungvoll beginnen: „Liebe Mitarbeiterinnen und Mitarbeiter, wir haben in den letzten Jahren hart gearbeitet. Und wir waren erfolgreich."
   Ein zweites Beispiel:

„Meine sehr verehrten Damen und Herren,
   im Namen des Vorstands und des Präsidiums darf ich Sie herzlich willkommen heißen und meiner Freude darüber Ausdruck verleihen, dass Sie so zahlreich erschienen sind."

Die dynamische Alternative: „Herzlich willkommen, meine Damen und Herren, ich freue mich sehr, dass Sie gekommen sind."

1000-mal gehört
Das Gegenteil eines originellen oder interessanten Einstiegs erreicht man mit den ausgelaugten Formulierungen *heute, an dieser Stelle, in dieser Stunde* und *lasst uns:*

• Wir sind heute hier zusammengekommen, …
• Lasst mich in dieser Stunde der Freude (Trauer, des Abschieds) …

Es geht auch ohne Orts- oder Zeitangaben (*hier* und *heute*). Das Publikum möchte eine Rede hören, die Freude macht – und nicht, dass *die Stunde der Freude* geschlagen habe.

Mit dem Anfang anfangen: Gekonnter Einstieg
Was zeichnet einen gelungenen Einstieg aus? Er weckt Interesse. Wie weckt man Interesse? Indem man mit einem Aufmerksamkeitswecker beginnt. Acht stelle ich vor. Vorab eine Empfehlung von Chauncey M. Depew, einem US-amerikanischen Politiker: „Die beste Art, Zuhörer zu gewinnen, ist, ihnen etwas Schmeichelhaftes zu sagen, das man ihrer Ansicht nach unmöglich wissen kann."

1. Ein kurzer, anschaulicher (Erfahrungs-)Bericht oder eine Situationsschilderung
Millionen sind ständig in Kontakt – online. Und fühlen sich nicht nur abends allein. Sie teilen mit, was sie shoppen und wohin sie als Nächstes gehen. Aber kein Wort, wie es ihnen wirklich geht. Die Zahl der Freunde auf Facebook ist wichtiger als die im analogen Leben.

Warum ist das so? Sind die inzwischen nicht mehr ganz Nneuen Medien daran schuld? Anders gefragt: Bezeichnen diese Feststellungen überhaupt ein Problem oder sind sie nur wertkonservative Kulturkritik?

2. Ein (scheinbarer) Widerspruch oder eine widersprüchliche Aussage
• Das Volkseinkommen steigt und die Armut nimmt zu.
• „Ich hatte schlechte Lehrer. Das war eine gute Schule." (Arnfried Astel)

3. Personalisieren
Starten Sie mit einem thematischen Bezug auf bekannte Persönlichkeiten. Zum Beispiel einen Vortrag über die Chancen von Frauen in der Politik mit folgenden Fragen: Wie wurden Marie LePen, Angela Merkel und Annalena Baerbock Spitzenpolitikerinnen? Sind diese drei Frauen repräsentativ für die Rekrutierung politischer Eliten in Europa?

4. Ein aktuelles Ereignis, das zum Thema passt
Gestern konnte man in der *Tagesschau* wieder einmal fünf Professorinnen und Professoren, die Sachverständigen zur Begutachtung der gesamtwirtschaftlichen Entwicklung, etwas unbeholfen in den Räumen der Bundespressekonferenz herumstehen sehen. Sie übergaben dem Wirtschaftsminister ihre Prognose für das kommende Jahr. Solche Studienübergabe-Termine können nicht darüber hinwegtäuschen, dass wissenschaftliche Ergebnisse in der Politik wenig beachtet werden.

5. Eine Allegorie, die alle verstehen
Der Igel hat den Wettlauf mit dem Hasen gewonnen. Das Rennen mit dem Menschen wird er verlieren, wenn wir die Natur weiter mit rasanter Geschwindigkeit dem Straßenbau opfern.

6. Eine einfache Feststellung, in der anklingt, dass die Sache nicht so einfach ist
Ob aus der Retorte oder aus der Pflanze: Vor dem Gesetz sind alle Arzneien gleich.

7. Gedankenspiel
„Stellen Sie sich bitte einmal vor, ‚Sie sind ein Schwein auf einem Biobauernhof'. Sie wachsen glücklich als Ferkel heran, spielen, mit anderen Ferkeln im Dreck, werden gefüttert und getränkt … Das geht sechs Monate lang so, jeden Tag, inzwischen wiegen Sie hundert Kilo und sind schlachtreif. Wovon Sie natürlich nichts ahnen. Wenn man Sie nun fragen würde: Schwein, was glaubst du, wird der Tag morgen bringen? Dann würden Sie vermutlich antworten: Grunz, es wird wie immer ein schöner Tag werden. Was sollten Sie auch anders sagen, wenn Sie nur von der Vergangenheit auf die Zukunft schließen können?" (Marcus Rohwetter, zit. n. Franken/Franken 2011, S. 145 f.)

8. Eine provokante Frage oder These
• Leistungsdruck statt Leistungsanreiz, Fachwissen ohne wissenschaftliche Grundlagenbildung, Punkte statt Bildung: Die Qualität der Lehre an unseren Hochschulen hat ein Tiefststand erreicht.
• „Als Gott am sechsten Schöpfungstag alles ansah, was er gemacht hatte, war zwar alles gut", merkte Kurt Tucholsky einmal an, „aber dafür war auch die Familie noch nicht da."
• Präsident Erdoğan gegen die Meinungsfreiheit, Präsident Putin gegen das Völkerrecht, die Präsidenten Xi Jinping und Kim Jun-un gegen das Volk und den Rest der Welt. Hat Politik tatsächlich nichts mit dem Geschlecht zu tun?

Wer diese Einstiegsvariante ins Auge fasst, sollte prüfen: Ist das Publikum offen für Ironie. Erhöht eine Provokation die Aufmerksamkeit oder schreckt sie ab?

Der runde Schluss
Alles hat ein Ende. So mancher Vortrag hat zwei: Die Rednerin oder der Redner kündigt an, „Ich komme zum Schluss" – und redet munter weiter. Kündige den Schluss deiner Rede lange vorher an, „damit die Hörer vor Freude nicht einen Schlaganfall bekommen", spottete Tucholsky. Kündige den Schluss an, „und dann

beginne deine Rede von vorn und rede noch eine halbe Stunde. Dies kann man mehrere Male wiederholen" (1993a, S. 292).

Die Alternative? Es mit dem Schluss einer Rede wie mit dem Essen halten: Aufhören, wenn es am besten schmeckt. Mit zu langen Reden oder zu vielen Informationen ist niemandem gedient. Am Ende können sich die Zuhörerinnen und Zuhörer oft gar nichts mehr merken.

Halten Sie die Schlussformulierungen schriftlich fest. Nur wirklichen Redeprofis gelingt unvorbereitet ein guter Schluss. Ohne Vorbereitung kommt oft nicht mehr heraus als „Ich danke Ihnen für Ihre Aufmerksamkeit". Oder Entschuldigungen und Hoffnungsfloskeln:

* „Nun habe ich Ihre Geduld schon genug strapaziert."
* „Ich habe leider vieles nur anreißen können."
* „Ich hoffe, ich konnte dazu beitragen, …"

Nehmen wir an, Sie schließen mit einem Zitat von Georg Christoph Lichtenberg: „Ich kann freilich nicht sagen, ob es besser wird, wenn es anders wird; aber so viel kann ich sagen, es muss anders werden, wenn es gut werden soll."

Folgt nach diesem Satz noch eine Nebensächlichkeit, eine Entschuldigung oder eine Floskel, verpufft seine Wirkung – und damit die Wirkung des gesamten Schlusses. Deshalb: Den Schluss schriftlich festhalten und nur das zu sagen, was auf dem Papier steht.

Kür ist eine *Take-Home-Message,* die das Gesagte auf den Punkt bringt – eine Schlussfolgerung, ein Ausblick, ein einprägsames Bild, ein Leitgedanke oder ein Motto.

Wie lang darf eine Rede sein?

Wie lang darf oder soll eine Rede sein? In den USA wird Redner*innen geraten: Sieben Minuten, wenn Sie mit einem Scherz beginnt.[1]

Empfehlungen aus den USA sind nicht immer hilfreich. Meine Empfehlung: Man kann über alles reden, nur nicht über 30 min. Weniger ist meist mehr. Quetschen Sie nicht alles in eine Rede, was Sie zum Thema wissen. Prüfen Sie kritisch, worauf es wirklich ankommt. Eine halbe Stunde ist ein „guter Kompromiss zwischen dem Wunsch des Redners, sich mitzuteilen, und dem Wunsch der Sitzenden, nicht zu lange gleichsam angeschnallt bleiben zu müssen. Eine Dreiviertelstunde

---

[1] In einer Minute spricht man rund 150 Worte (das sind tausend Zeichen Text).

aber ist die Obergrenze dessen, was ein gutwilliges Publikum noch wohlwollend erträgt – falls der Redner etwas zu sagen hat" (Schneider 2010, S. 140).

5.2   Mit rhetorischen Stilfiguren und Zitaten Eindruck machen

Verständlichkeit und Anschaulichkeit sind bei jeder Rede Pflicht. Die Kür steht nun im Mittelpunkt: Stilmittel, mit deren Hilfe Sie Abwechslung und Nachdruck in eine Rede bringen können.

Rhetorische Stilfiguren
Die zehn Stilfiguren, die ich Ihnen vorstelle, gelingen nur dann, wenn eine Rede schriftlich ausgearbeitet wird. Ein ausformuliertes Redemanuskript gibt Ihnen die Möglichkeit, „so eloquent, witzig oder charmant zu sein, wie Sie es in freier Rede nie sein könnten. Sie können pointierte Zitate zielgenau platzieren. Sie können effektvoll rhetorische Pausen setzen. Ihre Rede wird funkeln" (Weiss und Sonnabend 2011, S. 125).

Kontakt-Stellung
Dieses Stilmittel hilft, die Aufmerksamkeit auf einen zentralen Begriff zu lenken:

- Der Neoliberalismus war eine Hauptursache für den Erfolg rechter Parteien. *Rechte Parteien* sind …
- Das ist vor allem eine Herausforderung für unsere IT-Abteilung. *Die IT-Abteilung* eines weltweit vernetzten Verbandes muss heute …

Sie können die Kontakt-Stellung, leicht abgewandelt, auch verwenden, um Ironie in die Schilderung oder Bewertung eines Sachverhalts zu bringen:

- Daher gilt die Pflicht zur Rechtshilfe. Recht hilfreich ist eine kommissarische Zeugenvernehmung allerdings nicht, denn …
- Die Opposition macht nicht, was sie könnte. Und sie kann nicht, was sie macht.

Baugleichheit
Rhythmus bringen Sie in eine Rede, wenn Sie drei oder vier Sätze oder Satzteile auf die gleiche Art und Weise „bauen":

- Syrien ist sicher. Afghanistan ist sicher. Libyen ist sicher. Nur deutsche Innenstädte sind nach 22 Uhr unsicher – lautet die Mär der Rechtspopulisten.
- Man kann Verbraucher täuschen. Man kann Anleger prellen. Man kann Steuern hinterziehen. Die Karriere gefährdet – ein Kind zu bekommen.
- „Iss, was gar ist, trink, was klar ist, red, was wahr ist" (Martin Luther).

Über Kreuz 1
Ein weiteres Rhythmusinstrument sind Satzfolgen, bei denen der zweite Satz(-teil) in der umgekehrten Reihenfolge konstruiert ist:

- Kundenorientierung heißt: Ein Kunde reklamiert erbost. Freundlich antworten wir ihm.
- Wer viel redet, erfährt wenig.
- „Die Mühen der Gebirge liegen hinter uns/Vor uns liegen die Mühen der Ebenen" (Bertolt Brecht).

Über Kreuz 2
In dieser Variante kehrt der erste Satzteil in umgekehrter Reihenfolge wieder:

- „Die Waffe der Kritik kann allerdings die Kritik der Waffen nicht ersetzen" (Karl Marx).
- Ich meine, was ich sage, und ich sage, was ich meine.

Bilder, Metaphern
Bilder und Metaphern können einen Vortrag lebendig machen. Doch Vorsicht: Selbst Profis greifen oft daneben. Bilder verblassen, und Metaphern sind nicht mehr originell, wenn wir sie hundertmal gelesen oder gehört haben. Sie werden zu Klischees – zum Beispiel: Auge des Gesetzes, das Kind mit dem Bade ausschütten, Spitze des Eisbergs, um Kopf und Kragen reden, die Ruhe vor dem Sturm, das Licht am Ende des Tunnels und der Silberstreifen am Horizont.

Ich verwende bekannte Bilder oder Metaphern nur dann, wenn ich sie *originell* fortsetzen oder abwandeln kann:

- Diesmal genügte es dem Gesundheitsminister nicht, das Kind mit dem Bade auszuschütten; diesmal musste er dem Kind auch noch Seife in die Augen reiben.
- Die Pfütze des Eisbergs wird immer größer. Doch die Touristen stört das nicht.

Überraschende Adverbien

Adverbien, die im Gegensatz zum Verb stehen, sorgen für Aufmerksamkeit:

- Die Umweltministerin zeigte den Chefs der Autokonzerne *charmant* die kalte Schulter.
- Der Kanzler lächelte *eisig* über den Vorschlag des Wirtschaftsministers.

Verkürzung

In (Zwischen-)Zusammenfassungen oder Einleitungen können Sie mit verkürzten Sätzen ein Ergebnis oder eine These pointieren:

- *Hohe Motivation, effiziente Produktion* – statt: Eine hohe Motivation der Arbeitnehmerinnen und Arbeitnehmer begünstigt eine effiziente Produktion.
- *Am Anfang Aufmerksamkeit wecken* – statt: Am Anfang eines Vortrags kommt es daran, Aufmerksamkeit zu wecken.

Klimax

Sie können die Bedeutung einer Aussage unterstreichen, indem Sie diese Aussage variieren und dabei immer stärkere Worte gebrauchen oder auf dramatischere Fakten hinweisen:

- Gleichberechtigung war in den 1960er-Jahren ein Ziel *weniger* Frauen. In den folgenden Jahrzehnten wurde Gleichberechtigung eine Forderung *vieler* Frauen. Gleichberechtigung bleibt für *alle* Frauen und Männer eine Herausforderung.
- Deutschlands Straßen: 6300 Unfälle erfasst die Polizei jeden Tag. 885 Menschen werden täglich im Straßenverkehr verletzt. 7 Verkehrstote sind Tag für Tag zu beklagen.

Antiklimax

Mit der Umkehrung der Steigerung kann der gleiche Effekt erzielt werden:

- Man kann sich auf Tatsachen verlassen, auf die Wettervorhersage oder auf die Prognosen der fünf Wirtschaftsweisen.
- Man kann vor den Herausforderungen, die mit gesellschaftlichen Veränderungen verbunden sind, in Alkohol Zuflucht suchen, in harten Drogen oder in der Politik der AfD.

Wortwiederholung

Mit der Wortwiederholung – das erste Wort oder die ersten Worte eines Satzes werden wiederholt – lässt sich die Wirkung einer Aussage erhöhen:

• Wir engagieren uns für die Umwelt. Wir engagieren uns für fairen Handel. Wir engagieren uns für Flüchtlinge aus Afrika. Wir handeln nach der Maxime: Große Unternehmen tragen große Verantwortung.

Glanz verleihen: Zitate

Eigene Gedanken und Worte sind die Grundlage eines gelungenen Vortrags. Mit einem treffenden Zitat lassen sich Gedanken unterstützen: präzisieren, anschaulicher oder eindringlicher machen – und damit einem Vortrag Glanz verleihen.

Zitate runden *eigene* Gedanken ab. Deshalb kommt es bei der Ausarbeitung eines Vortrags oder einer Rede darauf an, zunächst die eigenen Gedanken zu skizzieren. Erst dann wählt man Zitate aus, die diese Gedanken stützen und die Rede zum Klingen bringen. Ein Plädoyer für eine umfassende Allgemeinbildung zum Beispiel lässt sich mit einem Eisler-Zitat auf den Punkt bringen: „Wer nur von Musik etwas versteht, versteht auch von Musik nichts."

Damit Zitate ihre Funktion erfüllen, müssen sie *treffend* und *verständlich sein* und *sparsam* eingesetzt werden.

Treffend   Ein Zitat erfüllt seine Funktion nicht, wenn es dem Publikum Rätsel aufgibt. Zitate müssen eindeutig sein, damit sie die Botschaft einer Rede unterstützen.

Verständlich   „Variato delecat." Wer kein Latein kann, steht vor einem Rätsel. Viele Menschen mögen das nicht. Es gibt keinen vernünftigen Grund, ein Zitat im Original zu bringen, wenn man nicht sicher ist, dass die Zuhörer*innen Lateinisch oder Französisch verstehen. – Deshalb: „Abwechslung macht Freude".

Sparsam   Die Wirkung treffender Zitate verpufft, werden sie nicht richtig dosiert. Zu viel der guten Zitate ist schlecht. Wer ständig zitiert, verdeckt die eigenen Gedanken. „Sobald das Zitieren das Denken" ersetzt, verkommt der Gedanke „zu einer Form des Gebets" (Wildenhain 2017, S. 75).

Zitat-Häufungen sind kein von Ausdruck von Bildung und kein Gütekriterium für Wissenschaftlichkeit. Viele Zitate können vielmehr als Unsicherheit wahrgenommen werden, als Ausdruck dafür, dass es nicht gelingt, sich in eigenen Worten kurz und treffend auszudrücken. Als Faustregel formuliert: in fünf Minuten nicht mehr als ein Zitat.

Wenn Sie zitieren: Führen Sie das Zitat ein, damit seine Wirkung nicht verpufft. Formulieren Sie zunächst den Kerngedanken, der durch das Zitat anschaulich oder pointiert auf den Punkt gebracht werden soll:

> Ich habe deutlich gemacht, dass wir im letzten Jahr über viele Konzepte diskutiert und sehr wenig praktisch für die Verbesserung der Kommunikation zwischen den Forschungsgruppen getan haben. Mit Goethes Faust lässt sich dieses Jahr so bilanzieren: „Grau, teurer Freund, ist alle Theorie."

Noch hängt das Zitat in der Luft. Es muss fortgeführt werden, soll es nicht lediglich ein Ausdruck von Bildung sein. Zum Beispiel mit der Aufforderung, künftig Taten statt Konzepte in den Mittelpunkt zu stellen. Oder mit dem Appell, die Verbesserung der Kommunikation praktisch anzupacken.

Zur Nachbereitung gehört der Hinweis auf die Quelle. Geben Sie Ihrem Publikum keine Rätsel auf. Zitieren Sie beispielsweise André Malraux, sollten Sie ergänzen, dass er französischer Schriftsteller war. Das genügt. Hinweise auf das Geburtsdatum oder seine Romane sind nicht notwendig. Sprechen Sie auf einem Romanist*innen-Kongress, ist dieser Zusatz überflüssig. Und wer Goethe war, dürfen Sie als bekannt voraussetzen.

Würden Sie einwenden, das Goethe-Zitat wenige Zeilen zuvor sei ein Griff in die Zitaten-Mottenkiste, widerspräche ich nicht: Ja, den Satz haben viele schon häufig gehört oder gelesen. Er ist deshalb nicht erste Wahl. Versuchen Sie mit Zitaten zu überraschen, die die Zuhörer*innen noch nicht kennen:

> Ich habe deutlich gemacht, dass wir im letzten Jahr über viele Konzepte diskutiert und sehr wenig praktisch für die Verbesserung der Kommunikation zwischen den Forschungsgruppen getan haben. Reden macht, würde man in China sagen, den Reis nicht weich.

Zitieren Sie eine geschätzte Philosophin oder einen renommierten Soziologen, nennen Sie die Person vor dem Zitat: Das erhöht den Aufmerksamkeitswert. Zwei Beispiele:

> Kurt Tucholsky empfiehlt in seinen *Ratschlägen für einen schlechten Redner* – ich zitiere: „Fange nie mit dem Anfang an, sondern immer drei Meilen vor dem Anfang! Etwa so: ,Meine Damen und meine Herren! Bevor ich zum Thema des heutigen Abends komme, lassen Sie mich Ihnen kurz …' Hier hast Du schon so ziemlich alles, was einen schönen Anfang ausmacht: eine steife Anrede; der Anfang vor dem Anfang; die Ankündigung, daß und was du zu sprechen beabsichtigst, und das Wörtchen kurz. So gewinnst Du im Nu die Herzen und die Ohren der Zuhörer." (Bd. 8: 290)

Bei Hannah Arendt findet man eine Erklärung für den Erfolg von Lügnern. Ich zitiere: „Lügen erscheinen dem Verstand häufig viel einleuchtender und anziehender als die Wahrheit, weil der Lügner den großen Vorteil hat, im Voraus zu wissen, was das Publikum zu hören wünscht." (1972, S. 10)

5.3   Reden und Vorträge mit Vorgesetzten trainieren

Die Liste der schlechten Redner ist lang. Darunter: ein Bundeskanzler, eine ehemalige Bundeskanzlerin, ein ehemaliger Bundestagspräsident, ein Spitzenkandidat zur Bundestagswahl 2021 und ehemaliger Ministerpräsident, Bank- und Konzernchefs und viele Spitzensportler. Passagen einer Stoiber-Rede wurden vertont.[2] Auch Ex-EU-Kommissar und Ex-Ministerpräsident Günther Oettinger wurde diese Ehre zuteil.[3]

Ich kann mir nicht vorstellen, dass sie alle schlechte (persönliche) Referenten und Beraterinnen haben bzw. hatten. Ich tippe auf Beratungsresistenz.

Was können *Sie* tun, wenn Ihr CEO oder Ihre Vorsitzende aufgeschlossen ist für Beratung vor Auftritten? Darum geht es im Folgenden: Vorgesetzte auf Reden und Vorträge vorbereiten. Meine Anregungen beziehen sich auf prototypische Anforderungen für eine gute Rede, einen gelungenen Vortrag. *Sie* sind, wenn Sie coachen, aufgefordert, diese Anregungen auf die je konkrete Situation zu beziehen. Und Sie sollten prüfen, welche Anregungen für Ihre eigenen Auftritte von Nutzen sind.

Drehbuchbesprechung, Probesprechen, Manuskript
Eine Rede muss geprobt werden – soll sie die Zuhörerinnen und Zuhörer erreichen. Es liegt meist nicht an mangelnden rhetorischen Fähigkeiten, wenn Reden nicht gut ankommen, sondern an unzureichender Vorbereitung. Der Referent hat eine Rede geschrieben, die Chefin liest sie auf der Zugfahrt zum Auftrittsort zum ersten Mal. Die Fachreferentin hat eine pfiffige Rede geschrieben, die gut vorzutragen ist. In der Kommunikationsabteilung hat die Rede den letzten Schliff bekommen. Und im Justiziariat wurde sie zur Unverständlichkeit umformuliert – stellt der Vorsitzende fest, als er anfängt zu reden.

Drehbuchbesprechung
Bevor die Proben beginnen, verständigen sich Schauspieler und Regisseurin über das Stück: Worum geht es? Was soll „rübergebracht", welche Akzente sollen ge-

---

[2] https://www.youtube.com/watch?v=9Vg2h_nW0bA.
[3] https://www.youtube.com/watch?v=Xn0rMjZqD6c.

setzt und welche Highlights eingebaut werden? Betrachten Sie das Rede-Manuskript als „Drehbuch" – und klären Sie mit Ihrem CEO oder Ihrer Vorsitzenden diese Fragen.

- Was soll erreicht werden?
- Was wollen sie herausstellen?
- Ist die Rede auf das Publikum zugeschnitten, das erwartet wird?
- Wie sprechen sie die Zuhörenden an?
- Womit wecken sie Interesse für Ihr Thema?
- Ist die Zusammenfassung „rund" und eine *Take-Home-Message* formuliert?
- Ist der Aufbau der Rede transparent?
- Sind Wegweiser aufgestellt, die das Publikum orientieren und es erleichtern, dem Vortrag zu folgen?
- Enthält die Rede Publikumslieblinge: Beispiele, Vergleiche usw.?

Probesprechen

Rehearsal ist das englische Wort für die Probe im Theater. Streichen Sie die letzten drei Buchstaben und Sie haben eine Probeanleitung: *rehear*. Rehear ist die Alternative zum Auswendiglernen. Die Rede, den Vortrag viermal laut sprechen. Viermal gesprochen und gehört, „sitzt" er. Wer sich dafür keine Zeit nimmt, ist unzureichend vorbereitet.

Die Sprechprobe erfüllt drei Funktionen

1. Sie ist Voraussetzung, um am Vortrag gezielt feilen zu können, ihm den letzten Schliff zu geben.
2. Sie dient dazu, sich mit dem Manuskript vertraut zu machen: Pausen zu „sehen", Anschlüsse mühelos zu „finden".
3. Im Kopf entstehen „Klangbilder": Für viele Formulierungen braucht man nicht ins Manuskript zu schauen, über bestimmte Übergänge muss man nicht mehr nachdenken. Sie entstehen „wie von selbst", und sie klingen nicht – wie auswendig Gelerntes – steif.

Rehear ermöglicht zu prüfen

- *Wird die vorgegebene Zeit eingehalten?* Wer das nicht tut, macht sich unbeliebt – und Stress: Dann, wenn man nach den wiederholten Aufforderungen, zum Ende zu kommen, noch schnell all das sagen will, was man sagen wollte.
- *Stimmt das Sprechtempo?* Selten wird zu langsam gesprochen. Meist ist das Sprechtempo zu hoch. Das strengt die Zuhörerinnen an. Den Redner auch: Meist stellt sich nach einiger Zeit Atemnot ein. Für die Zuhörenden ist ein Wechsel im Sprechtempo angenehm. Ein gleichmäßig schnelles Tempo nervt

die Hörer*innen, ein kontinuierlich ruhiges Tempo ermüdet sie. Deshalb sollte man üben, die entscheidenden Passagen mit Nachdruck vorzutragen, mit Betonung und Pausen, und bei Beispielen, Episoden und leicht verständlichen Sachverhalten im Tempo etwas zuzulegen.

- *Stimmt die Lautstärke?* Auch in der letzten Reihe haben die Zuhörer*innen Anspruch, gut hören zu können. Deshalb muss die Lautstärke der Raumgröße angemessen sein. An der *Stimmlage* lässt sich nur wenig ändern. An unserer *Lautstärke* können wir arbeiten. Zum Beispiel üben, lauter zu sprechen, um nicht mit einem Handicap an den Vortragsstart zu gehen. Und daran denken, dass man „mit einer sehr lauten Stimme im Hals" „außerstande ist, feine Sachen zu denken" (Nietzsche). Zudem verbaut man sich die Möglichkeit einer Steigerung, um wichtige Passagen zu betonen. Der Wechsel von einer angemessenen Lautstärke zum leiseren Sprechen kann eindringlich wirken und die Aufmerksamkeit des Publikums erhöhen.
- *Werden Pausen richtig eingesetzt?* Pausen sind ein rhetorisches Mittel: Mit einer kurzen Pause hebt man die Bedeutung einer Aussage oder Frage hervor. Pausen gliedern: Eine Pause nach einer Gedankenführung signalisiert: Es folgt eine neue Überlegung. Pausen sind schließlich eine Wohltat für die Rednerin und die Zuhörer: Sie geben Gelegenheit, Luft zu holen und nachzudenken. „Keine Rede ohne einen guten Anteil Stille." (Nadolny 1990, S. 336)
- *Stört ein Dialekt?* Meist wirkt eine Dialektfärbung sympathisch. Ein Dialekt stört nur dann, wenn die Verständlichkeit beeinträchtigt wird.
- *Verunglücken Formulierungen* an bestimmten Stellen? Klingen manche Sätze geschraubt?
- *Stimmen die Übergänge?* Sind sie verständlich?
- *Können Beispiele* und *Fragen*, der *Anfang* und das *Ende frei gesprochen* werden?

Scheuen Sie in dieser Phase der Vorbereitung nicht davor zurück, Ihre Chefin auf zweckmäßige Kleidung, Frisuren und Accessoires hinzuweisen, die die Bewegungsfreiheit einschränken oder das Publikum ablenken.

Schließlich: Englisch sollten nur die reden, die diese Sprache wirklich beherrschen. Kurz: *No broken English. Please!*

Frei sprechen mit Manuskript

„Der typische Vorstand trennt sich eher von seiner Frau als von seinem Manuskript", wird über Wirtschaftsbosse gelästert, deren Reden *Vorlesungen* sind.

Ein Manuskript ist keine Schande, sondern ein legitimes Hilfsmittel und – wenn man sich daran hält – Ausdruck von Höflichkeit gegenüber dem Publikum: Man spricht über das, worüber man sich *vorher* Gedanken gemacht hat. Die Betonung liegt auf *spricht*. Man liest nicht vor, was im Manuskript steht, sondern nutzt es als eine Gedächtnisstütze. Man blickt ab und an (oder öfter) sich vergewissernd aufs Manuskript. Und spricht dann frei – mit Blickkontakt zum Publikum.

Und wenn es sich nicht vermeiden lässt, bestimmte Passagen abzulesen? Dann ist darauf zu achten, nicht nur nach Satzzeichen Pausen zu machen: Sprechpausen stimmen nicht mit der Zeichensetzung überein. Über manche Kommata sprechen wir hinweg und machen dafür an Stellen eine kleine Pause, an denen kein Satzzeichen steht. Das sollte in der Manuskriptgestaltung berücksichtigt werden.

Zitiert man einen längeren Text, kündigt man das Zitat mit Blickkontakt zum Publikum an, trägt das Zitat langsam vor und weist mit Blickkontakt auf das Ende des Zitats hin: „Brecht hat das sehr pointiert formuliert. Ich zitiere: ,Die ... Ebenen.' Zitat Ende. Brecht bringt damit auf den Punkt, worin ...“

Blickkontakt,Körperhaltung, Gestik und Mimik

Beim Probesprechen können Sie der oder dem Coachee kein Publikum ersetzen. Gleichwohl lassen sich nützliche Hinweise auf zentrale Aspekte der Körpersprache überprüfen. Vor allem folgende:

Blickkontakt halten   Nicht an die Decke oder über die Köpfe der Zuhörenden hinweg schauen. Die Zuhörerinnen einzeln anschauen. Aber niemanden fixieren, sonst fühlt sich der Angeschaute unwohl. Es kann hilfreich sein, zu Beginn den Blickkontakt mit freundlichen Menschen zu suchen. Es gibt nie nur grimmige Zuhörerinnen und Zuhörer, sondern immer einen Zuhörer, der freundlich schaut, eine Zuhörerin, die zustimmend nickt.

Körperhaltung   *Nicht* Schillers *Glocke* machen („Festgemauert in der Erde“). Und nicht weit über das Pult beugen, sondern die Schultern nach hinten nehmen und den Rücken gerade halten, den Kopf erhoben. Wer die Kampfrhetorik so mancher Politiker*innen nicht mag, wer nicht im Kampfmodus redet, sollte sich nicht mit beiden Händen links und rechts aufs Pult stützen, sondern lieber ein wenig zurücktreten und dezent gestikulieren. Verboten ist: auf das Pult zu schlagen. Schläge sind keine angemessene Form, eine Aussage oder Forderung zu unterstreichen. Seit einiger Zeit verzichten zahlreiche (jüngere) Politiker*innen auf ein Pult. Das gilt als „offen“, als weniger „distanziert“ oder „von oben herab“. Wer solche Signale senden möchte, sollte ohne Pult sprechen.

Gestik   „Suche keine Effekte zu erzielen, die nicht in deinem Wesen liegen“ (Tucholsky Bd. 8: 292). Das geht schief. Das Publikum spürt, wenn Gestik nicht echt ist. Wenn man für wichtig hält, was man vorträgt, wenn man überzeugt ist, von dem, was man sagt – dann stellt sich die richtige Gestik von selbst ein.

Wohin mit Armen und Händen? Auf den Tisch, wenn man sitzt. Steht man hinter einem Pult, sollte man nicht zu nahe am Pult stehen. Ist man eher klein oder das Pult zu hoch, sollte man auf Gestik verzichten, wenn nur der Oberkörper zu sehen ist und man die Arme sehr weit nach oben nehmen müsste. In jedem Falle nicht mit den Schultern zucken oder den Kopf schräg halten. Das kann interpretiert werden als: Ich habe es nicht wirklich ernst gemeint; ich weiß es selbst nicht genau; ich bin auf Zustimmung angewiesen; ich bin unsicher. Schließlich: Keine Haarsträhnen drehen und sich nicht durch die Haare oder über das Gesicht fahren.

Mimik   Authentisch kommt an. Wer mit seiner Rede, mit sich und der Situation zufrieden ist, sollte lächeln. Wer einen Witz erzählt, sollte lachen (aber nicht schon vor der Pointe). Wer über ein lustiges Thema berichtet, sollte Heiterkeit zum Ausdruck bringen. Aber nur dann! Nicht lächeln, wenn einem nicht danach zumute ist. Es kommt nur ein Verlegenheitslächeln dabei heraus. Das schmälert die Wirkung jeder Aussage (*ist wohl nicht so ernst gemeint*).

Auf kleine Pannen vorbereiten

Sie sollten Ihre Coachees auf kleine Pannen vorbereiten: Was tue ich, wenn …? Das Wichtigste: Kleine Pannen sind keine Katastrophe. Alle lieben kleine Fehler anderer.

Der verunglückte Satz

Niemand erwartet, dass wir jeden Satz ohne Verstoß gegen die Grammatik beenden. Zumal dann nicht, wenn eine Rede frei gesprochen wird. Was tun, wenn ein Satz verunglückt? Einfach weitersprechen, sofern problemlos zu verstehen ist, was gemeint ist. Kommt man mit einem Satz nicht mehr klar, bricht man ihn ab und fängt neu an: „Ich beginne den Satz noch mal neu." Oder man blufft ein bisschen: „Ich möchte es besser formulieren", „Genauer gesagt: …". Vorbeugen ist besser als bluffen. Deshalb: kurze Sätze formulieren.

Der Versprecher

Über kleine Versprecher, die den Sinn der Aussage nicht entstellen, geht man hinweg. Niemand ist perfekt. Wird der Sinn entstellt, korrigiert man sich ohne Entschuldigung: „Ich meine natürlich nicht *Strandfest*, sondern *standfest*."

Das treffende Wort fehlt
Das kommt vor. Was tun? Die Rede mit einer Umschreibung oder einem anderen treffenden Wort fortsetzen. Gelingt das nicht, holt man sich beim Publikum Hilfe: „Mir fehlt das treffende Wort." Umgehend bekommt man Hilfe von den Zuhörenden – und hat aus der „Not" eine Dialogsituation gemacht, das Publikum aktiviert. Man kann sich auch mit folgender Formulierung eine Denkpause verschaffen: „Wie kann ich es treffend formulieren?"

Rotwerden
Wenn es gelingt, das Rotwerden nicht so wichtig zu nehmen, verringert sich das Problem mit der Zeit deutlich. Und Sie können bei der nächsten Rede Ihres Coachee eine Rückmeldung geben: Glüht der Kopf? Oder stellen Sie nur ein leichtes Erröten fest?

Der rote Faden ist weg
Die Zuhörerinnen und Zuhörer wissen nicht, was als Nächstes gesagt werden sollte. Ist der Faden gerissen, entsteht eine kleine Pause. Man schaut im Manuskript nach, wie es weitergeht. Es ist üblich, und so wird es auch von den Zuhörenden registriert, nach einer gewissen Zeit der freien Rede einen Blick auf die Vorlage zu werfen, um sich zu vergewissern, was als Nächstes angesprochen werden soll.

Es wurde etwas vergessen
Das Publikum weiß nicht, was alles gesagt werden sollte. Es registriert deshalb nicht, was nicht gesagt wurde. Die Information oder Argumentation, die übersprungen wurde, kann bei passender Gelegenheit – allerdings nicht in der Zusammenfassung – nachgetragen werden:

• „Ein wichtiger Gesichtspunkt fehlt noch …"
• „In diesem Zusammenhang ist zu ergänzen …"
• „Dabei ist allerdings zu berücksichtigen, und das habe ich bisher noch nicht getan, dass …"

Unterbrechungen
Wird man durch Fragen unterbrochen, sind folgende Reaktionen möglich und sinnvoll:

• Die Fragen werden beantwortet.
• Man verspricht, die Frage im Laufe des Vortrags zu beantworten.
• Darauf hinweisen, dass man Fragen erst im Anschluss an den Vortrag beantworten möchte.

Zu guter Letzt und vorbeugend: Es ist uncool auf den letzten Drücker abgehetzt anzukommen und noch etwas außer Atem in der Aktentasche nach dem Manuskript zu suchen oder sich durch die Dateiordner auf dem Notebook zu klicken („Philipp", „Scheidung", „Hausbau", „Yoga"). Wer sieht schon gerne schwitzende Rednerinnen oder Redner?

5.4 Worauf es bei Präsentationen ankommt

Folie 1: Thema. Folie 2: Gliederung. Folie 57: „Ich danke Ihnen für Ihre Aufmerksamkeit." Jede Folie akkurat nummeriert und auf jeder Folie der Name notiert; die Zuhörer*innen könnten vergessen, wer gerade spricht. Interesse kommt nicht auf.

PowerPoint ist allgegenwärtig. Deshalb kommen Tag für Tag in vielen Büros, Hörsälen, Konferenz- und Tagungsräumen die Fragen auf: „Was soll das?" „Wann kommt er endlich zum Schluss?" „Was mache ich eigentlich hier?" – Und deshalb wird gespottet: Er hatte mehr Folien als Verstand.

Aussagen Wirkung verleihen
Wie vermeidet man, als PPP aufzutreten – als *PowerPoint*-Plagegeist? Präsentationen sind kein Nachweis technischer Kompetenz. Im Vordergrund steht das Thema. An zweiter Stelle steht die Person, die über dieses Thema spricht. Analysen, Schlussfolgerungen oder Beispiele können beeindrucken, Menschen können überzeugen – technische Hilfsmittel nicht. Die Grundregel des Medieneinsatzes lautet daher: *Inhalte zuerst.* Zunächst ist zu klären: Was will ich sagen? Wie strukturiere ich das, was ich sagen will? Was stelle ich in den Mittelpunkt? Welche Beispiele und Belege ziehe ich heran?

Wer Emotionen wecken will, muss Emotionen zeigen – und nicht in erster Linie Folien.

Wer überzeugen will, braucht Argumente – keine Charts.

Wer Ansehen gewinnen will, muss gesehen werden – statt Folien.

Deshalb sollten Sie stets prüfen: Schränkt mich eine Folien-Abfolge ein? Kann ich beeindrucken, wenn meine Botschaft gelesen wird, bevor ich sie mündlich herleite? Lassen die Bilder das Gesprochene (und mich) als zweitrangig erscheinen?

Sind diese Fragen beantwortet, lässt sich sinnvoll über den Einsatz von Medien entscheiden und überlegen, wie man was visualisiert. Wer den zweiten Schritt vor dem ersten macht, kommt leicht ins Stolpern.

Präsentation: Handwerk

Bieten die Informationen auf einer Folie nicht genügend Stoff, um drei Minuten darüber zu sprechen, enthält die Folie nichts Wesentliches und ist entbehrlich. Der Einsatz von Medien verliert seinen Sinn, wenn zu (fast) jeder Folie nur das gesagt wird, was auf der Folie steht. Die Zuhörenden werden zu Zuleserinnen und Zulesern. – *Präsentieren* ist etwas anderes als betreutes Lesen.

Viele Textfolien sind einer gelungenen Präsentation ebenso abträglich wie Bemühungen, alles und jedes ins Bild zu setzen. „In der Beschränkung zeigt sich erst der Meister" (Goethe). Und die Meisterin. Was setzt man ins Bild? Visualisiert wird, was wichtig ist. Ins Bild werden zentrale Aussagen gesetzt. Folien, auf denen das Vortragsthema steht oder gar „Guten Tag" oder „Vielen Dank für Ihre Aufmerksamkeit", zeigen: Hier beamt ein Laie.

Was nicht gezeigt wird

Für die Begrüßung und den Dank braucht das Publikum keine Hilfe zum Verstehen. Zum Thema eines Vortrags sollte interessant hingeführt werden, statt es einfallslos auf eine Folie zu schreiben.

Auch Beispiele und Einzelheiten werden nicht visualisiert. Zahlen mit der dritten Stelle nach dem Komma kommen nicht auf Folien, sondern in ein Handout. Zu viele Bilder führen zu einer visuellen Übersättigung und provozieren die Frage, ob die Bilder ein Ersatz für treffende Worte sind.

Jede Visualisierung soll *Sie* und *Ihre Argumentation* unterstützen – nicht ersetzen. Visualisieren lässt sich mit dem Einsatz von Zitaten in einem Vortrag oder einer Rede vergleichen: Mit einer *gelungenen* Visualisierung können Sie – wie mit einem *treffenden* Zitat – Ihre Gedanken unterstützen: anschaulicher oder eindringlicher präsentieren, Ihrer Präsentation Glanz verleihen.

Seien Sie sehr zurückhaltend mit Tabellen und Diagrammen Die gehören ins Handout. Von Ihnen will man die Kernaussagen und ein Fazit oder einen Vorschlag hören. Die Kernaussage eines Diagramms sollten Sie eindrucksstark in Worte fassen. Der Rest ist zum Nachschlagen. Und das heißt auch: Folgen Sie nicht der Unsitte, Kopien der Präsentation als Handout zu verteilen.

Das professionelle Handout

Eine Präsentation muss nicht um eine dicke Mappe mit Kopien aller Folien und weiterer Materialien ergänzt werden. Niemand mag solche Mappen. Deshalb werden sie nicht als Ausdruck von Wertschätzung wahrgenommen, sondern als Zumutung oder als Indiz dafür, dass der Präsentierende keine Lust hatte, ein brauchbares Handout zu erstellen.

Ein Handout ist die Visitenkarte Ihrer Präsentation. Das können Kopien der *wichtigsten* Folien sein oder Unterlagen mit den relevanten Zahlen, Daten und Links.

Solche Handreichungen entlasten und erleichtern das Reden und das Zuhören: Die Teilnehmer können sich besser auf die Präsentation konzentrieren, müssen weniger mitschreiben und haben die Möglichkeit zum Nachlesen. Die Rednerin kann sich besser auf das Wesentliche konzentrieren und leichter ihren roten Faden spinnen.

Ein Handout sollte

- alle notwendigen Angaben enthalten (wer spricht worüber, wann, in welchem Zusammenhang),
- kurz, knapp und übersichtlich sein,
- dem Aufbau der Präsentation folgen,
- Raum für Notizen lassen.

Wenn Sie mit PowerPoint „Handzettel" erstellen, sollten Sie, wenn Sie schwarzweiß drucken, die Druck-Optionen „Reines Schwarzweiß" wählen und für den Ausdruck auf einen farbigen Folien-Hintergrund verzichten. Drei Folien auf einer Seite sind ebenso eine gute Wahl wie die Option „Folien Rahmen".

Es gibt kein Patentrezept, *wann* ein Handout verteilt werden sollte. Für welchen Zeitpunkt auch immer Sie sich entscheiden: Informieren Sie zu Beginn Ihrer Präsentation die Zuhörerinnen, ob und wann sie Unterlagen erhalten. Zu wissen, man bekommt das Wichtigste schriftlich, hilft, konzentriert zuzuhören.

Ich verteile Handouts am Ende der Präsentation, weil ich die Aufmerksamkeit der Zuhörer nicht mit einem Handout teilen möchte.

Was gezeigt wird

Zeigen Sie, was *Interesse weckt* und die Aufmerksamkeit aufrechterhält. Setzen Sie ins Bild, was komplexe Sachverhalte veranschaulicht und so das *Verstehen erleichtert*. In der Schule mag es eine Rolle spielen, das Behalten zu unterstützen. Im Job geht es um *Verstehen* und *Aufmerksamkeit*, um Interesse und Einsicht und um Vertrauen.

Abb. 5.1 Halb leer oder
halb voll?

Halb voll oder halb leer?

Interesse wecken

Ein Bild sagt zwar nicht immer mehr als tausend Worte, aber es kann ein Problem oder eine Frage anschaulich auf den Punkt bringen und deshalb ein guter Aufmerksamkeitswecker sein (Abb. 5.1).

Im September 2015 ging das Foto eines syrischen Jungen um die Welt, der die Flucht über das Mittelmeer nicht überlebt hatte. Das Bild war entschieden eindringlicher als viele Reden, Appelle oder Zahlen und Fakten, die das Elend flüchtender Menschen belegen. – Ein Bild ist kein Ersatz für Argumente. Es erhöht aber die Wahrscheinlichkeit, dass die Zahlen und Fakten Menschen erreichen.

Veranschaulichen

Bilder können auf einen Blick eine Vorstellung vom Ganzen vermitteln – und somit das Verständnis von Zusammenhängen erleichtern, die verbal nur nach und nach entwickelt werden können.

Visualisierungen sind auch dann sehr hilfreich, wenn
• Strukturen, Zusammenhänge und Prozesse erläutert werden sollen, die der sinnlichen Wahrnehmung nicht zugänglich sind (Abb. 5.2);

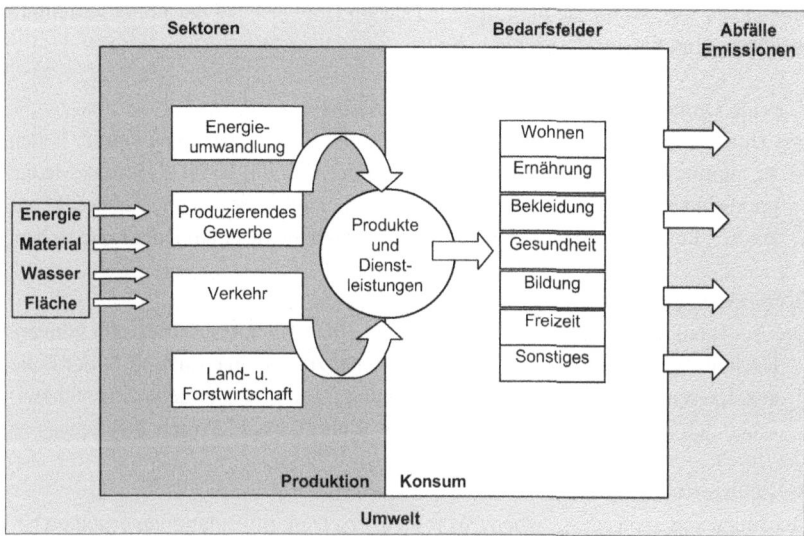

Abb. 5.2 Zusammenhänge visualisieren. (Franck 2017, S. 245)

- über Sachverhalte gesprochen wird, die die Zuhörenden nicht aus eigener Anschauung kennen – vom Kunstwerk bis zum seltenen oder ausgestorbenen Tier, von frühen Wohnformen bis zum ersten Mobiltelefon;
- politische oder soziale Prozesse plastisch gemacht werden sollen. Zum Beispiel lässt sich der Einfluss der Finanz-Konzerne auf die Politik mit Bildern der handelnden Personen sinnlich erfahrbar machen.[4]

Folien gestalten

Folien sollen nicht zeigen, was Sie alles wissen. Visualisieren heißt: Informationen gestalten. Fragen Sie bei der Gestaltung von Folien daher nicht, was Sie alles auf eine Folie packen können. Überlegen Sie vielmehr, was *Ihr Publikum der Folie*

---

[4]Bilder, die Sie auf Google finden, können Sie auf Partys oder Familiengeburtstagen zeigen. Nicht in der Öffentlichkeit, sonst geraten Sie mit dem Urheberrecht in Konflikt – ganz abgesehen davon, dass das Gros dieser Bilder eine zu niedrige Auflösung hat. Kostenfreie Bilder finden Sie unter anderen hier:

- https://commons.wikimedia.org/wiki/Hauptseite
- https://pexels.com/de-de/ und
- https://pixabay.com/de/.

entnehmen soll. Wenn Sie die folgenden sieben Hinweise bei der Foliengestaltung beachten, sind Sie auf der sicheren Seite:

1. Keine Drohungen, Dateinamen und Mini-Visitenkarten

Der Hinweis „Folie 1 von 54" schreckt ab. Es gibt keinen plausiblen Grund, Folien zu nummerieren. Dateinamen (Präsentationen_Wien_10-2023_Social_Media. pptx) sind ebenso überflüssig wie die Sorge, die Zuhörerinnen und Zuhörer könnten sich Ihren Namen nicht merken – und deshalb müsse er auf jeder Folie stehen.

2. Überschaubare Zahl an Informationen

Die Informationen auf einer Folie sollten auf einen Blick erfasst werden können. Deshalb: nicht mehr als sieben Aussagen. Nutzen Sie maximal 60 % der Folie aus. Lassen Sie an allen Seiten einen breiten Rand und genügend Abstand zwischen den Zeilen. Schreiben Sie nicht mehr als 10 bis 12 Wörter pro Zeile.

3. Schlüsselbegriffe statt Sätze

Textfolien sollen das gesprochene Wort nicht ersetzen. Informationen gestalten bedeutet: Aussagen in Schlüsselwörter verdichten und auf ganze Sätze verzichten. Ganze Sätze sollten die Ausnahme sein; sie sind zum Beispiel prägnanten Definitionen vorbehalten.

4. Klare Struktur

Vermeiden Sie einen Wirrwarr an Hervorhebungen. Gliedern Sie Textinformationen durch Ziffern und Spiegelstriche, durch

- Punkte,
- ⇨ Pfeile oder
- ☐ andere typografische Elemente.

5. Richtige Schriftgröße

Nicht unter 20 Punkt – besser größer:
- 20 Punkt für Bildunterschriften,
- 24 Punkt für den laufenden Text,
- 24 Punkt fett für Hervorhebungen,
- 28 Punkt fett für Zwischenüberschriften und
- 32 Punkt fett für die Hauptüberschrift.

6. Überlegter Umgang mit Farbe, Schrift und Zeichen
Seriöse Folien sind keine bunten Bildchen. Setzen Sie Farben gezielt ein zur Hervorhebung und Gliederung. Wenn Sie mehrere Farben verwenden, sollten Sie identische Sachverhalte mit denselben Farben hervorheben (zum Beispiel Rot für Ursache, Blau für Wirkung). Verzichten Sie auf Schrift-Spielereien. Wechseln Sie die Schriftart nur dann, wenn Sie deutlich machen wollen, diese Aussage hat eine andere Bedeutung, einen anderen Stellenwert. In der Regel genügen

*   eine Schrift*art* (wenn Sie die Überschrift absetzen wollen: zwei). „Arial" ist eine gute Wahl,
*   vier Schrift*größen:* Überschrift, Zwischenüberschrift, Text, Bildunterschrift,
*   zwei bis drei Schrift*schnitte:* normal, kursiv und fett.

Prüfen Sie beim Einsatz von *PowerPoint*: Dienen die angebotenen Gestaltungsvorlagen dazu, die Struktur Ihrer Informationen hervorzuheben? Oder sind sie nur Design-Schnickschnack, der keine Funktion erfüllt?

7. Bewegung und Ton überlegt einsetzen
PowerPoint lädt zum „Animieren" von Folien ein. Wählen Sie ausschließlich seriöse Effekte. *PowerPoint* ermöglicht es, das Erscheinen von Texten oder Bildern musikalisch zu untermalen. Soundeffekte sind Unfug. Verzichten Sie auch auf Übergangseffekte: Eine Folie folgt schlicht der anderen. Alles andere bitte nur an Kindergeburtstagen.

5.5 Diskussionen gekonnt leiten

Sie haben sie erlebt: Die Diskussionen, bei denen die Diskussionsleitung zurückhaltende Wortmeldungen hartnäckig übersieht und nur dem lautesten Diskussionsteilnehmer oder der heftig gestikulierenden Teilnehmerin das Wort erteilt. Diskussionen, bei der die Diskussionsleiterin ausführlich erzählt, wen sie kennt und was sie erlebt oder auf die Beine gestellt hat. Oder den Diskussionsleiter, der nicht die Zeit im Blick hat und übersieht, dass das Publikum längst unruhig geworden ist.

Positiv formuliert: Wer eine Diskussion leitet, sollte dafür sorgen, dass alle Teilnehmer die gleiche Chance haben, zu Wort zu kommen. Die Diskussionsleiterin sollte sich nicht selbst in den Mittelpunkt stellen, der Diskussionsleiter die Zuhörenden und die Zeit im Blick haben. Worauf kommt es noch an, damit eine Diskussion gelingt?

Gründlich vorbereiten

Wenn Sie die Leitung einer Diskussion übernehmen, brauchen Sie Klarheit,

- welches *Ziel* mit der Diskussion verfolgt wird,
- welche *Fragen oder Probleme* im Mittelpunkt stehen sollen,
- in welcher *Reihenfolge* diese Fragen und Probleme besprochen werden sollen,
- ob Probleme und Zusammenhänge *visualisiert* werden sollen und können,
- wie viel *Zeit* für die einzelnen Themen zur Verfügung steht.

Mit anderen Worten: Wer die Leitung einer Diskussion übernimmt, sollte sich inhaltlich vorbereiten. Und sich ausführlich über die Teilnehmenden informieren: thematische Steckenpferde, Rivalitäten usw.

Gekonnt eröffnen

Blättern Sie bitte noch einmal zurück zur Beschreibung der Aufgaben von Referent*innen in Abschn. 1.1: Die Leitung von Diskussionen, Gremiensitzungen, Besprechungen oder Konferenzen ist eine klassische Anforderung an Referentinnen und Referenten.

Nicht selten sind in solchen Situationen die Teilnehmerinnen ranghöher als der Referent, dem die Diskussionsleitung übertragen wurde: Vorstände, Landesgeschäftsführerinnen, Wissenschaftler. Deshalb sind die ersten Minuten sehr wichtig. Es geht darum, deutlich machen: *Ich leite die Diskussion.* Bemühen Sie sich deshalb im Gespräch mit der oder dem Vorgesetzten um das Okay, von *an Anfang an die Diskussion* zu leiten – und diese Aufgabe nicht erst in aller Öffentlichkeit zugewiesen zu bekommen.

Zur Einleitung einer Diskussion gehören die Begrüßung und die Eröffnung der Diskussion. Ich empfehle, schlicht einzuleiten: „Ich begrüße Sie sehr herzlich und eröffne die Diskussion."

Hinweise auf Selbstverständlichkeiten und Kritik sind keine guten Eröffnungen: „Ich freue mich, dass alle so pünktlich erschienen sind." Oder: „Leider konnten wir wieder nicht pünktlich anfangen." So stimmt man nicht positiv ein.

Liegt eine *Tagesordnung* vor, folgt die Vorstellung der Tagesordnung: Welche Themen sollen in welcher Reihenfolge behandelt werden, wie lange dauert die Diskussion, wann ist eine Pause vorgesehen? Daran schließt sich die Frage an, ob es Änderungswünsche oder Ergänzungsvorschläge gibt. Ist dies der Fall, und ist die Mehrheit für diese Änderungen oder Ergänzungen, wird die Tagesordnung entsprechend angepasst. (Gibt es keine feste Tagesordnung, sammelt die Diskussionsleitung Vorschläge zur Tagesordnung und zur Reihenfolge, in der die einzelnen Punkte behandelt werden sollen.)

In der Überleitung zur eigentlichen Diskussion werden kurz das (erste) Thema und das Ziel der Diskussion über dieses Thema erläutert und – wenn notwendig – in Teilthemen gegliedert. Die eigentliche Diskussion wird mit einer Frage eröffnet. Ein Beispiel:

> „Wir wollen klären, wie wir die Frauenförderung in unserem Verband voranbringen können. Ziel unserer Diskussion ist es, Vorschläge zu erarbeiten, welche Hürden für Frauen aus dem Weg zu räumen und wie Aufstiegschancen zu erhöhen sind. Es geht dabei um eine Fülle von Aspekten. Zum Beispiel: Arbeitszeitregelungen, Bezahlung, Quotenregelungen, Zielvorgaben. Diese Aspekte sind unterschiedlich miteinander verknüpft. Wir sollten nicht diskutieren, mit welchem Aspekt wir anfangen, sondern gleich in die Diskussion einsteigen. Lassen Sie uns zunächst über … diskutieren. Meine Eingangsfrage lautet: Was …?"

Die Eingangsfrage richtet sich an alle. Sie sollte kurz und verständlich sein und offen formuliert werden. Offene Fragen können nicht mit „Ja" oder „Nein" beantwortet werden: „Wie beurteilen Sie diese Feststellung?" (Statt: „Stimmen Sie dieser Feststellung zu?"). Offene Fragen lassen unterschiedliche Antworten zu und geben den Teilnehmer*innen einen Spielraum. Anstelle einer Frage kann die Diskussion auch mit einer These eröffnet werden, die zur Stellungnahme herausfordert.

Souverän in Gang halten
Die folgenden sieben Punkte sind besonders zu beachten, soll eine Diskussion lebhaft *und* strukturiert verlaufen:

1. Die Diskussion überschaubar machen
Die Beteiligten können einer Diskussion dann am besten folgen, wenn durch Zwischen-Zusammenfassungen deutlich gemacht wird, in welchen Punkten Übereinstimmung besteht, wo Differenzen liegen, welche Fragen geklärt und welche noch offen sind.

2. Ziel und Thema im Auge behalten
In engagiert geführten Diskussionen werden manchmal wesentliche Gesichtspunkte vergessen, oder das Diskussionsziel gerät aus dem Blick. Die Diskussionsleitung hat in einer solchen Situation die Aufgabe,

* an die Themen- bzw. Zielstellung der Diskussion zu erinnern,
* zum Thema zurückzuführen,
* Fragen auszuklammern, die in der Diskussion nicht geklärt werden können,
* die Diskussion zwischen „Eingeweihten" zu verhindern, die über die Köpfe der übrigen Teilnehmerinnen und Teilnehmer hinwegreden.

3. Argumentation prüfen

Eine Diskussion gewinnt in dem Maße, in dem es der Leitung gelingt, die Beiträge auf die Fragestellung zu lenken. Wenn es zum Beispiel darum geht, ob das Asylrecht ein zentraler Wert unserer Gesellschaft sein soll, dann sind nicht Vorschläge zur Unterbringung von Flüchtenden gefragt, sondern Antworten auf die Frage, ob diese Norm das politische und gesellschaftliche Handeln regulieren soll. Erst nach der Klärung dieser normativen Frage ist es sinnvoll, über Mittel zu diskutieren.

4. Hilfestellungen geben

Alle sollten die Chance haben, sich gleichberechtigt an der Diskussion zu beteiligen. Das heißt zum einen: niemanden zu bevorzugen. Das kann zum anderen bedeuten: Teilnehmerinnen und Teilnehmer, die zurückhaltend sind oder denen die Erfahrung mit Diskussionsrunden fehlt, durch Ermunterung und Formulierungshilfen zu unterstützen.

Ermunterung Wenn man den Eindruck hat, jemand möchte etwas sagen, zögert aber, sollte man die oder den Betreffenden ermuntern: „Frau Peters, wollten Sie etwas sagen?" „Herr Becker, hatten Sie sich gemeldet?"

Unangemessen sind direkte Aufforderungen: „Torsten, jetzt sag doch mal etwas." „Frau Kock, von Ihnen habe ich noch gar nichts gehört."

Formulierungshilfen Eine Diskussionsleiterin sollte helfen, wenn ein Teilnehmer nach einem treffenden Begriff sucht, wenn ihm ein Satz verunglückt. Ein Diskussionsleiter sollte eine Interpretation anbieten, wenn nicht deutlich wurde, was die betreffende Person meint: „Wenn ich Sie richtig verstanden habe, sind Sie der Meinung, dass …"

5. Stockungen überwinden

Gerät eine Diskussion ins Stocken, sollte der Diskussionsleiter
- durch Fragen die Diskussion wieder in Gang bringen,
- den Stand der Diskussion bilanzieren,
- fragen, was an einer weiteren Beteiligung hindert.

Hilfreich sind: offene, provokative und Informationsfragen. Nicht zweckdienlich sind banale Fragen („Wer gewann gestern die Landtagswahlen?") und Suggestivfragen („Da wir gerade beim Thema ‚Gefahren für die Demokratie' sind: Was halten Sie von der Politik der AfD?"). Vorsicht ist geboten bei gezielten Fragen, die viele unangenehm an die Schule erinnern („Was ist unter Nettoneuverschuldung zu verstehen?").

6. Für einen fairen Diskussionsstil sorgen
Die Diskussionsleiterin hat nicht die Aufgabe, Beiträge zu bewerten. Es ist die Aufgabe des Diskussionsleiters, Unterstellungen oder persönliche Angriffe zurückzuweisen: „Bitte unterlassen Sie persönliche Angriffe." Um eine faire Diskussion zu gewährleisten, ist es auch gestattet, unsachliche Teilnehmerinnen oder Teilnehmer zu unterbrechen: „Bitte ‚bleib‘ sachlich und vermeide Unterstellungen."

7. Respekt
Ein stiller Teilnehmer kann müde, eine schweigsame Teilnehmerin bedrückt sein. Und es gibt noch mehr gute Gründe, sich *nicht* an einer Diskussion zu beteiligen. Deshalb sollte eine Diskussionsleiterin zurückhaltend sein mit Typisierungen (der Schüchterne, die Schweigerin) und Aufforderungen („Wollen Sie nicht auch was sagen?") oder wertenden Fragen („Langweilen Sie sich?").

Professionell beenden
Eine Diskussion wird in zwei Schritten beendet:

1. Zusammenfassung (Beschlussfassung)
• Welche Ergebnisse wurden erzielt?
• Welche Übereinstimmungen und welche Differenzen haben sich gezeigt?
• Welche Fragen wurden geklärt und welche blieben offen?
• Welche Schlussfolgerungen können für die weitere Arbeit gezogen werden?

Die Zusammenfassung sollte so objektiv und sachlich wie möglich sein. Das gilt besonders dann, wenn Abstimmungen folgen, Beschlüsse zu fassen oder Entscheidungen zu fällen sind.

2. Abschluss
Am Ende steht der – schlichte – *Dank* an alle Beteiligten: „Ich beende die Diskussion. Vielen Dank für Ihre rege Beteiligung. Auf Wiedersehen (gute Heimfahrt, vergnügtes Wochenende)."

Podiumsdiskussion leiten
Wird es eine Nummer größer, wird Ihnen die Aufgabe übertragen, eine Podiumsdiskussion leiten, sollten Sie folgende Punkte beachten:

1. Vorbereitet sein
Informieren Sie sich sowohl über das Thema als auch über die Teilnehmer*innen, um in der Diskussion gezielt Akzente setzen und gegensätzliche Positionen herausstellen zu können.

Planen Sie ein Vorgespräch mit den Teilnehmer*innen ein, in dem Sie deutlich machen, wie Sie sich die Diskussion wünschen. Werben Sie für eine faire und lebhafte Auseinandersetzung.

2. Höflich sein
Stellen Sie die Teilnehmer*innen so vor, wie diese vorgestellt werden möchten. Wenn Sie nicht sicher sind, wie ein Name ausgesprochen wird: Fragen Sie; schreiben Sie sich den Namen zu Ihrer Entlastung in Lautschrift auf.

Die Vorstellung der Teilnehmer*innen erfolgt von links nach rechts (oder umgekehrt) – nicht nach Hierarchie-Gesichtspunkten oder zuerst die Frauen und danach die Männer.

3. Gerecht sein
Behandeln Sie alle Teilnehmer*innen gleich – auch bei der Vorstellung.

4. Zurückhaltend sein
Halten Sie sich zurück mit langen Kommentaren.

5. Aufmerksam sein
Notieren Sie interessante Aussagen für Ihr Schlusswort.

6. Publikumsfreundlich sein
Erhält das Publikum Gelegenheit zu Fragen, sorgen Sie als Publikumsanwalt dafür, dass die Fragen auch tatsächlich beantwortet werden.

7. Positiv und freundlich sein
Binden Sie die Beiträge zum Schluss ergebnisorientiert zusammen. Stimmen Sie positiv – auch wenn Fragen offenblieben.

Sollen die Teilnehmer*innen Gelegenheit zu einem *Schlusswort* erhalten, rate ich zu einer Anleihe bei TV-Talks: Statt des klassischen Schlussworts wird eine Frage vorgegeben oder gebeten, einen themenbezogenen Satz zu vervollständigen. „Bitte beenden sie folgenden Satz: „Die Wohnungsnot in Deutschland wird …""

Eine Variante dieser Form des Schlusswortes könnte so lauten: „Bitte formulieren Sie den § 1, der ihrer Meinung in jeder Koalitionsvereinbarung stehen sollte." Schließlich: Danken Sie den Teilnehmer*innen und dem Publikum. Und wünschen Sie allen noch einen schönen Abend oder Nachhauseweg.

5.6 Stringent moderieren

Die Moderation von Sitzungen ist eine Aufgabe von Referenten, die in vielen Stellenausschreibungen genannt wird. Wie löst man diese Aufgabe erfolgreich? Welche Rolle spielt die Moderatorin? Das sind im Folgenden die Themen. Auf handwerkliche Feinheiten und technische Finessen gehe ich nicht: Ich konzentriere mich auf die Grundzüge der Moderation und zeige, worauf es ankommt.

Warum und wozu moderieren?
In Talkshows sprechen Menschen gelegentlich miteinander, mehr jedoch gegeneinander. Es soll „hoch hergehen"! Schließlich ist der Talk eine *Show*. Im Mittelpunkt steht die Gastgeberin oder der Gastgeber. Sie erteilen das Wort und schneiden es ab, sie bestimmen (oder versuchen es zumindest), worüber gesprochen wird.

Eine Moderatorin, ein Moderator hat andere Aufgaben. Moderation ist sinnvoll, wenn *Kommunikation* gewünscht ist, wenn

- die Erfahrungen, das Wissen, die Kreativität und Fantasie *aller Beteiligten* genutzt werden sollen, um Antworten auf schwierige Fragen zu finden, Konflikte oder Probleme zu lösen;
- nicht Hierarchie zählt, sondern *Ideen gefragt* sind;
- Entscheidungen *beteiligungsorientiert* zustande kommen sollen – und nicht „oben" entschieden, dann verkündet und (gegen Widerstände) durchgesetzt werden sollen;
- *offen* ist, *wie* ein Problem gelöst, welche Entscheidung getroffen werden soll.

Je mehr Arbeitsprozesse eigenständiges Denken, Motivation und Kreativität erfordern, desto dysfunktionaler sind einsame Entscheidungen von Vorgesetzten, Vorgaben von „oben". Je mehr Bürger*innen an Entscheidungen beteiligt werden wollen, desto mehr ruft es Widerstände hervor, wenn Betroffene vor vollendete Tatsachen gestellt werden. Deshalb wird in den letzten Jahrzehnten auf die Moderationsmethode gesetzt, um

- Probleme und Schwächen aus *unterschiedlichen Perspektiven* zu betrachten,
- die Lösungen komplexer Probleme durch Vertreter *unterschiedlicher Abteilungen oder Fachrichtungen* auf den Weg zu bringen und „Insellösungen" zu vermeiden,
- *gemeinsam* Ziele festzulegen, Strategien oder Leitbilder zu entwickeln, die alle tragen können.

Leitung *führt*, Moderation *vermittelt*. Abb. 5.3 verdeutlicht die Unterschiede.

Für Routine-Entscheidungen braucht man keine Moderation. Sie ist kein Mittel, um einen Standpunkt durchzusetzen oder Entscheidungen nachträglich zu legitimieren. Sie ist kein Verfahren, um unerfreuliche Entscheidungen eines Abteilungsleiters oder einer Bürgermeisterin als Abteilungs- oder Bürgerentscheidung „hinzubiegen". Und sie ist auch kein Mittel, um Wissen zu vermitteln.

Mit Moderation ist der Anspruch verbunden, die Schwächen von Entscheidungsfindungen zu vermeiden, die zu beobachten sind, wenn gegensätzliche Interessen oder unterschiedliche Kommunikationskulturen aufeinandertreffen, wenn einige Teilnehmer*innen die Diskussion dominieren. Moderation soll erreichen, dass die Diskussion über Problemlösungen und die Besprechung von Konflikten erfolgreich verlaufen.[5] Und das heißt:

Moderation	Leitung
• Hierarchie spielt keine Rolle	• oft höhergestellt
• alle Aussagen werden gleichrangig behandelt	• bewertet Aussagen, verstärkt Beiträge
• unterstützt die Gruppe bei der Zielformulierung	• gibt Ziele vor
• fördert den Willensbildungsprozess der Gruppe	• will häufig eigenen Willen durchsetzen
• ist prozessorientiert	• konzentriert sich auf den Inhalt
• Regeln werden mit der Gruppe vereinbart	• arbeitet oft mit ungeschriebenen Regeln
• offenes Protokoll simultan zum Arbeitsprozess	• delegiert Protokoll (oder erstellt es im Nachhinein)

Abb. 5.3 Unterschied zwischen Moderation und Leitung. (Eigene Darstellung)

---

[5] Wenn die potenziellen Teilnehmer*innen nicht miteinander klarkommen, kann ein moderierter Workshop geeignet sein, dieses Problem zu beheben; jede andere Aufgabenstellung hätte keine Erfolgsaussicht. Diese Prognose ist auch dann zu stellen, wenn die Teilnehmerinnen nicht aus freien Stücken teilnehmen.

- strukturiert   statt   chaotisch
- konstruktiv   statt   polarisierend
- kreativ   statt   blockierend
- wertschätzend   statt   abwertend
- fragend   statt   besserwissend
- miteinander   statt   gegeneinander
- partnerschaftlich   statt   hierarchisch
- ergebnisorientiert   statt   ergebnislos

Moderation: Planen, zusammenhalten, voranbringen
Moderator*innen haben die Aufgabe, ein gutes Gruppenklima und zielgerichtetes Arbeiten zu fördern. Das erfordert eine sorgfältige Planung und eine *teilnehmerorientierte* Steuerung des Prozesses der Themenbearbeitung. Worauf kommt es besonders an?

Neutral steuern: Die Moderatorin, der Moderator
Moderatorinnen *erleichtern* Gruppen die Lösung von Problemen, die Entscheidungsfindung oder die Bearbeitung von Konflikten. Moderatoren *vermitteln.* Sie sagen nicht, was richtig oder falsch ist, sondern steuern – vor allem fragend – den Prozess. Sie nehmen alle Teilnehmerinnen und Teilnehmer ernst, stellen ihre eigenen Meinungen zurück und favorisieren nicht eine bestimmte Lösung.

Ihre *Kernaufgabe* besteht darin, eine *Gruppe emotional* zusammenzuhalten und *inhaltlich* voranzubringen. *Zusammenhalten* heißt: darauf achten, dass alle Beteiligten zu Wort kommen und niemand (innerlich) aussteigt. *Voranbringen* meint: Lösungen und Ergebnisse im Blick behalten, Zwischenergebnisse deutlich machen, mögliche Schritte aufzeigen.

Daraus ergeben sich folgende Anforderungen an Moderator*innen: Sie
1. machen nicht den Talk*master:* Im Mittelpunkt steht die Gruppe,
2. bewerten nicht die inhaltlichen Beiträge der Teilnehmerinnen,
3. sorgen für eine hierarchiefreie Diskussion und achten darauf, dass alle ihre Meinung vertreten können und jeder Vorschlag zur Kenntnis genommen wird,
4. bringen allen Teilnehmer*innen die gleiche Wertschätzung entgegen,
5. haben das verabredete Ziel im Auge und weisen die Gruppe auf Abweichungen vom Weg zum Ziel hin,
6. bringen die Teilnehmer durch Fragen ins Gespräch. Sie drängen keine eigenen Lösungsvorschläge auf,

7. sorgen dafür, dass Störungen behoben werden, aus einem Gegeneinander ein Miteinander wird,

8. achten darauf, dass Rivalitäten oder Profilierungsversuche nicht den Prozess dominieren,

9. machen deutlich, dass gegensätzliche Meinungen und Interessen keine Störungen sind, sondern Ansatzpunkt für Problem-Analysen und Veränderungen,

10. achten darauf, dass Interessengegensätze diskutiert und nicht als Kommunikationsprobleme interpretiert werden,

11. visualisieren den Stand der Diskussion und (Zwischen-)Ergebnisse. Und stellen die Ergebnisse – aufbereitet – den Teilnehmer*innen zur Verfügung,

12. stellen Ergebnisse als Team-Ergebnisse heraus.

Auf die Planung kommt es an

Die Methode ist hier und da in Verruf gekommen, weil eine Moderation sich in „Kärtchen aufhängen" erschöpfte, weil manche Moderatorin für jede Selbstverständlichkeit eine Kartenabfrage startete, weil mancher Moderator zu starr auf seinen Regeln beharrte, statt sie Veränderungen im Prozess anzupassen. Gute Planung kann so etwas verhindern.

Gute Planung heißt vor allem: sich mit dem Problem-Feld vertraut machen:

• Was gehört zu diesem Feld?
• Wie wurde bisher auf diesem Feld gearbeitet – was wurde gemacht und was nicht?
• Was sind die zentralen Entwicklungen und Herausforderungen auf diesem Feld?
• Was machen Mitbewerber anders?
• Worin besteht der zentrale Konflikt?
• Wer sind die Konfliktbeteiligten? Worin sehen sie die Konfliktursachen?
• Wer gilt warum als Konfliktverursacher?
• Welchen Folgen hat der Konflikt – für die Betroffenen und ihr Umfeld?

Beobachtet man den Verlauf einer Moderation, mag der Eindruck entstehen, moderieren sei nicht so schwer: ein paar Fragen stellen, die Antworten der Teilnehmerinnen und Teilnehmer auf Karten schreiben und dann gewichten und entscheiden lassen. Eine *erfolgreiche* Moderation setzt voraus, dass eine Moderatorin mehr kann als ein paar Methoden der Arbeit mit Gruppen. Ein Moderator ist dann gut, wenn er das Themenfeld genau kennt und die Gruppe dabei unterstützt, dieses Feld zu durchdringen (Abb. 5.4).

Abb. 5.4 Die entscheidenden Faktoren einer Moderation. (Eigene Darstellung)

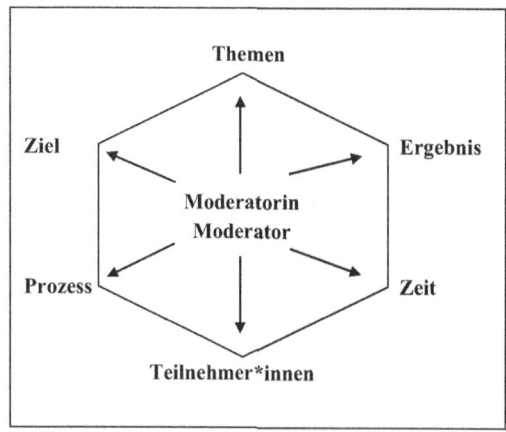

Vom Anfang bis zum Ziel: Phasen der Moderation

1. Einstieg: Begrüßen, Anlass benennen, Rollen klären, Regeln und Ablauf vereinbaren

Der Beginn einer Moderation entscheidet maßgeblich darüber mit, wie die Teilnehmer*innen den kommenden Stunden entgegensehen, mit welchen Erwartungen und Gefühlen sie sich an der Gruppenarbeit beteiligen.

Dies sind – neben der Begrüßung und der Vorstellung der Moderatorin – die zentralen Aspekte der Startphase:

• Wenn die Teilnehmer*innen einander nicht kennen: Vorstellung.
• Warum sind wir hier: Anlass und Hintergrund.
• Erläuterung der Rolle des Moderators.
• Regeln des Miteinanders vorstellen und vereinbaren.
• Ablauf und Zeitplan vorstellen und vereinbaren.

Die Tagesordnung, Themen und Zeiten, werden visualisiert. Sind auch die Regeln und Vereinbarungen stets auf einer Pinnwand sichtbar, genügt bei Regel-Verstößen meist ein kurzer Hinweis.

Teil der Einführung kann eine Kartenabfrage zu den Erwartungen (und Befürchtungen) der Teilnehmer sein. Mit ihrer Hilfe entsteht ein erstes Gruppenbild und somit eine nützliche Orientierung für die Moderation.

Wenn die Teilnehmerinnen einander nicht (näher) kennen, kann mit Karten die Vorstellungsrunde strukturiert und dokumentiert werden: Die Teilnehmer erhalten eine Reihe von Karten, die sie auf einer „Wer-ist-wer"-Pinnwand anbringen, auf der zum Beispiel folgende Kategorien vorgegeben sind: Name, Unternehmen (Kreisverband, Schule ...), Funktion, Hobbys, augenblickliche Verfassung.

Eine solche Vorstellungsrunde kostet Zeit; sie ist daher nur dann angebracht, wenn die Gruppe mindestens einen Tag zusammen ist.

2. Problem(e) identifizieren, Ziele des Treffens bestimmen
Für die Motivation der Teilnehmer*innen ist es entscheidend, ob es gelingt, sie zuversichtlich zu stimmen, dass die richtigen Fragen zielgerichtet besprochen werden. Das Thema des Treffens ist zwar bekannt, aber aus einem Thema ergibt sich noch kein Weg, wie ein Thema behandelt oder eine Frage beantwortet werden kann.

Ein Beispiel: In einem Betrieb soll das Vorhaben „Verbesserung der Kantine" moderiert angepackt werden.

Verbesserung muss aufgeschlüsselt werden. Fragen sind dafür der beste Weg: Womit ist man unzufrieden? Was ist warum gut? Was heißt *Verbesserung*? Welche Wünsche haben die Beschäftigten? Was meinen die Betriebsleitung und die Gewerkschaft? Was stellt sich das Kantinenpersonal vor?

Es geht in dieser Phase also darum, die unterschiedlichen Aspekte und Sichtweisen zusammenzutragen und zu gewichten, um eine Reihenfolge festlegen zu können, in der die unterschiedlichen Gesichtspunkte besprochen werden sollen. (Um das *Wie* geht es im nächsten Abschnitt.)

3. Stärken und Schwächen herausarbeiten, Ziele, Maßnahmen formulieren
Eine Pizza isst man Stück für Stück. So werden auch die Fragen und Probleme angepackt, die in der zweiten Phase zusammengetragen wurden. Verbindungen und Zusammenhänge werden in den Blick genommen, wenn zu allen Teilthemen Ergebnisse vorliegen.

Ob Arbeitsgruppen gebildet werden, hängt von der Zahl der Teilnehmer ab und davon, ob Arbeitsteilung angesichts vieler Themen sinnvoll erscheint. Als Faustregel formuliert: Ab acht Teilnehmerinnen sind Arbeitsgruppen zu empfehlen. Werden Gruppen gebildet, sollten die unterschiedlichen Perspektiven oder Abteilungen in allen Gruppen vertreten sein.

Die Arbeit in Gruppen ist keine Pause für den Moderator. Er geht von Gruppe zu Gruppe, hört zu und bietet, wenn erforderlich, Hilfe an. *Hilfe* meint: *Fragen*. Zum Beispiel: „Gibt es noch weitere Aspekte zu bedenken?" „Was wäre wenn ...?"

Für die Präsentation der Ergebnisse im Plenum sind diese Leitfragen hilfreich:

- Wie ist der Istzustand?
- Welcher Zustand soll erreicht werden?
- Welche Maßnahmen müssen ergriffen werden, um dieses Ziel zu erreichen?
- Mit welchen Hindernissen ist zu rechnen?

Die Gruppe sollte genügend Zeit für die Vorbereitung der Präsentation im Plenum einplanen und rechtzeitig festlegen, wer präsentiert.

4. Ergebnisse sichern, offene Fragen festhalten, Weiterarbeit vereinbaren
In dieser Phase geht es um eine *Verständigung*, welche Probleme besonders gravierend sind, welche Lösungen und welche Lösungswege vorgeschlagen und welche Ziele in welcher Reihenfolge wie erreicht werden sollen.

Inhaltlich geht es also um einen Maßnahmenplan. *Gruppendynamisch* um einen Konsens. Nicht alle müssen die gleiche Sicht der Dinge haben. Alle sollten jedoch *Entscheidungen mittragen können*. Besteht ein Dissens über eine Problemanalyse oder einen Vorschlag, wird dieser Dissens festgehalten und geklärt, ob, wie und wann er bearbeitet werden soll.

5. Abschließen und verabschieden
Zu einem runden Abschluss gehört ein Dank an die Teilnehmer*innen. Und:

- der Wunsch, die Teilnehmerinnen mögen ihre Vorhaben erfolgreich umsetzen
- eine Rückmeldung der Teilnehmer: Wie zufrieden sind sie mit den Ergebnissen und dem Verlauf und der Gestaltung der Zusammenarbeit?
- die Verabschiedung der Teilnehmerinnen.

War die Arbeit nicht von Erfolg gekrönt, muss das angesprochen werden: Die Gruppe braucht eine Rückmeldung über den Verlauf des Miteinanders, an welchen Stellen es nicht weiterging. Dabei sollte die Moderatorin so konkret wie möglich beschreiben und nicht bewerten oder über Tabus spekulieren.

6. Die Besprechung, den Workshop dokumentieren
In moderierten Workshops wird unter anderem deshalb so viel Wert auf Visualisierung gelegt, weil sie eine gute Grundlage für die Dokumentation der Ergebnisse liefert. Semiprofessionell ist das Fotoprotokoll: Alles wird fotografiert und den Teilnehmern zur Verfügung gestellt. Die haben es oft schwer, die Bilder zu entziffern.

Aufwendiger, aber dafür entschieden besser zu lesen, ist eine Übertragung dessen, was auf den Pinnwänden und Flipcharts steht, in eine PC-Version. Ich bevorzuge ein Ergebnisprotokoll, in dem die Ergebnisse *strukturiert* wiedergegeben werden.

Moderation: Regeln

Gehen Sie nicht davon aus, dass alle Teilnehmer*innen die notwendigen Voraussetzungen für eine gelungene Kommunikation mitbringen. Es gibt Vorurteile über „die" aus der anderen Abteilung, Rivalitäten im Team oder schlicht Unsicherheit, in größeren Gruppen zu diskutieren. Regeln für die Zusammenarbeit helfen. Sie entlasten auch die Moderatorin: *Alle* sind für das Gelingen der Besprechung oder des Workshops verantwortlich. Dafür sind Kommunikationsregeln sinnvoll. Alle sollten sie akzeptieren und auf ihre Einhaltung achten.

Die folgenden sieben Regeln haben sich bewährt:

1 *Störungen haben Vorrang.* Störungen können als Störungen angemeldet werden. Oder die Gruppe vereinbart, dass nicht die Störung angesprochen wird („Ich bin völlig erschöpft"), sondern das, was man braucht, um die Störung zu beheben („Ich brauche jetzt eine Pause").

2 Alle Beteiligten sprechen nur für sich.

3 Alle sprechen in der ersten Person: Ich meine/ich habe die Erfahrung gemacht/ ich schlage vor.

4 Es spricht immer nur eine Person.

5 Kein Vorschlag wird sofort verworfen, keine Idee sofort kritisiert.

6 Niemand muss sich rechtfertigen.

7 Über die Methode wird nicht diskutiert: *Wie* diskutiert wird, der Verlauf der Diskussion darf angesprochen werden. Es wird jedoch nicht darüber diskutiert, *dass* diskutiert wird.

Damit wirklich alle zu Wort kommen, kann eine *Begrenzung* der *Redezeit* notwendig sein. Eine solche Vereinbarung schließt aus, dass vor allem Vorgesetzte oder wortstarke Teilnehmer und redegewandte Teilnehmerinnen reden. Allerdings dürfen und sollen diejenigen mehr zu Wort kommen, die über reflektierte Erfahrungen und wichtiges Fachwissen verfügen.

Moderation: Techniken

Visualisieren ist ein zentrales Element jeder Moderation: *Alle* Ideen, Meinungen und Vorschläge sind stets präsent, um Wiederholungen und die Dominanz einzelner Teilnehmer zu vermeiden. Die Kartenabfrage ist dafür eine geeignete Technik.

Kartenabfrage

Mithilfe der Kartenabfrage werden Problemursachen, Themenaspekte, Lösungsmöglichkeiten zusammengetragen, Schwerpunkte gebildet und Vorschläge zur Lösung von Problemen oder Konflikten erarbeitet.

Nehmen wir an, es soll um die Frage gehen, wie die Jahresplanung eines Verbandes verbessert werden kann. Die Frage wird zunächst erläutert – ohne Antworten vorwegzunehmen.

Die Teilnehmerinnen erhalten zwei bis drei Karten, auf die sie ihre Überlegungen schreiben. Dafür bekommen sie fünf Minuten Zeit. Die Karten kommen ungeordnet an eine Pinnwand. Es gibt keine verbindliche Regel, ob der Moderator oder die Teilnehmerinnen die Karten anpinnen, ob die Moderatorin vorliest, was auf den Karten steht, oder jeder Teilnehmer seine Karten vorliest.

In der anschließenden „Loreley-Phase" (*Ich weiß nicht, was soll es bedeuten?*) können Verständnisfragen gestellt werden. Danach können Einwände „geblitzt" werden: Einwände zu einer Aussage, einer Problembeschreibung oder einem Vorschlag werden durch ein Blitzzeichen auf der entsprechenden Karte optisch deutlich gemacht. Einsprüche müssen unterfüttert werden: Blitz-Erläuterungen werden auf eine ovale Karte geschrieben und der Anlass-Karte zugeordnet.

Im nächsten Schritt werden die Karten geordnet: Der Moderator nimmt eine beliebige Karte und heftet sie an eine zweite Pinnwand. Dann nimmt er die nächste Karte und fragt, ob sie thematisch zur ersten Karte passt oder einen anderen Themenaspekt berührt. So wird Karte für Karte gruppiert. Die Moderatorin kann dazu Vorschläge machen oder die Teilnehmer fragen, wohin eine Karte gehört. Im Zweifelsfalle entscheidet der Autor der Karte. Jede Karte kommt an die zweite Pinnwand. Karten mit der gleichen Aussage werden sichtbar untereinander angebracht.

Sind alle Karten auf der zweiten Pinnwand, geht es darum, Überschriften für die einzelnen Kartenblöcke (Cluster) zu finden. So entstehen Teilthemen, die in der nächsten Phase bearbeitet werden.

Mit der Technik der *Mehrpunkt-Frage* kann entschieden werden, welche Themen vorrangig bearbeitet werden sollen: Alle Teilnehmer*innen erhalten drei (bei bis zu 12 Clustern) bis fünf (bei mehr als 20) Klebepunkte, die für die einzelnen Karten vergeben werden können.

Diese Technik dient dazu, Entscheidungen zu treffen und Prioritäten zu setzen: Welcher Vorschlag erhält die meisten Punkte? Welche Themen sollen vorrangig besprochen werden? Weniger aufwendig sind das „Rosinenpicken" und die Zuruf-Frage.

Rosinenpicken

Beim Rosinenpicken wird auf das Ordnen verzichtet. Vielmehr fragt die Moderatorin nach der „Loreley-Phase", mit welchen Karten sich die Gruppe vorrangig beschäftigen will. Der Moderator oder die Teilnehmerinnen befestigen diese „Rosinen" an einer zweiten Pinnwand. Werden sehr viele Karten genannt, muss gebremst werden; das ist der Nachteil des Verfahrens. Karten, die nicht behandelt werden, kommen in den Themenspeicher.

Zuruf-Frage

Mit der Zuruf-Frage, die bei jeder Besprechung einsetzbar ist, können die Teilthemen schneller ermittelt werden: Die Moderatorin notiert jeden Zuruf, den sie auf ihre Frage erhält, auf einer Karte. Vorstrukturierte Zuruf-Listen ersparen das anschließende Clustern; sie sind dann sinnvoll, wenn zunächst einmal ausschließlich Vorteile und Nachteile oder Pro- und Kontra-Argumente zusammengetragen werden sollen (Abb. 5.5).

Abb. 5.5 Vorstrukturierte
Zuruf-Liste. (Eigene
Darstellung)

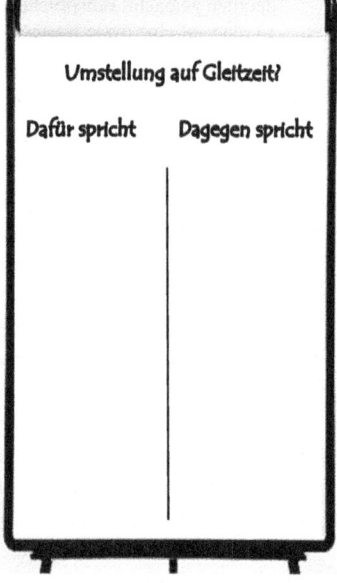

Abb. 5.6 Musterkarte.
(Eigene Darstellung)

Moderation: Tipps

1. Eine deutlich sichtbare *Musterkarte* für die Schriftgröße und den Umfang ist hilfreich.
2. *Themenspeicher:* Fragen und Probleme, die nicht *sofort* bearbeitet werden können, dürfen nicht in Vergessenheit geraten. Deshalb werden sie notiert. Wenn es um die Ergebnissicherung geht, werden diese Fragen und Probleme in einem Themenspeicher festgehalten. Er ist Teil der Dokumentation. Dieses Verfahren nimmt den Teilnehmern die Sorge, ihr Anliegen könne in Vergessenheit geraten.
3. „Wie können wir unsere Kantine verbessern?" „Wie können wir unsere Jahresplanung verbessern?" Das sind offene Fragen. Es können jedoch Frage-Vorgaben gemacht werden: Vor- und Nachteile oder Pro- und Kontra-Argumente. Mit solchen Vorgaben sind die Teilnehmerinnen aufgefordert, in zwei Richtungen zu denken.

   Dieses Prinzip lässt sich erweitern: Es werden mehrere Antwortrichtungen vorgegeben. Das können Abteilungen, Arbeitsbereiche und Entscheidungsebenen sein oder Kategorien wie Produkt, Management, Mitarbeiterinnen und Mitarbeiter, Produktion usw. Oder klassische Analysekategorien: Starken und Schwächen, Chancen und Risiken.

4. Mit der *Ein-Punkt-Frage* können Sie Erwartungen, Einstellungen, Meinungen zu einem Thema visualisieren und Rückmeldungen einholen.[6]

Die erste Moderation

Müssen Sie das alles können, was auf den letzten Seiten angesprochen wurde? Nein. *Wissen* sollten Sie, worauf es ankommt. Auch dann, wenn Sie nicht selbst moderieren. Vielleicht müssen Sie einen Moderator, eine Beraterin engagieren. Wie für eine Reihe anderer Themen in diesem Handbuch, zum Beispiel Krisenkommunikation oder Ghostwriting, gilt für diesen Fall: wissen, worauf es ankommt, um kompetente Ansprechpartnerin, kompetenter Gesprächspartner sein zu können.

Fangen Sie klein an, wenn Sie keine Moderationserfahrungen haben. Mit nicht sehr komplizierten Herausforderungen. Vermeiden Sie, wenn es geht, kontroverse Themen. Nicht konflikthaltig sollten zum Beispiel folgende Themen sein: Wie organisieren wir den nächsten Betriebsausflug? Wie sollen langjährige Mitarbeiterinnen und Mitarbeiter künftig geehrt werden? Wie wünschen wir uns die nächste Weihnachtsfeier?

5.7   Virtuell präsent sein: Videokonferenz

Sitzen die Teilnehmer*innen einer Besprechung im Homeoffice oder in einer anderen Stadt, diszipliniert dies deutlich weniger als eine Besprechung, in der alle Teilnehmer*innen an einem Tisch sitzen.[7] Gleichwohl gelten die gleichen Kommunikationsgrundsätze wie in Präsenz-Situationen. Und die folgenden vier Besonderheiten.[8]

1. Gesehen werden
Video heißt „ich sehe". Rücken Sie sich in rechte Licht, damit Sie ein gutes Bild abgeben. Ihr Raum muss ausreichend ausgeleuchtet, die Lichtquelle sollte hinter der Kamera sein. Prüfen Sie – bevor es losgeht –, ob das Tageslicht ausreicht.

---

[6] Wenn Sie in eine Suchmaschine „Ein-Punkt-Frage" eingeben, finden Sie viele Anregungen, wie Sie dieses Verfahren kreativ anwenden können.

[7] Schaltet ein Teilnehmer gelangweilt Kamera und Mikrofon aus, ist nicht auszuschließen, dass ein technisches Problem die Ursache für den Verbindungsabbruch ist. „Mit der Digitalisierung steigen generell die Möglichkeiten zur Verstellung und Heuchelei." (Kaube 2022, S. 10).

[8] Über hybride Meetings, an denen sowohl „Anwesende" als auch „Zugeschaltete" teilnehmen, informiert Föhr (2021).

Achten Sie vor allem auf den Bildausschnitt: Die Kamera sollte auf Augenhöhe sein. Halten Sie virtuellen Blickkontakt: Schauen Sie in die Kamera, wenn Sie sprechen. Vermeiden Sie Nahaufnahmen. Zeigen Sie mehr als Kopf und Schultern. Zeigen Sie, das ist mit einigem Abstand von der Kamera möglich, Oberkörper und Arme. Dieser Bildausschnitt ermöglicht es Ihnen, (zurückhaltend) zu gestikulieren. Selbstverständlich: Ihr Schreibtisch ist aufgeräumt, hinter Ihnen ist eine einfarbige Wand oder ein Bücherregal zu sehen. Mehr nicht.

2. Die anderen sehen
In Seminaren und Besprechungen nehmen wir (in der Regel) die anderen Teilnehmerinnen und Teilnehmer aktiv wahr. In Videomeetings konzentriert sich die Aufmerksamkeit häufig auf die eigene Person – vor allem dann, wenn man sich die ganze Zeit selbst sehen kann. Selbstaufmerksamkeit ermöglicht, das eigene Verhalten zu reflektieren und (wenn notwendig) zu verändern.

Diese Stärke kann zum Problem werden. Die beständige Anstrengung, „ein gutes Bild abgeben" zu wollen, ermüdet und erschwert es, den Ausführungen der anderen Teilnehmerinnen zu folgen.

Was tun, um dieses Problem zu vermeiden? Das eigene Bild – falls technisch möglich – ausblenden (Moskaliuk 2021, S. 6). Hilfreich ist es zudem, die Aufmerksamkeit bewusst auf die anderen Teilnehmer zu lenken.

3. Gehört werden
Wenn Sie sprechen, sollten nur Sie zu hören sein, keine Katze, kein Geschirrklappern und keine Musik. Ihr Handy ist ausgeschaltet. Sie sollten nur dann zu hören sein, wenn Sie *sprechen*. Darth Vader ist kein Vorbild für Videomeetings: Ein Meter Abstand vom Mikrofon sorgt dafür, dass man Sie nicht atmen hört.

4. Aufmerksam und geduldig sein
Multitasking ist unhöflich. Checken oder schreiben Sie keine Mails während des Meetings – *Candy Crush* und andere Spiele sind tabu.

In Online-Gesprächen fällt die Unsitte, andere zu unterbrechen, besonders unangenehm auf. Lassen Sie Ihre Gesprächspartner*innen immer ausreden. Warten Sie einen Moment länger als in analogen Situationen, bevor Sie das Wort ergreifen, da es nicht selten zu Ton- oder Bildverzögerungen kommt.

5.8   Gelassen mit Lampenfieber umgehen

Judith Rakers sollen während ihrer ersten Sendung vor Aufregung die Beine geschlottert, Robbie Williams soll Konzerte wegen Nervosität abgesagt haben. Lampenfieber plagt Barbra Streisand und machte Chopin das Leben schwer.

„Das menschliche Gehirn", soll Mark Twain einmal spöttisch bemerkt haben, „funktioniert vom Augenblick der Geburt bis zu dem Zeitpunkt, wo Du aufstehst, um eine Rede zu halten." Nervosität vor einem Auftritt ist keine Seltenheit. Lampenfieber haben selbst Künstlerinnen, von denen man es nie vermutet hätte, und Künstler, denen die Aufregung nicht anzusehen ist.

Von einem Vortrag oder einer Präsentation kann viel abhängen – zum Beispiel ein Schritt nach oben auf der Karriereleiter. Lampenfieber ist ein körperliches Signal: Achtung, wichtig! Anstrengung lohnt! Insofern ist Lampenfieber funktional. Aber unangenehm. Was lässt sich dagegen unternehmen?

Sich Lampenfieber gestatten

Wenn Erfahrung, Übung und Routine mit Vorträgen und Diskussionen in großer Runde fehlen, mit Reden vor dem Mikrofon und im Umgang mit versierten Bluffern, Vielrednerinnen, Besserwissern usw., wenn man unsicher ist, wie man rhetorische Strategien abwehrt und gekonnt argumentiert – dann sind Aufregung, Anspannung und Nervosität normale Stressreaktionen.

Das ist nicht angenehm, aber wichtig zu wissen. Es bedeutet, sich seiner Situation bewusst, selbstbewusst zu sein. Und man kann sich einräumen, zu lernen, was man noch nicht kann.

Wenn Sie sich zum ersten Mal am Berg abseilen oder nach einigen Übungsstunden im Swimmingpool im offenen Meer tauchen, sind Sie aufgeregt, nervös, angespannt oder unsicher. Sie wollen Klettern oder Tauchen lernen. Sie nehmen die Aufregung, Nervosität, Anspannung oder Unsicherheit auf sich, weil Sie zuversichtlich sind, dass Sie die Anforderungen meistern. Und Sie nehmen die Freude vorweg, *richtig* Klettern oder Tauchen zu können. Erfolgszuversicht und Vorfreude lassen Sie Risiken eingehen.

Sie wissen: Tauchen oder Abseilen müssen Sie lernen. Reden auch. Es muss und kann gelernt werden, Vorträge und Reden zu halten, Workshops zu moderieren und Diskussionen zu leiten. Es muss geübt werden, Gedanken, Ideen und Argumente in eine für Zuhörerinnen und Zuhörer verständliche und interessante Form zu bringen. Diese Fähigkeit ist kein Nebenprodukt der Aneignung von Fachkompetenz.

Erfolgszuversichtlich sein

Wenn ich einen Vortrag halte, geht das schief. Wenn es schiefgeht, kann ich mit den Konsequenzen nicht umgehen. Mit solchen und ähnlichen Gedanken machen sich viele das Leben schwer.

Eine rationale Betrachtung der Anforderungen, die zum Beispiel mit einer Präsentation verbunden sind, und ein selbstbewusster Blick auf die bisherigen Erfahrungen mit Herausforderungen führen meist zu folgendem Ergebnis: Ich war schon häufiger aufgeregt, habe aber noch keine Katastrophe erlebt. Wenn ich mich sorgfältig vorbereitet habe, geht mein Auftritt *nicht* schief. Und die Welt geht *nicht* unter, wenn mir zwei oder drei Sätze verunglücken, wenn ich an einer Stelle hängen bleibe oder am Anfang rot werde. Mit diesen Schwächen werde ich fertig.

Gelingt diese selbstbewusste Betrachtung von Anforderungen und Erfahrungen, ist das ein gutes Stück auf dem Weg zum selbstsicheren Auftreten.

Stress-Symptome zulassen

Verlangen Sie, wenn sich vor einer Rede oder Präsentation Stress-Symptome einstellen, nicht zu viel von sich; verlangen Sie nicht, dass Sie sich wohlfühlen. Dieser Zustand lässt sich nicht herbeizaubern. Er ist Ergebnis von Übung und Erfahrung.

Konzentrieren Sie Ihre Energie auf Ihre Rede. Und machen Sie sich bewusst: Das Publikum kann nicht in Ihr Innenleben schauen. Die Zuhörerinnen und Zuhörer sehen nicht, dass Ihr Blutdruck steigt oder Ihr Herz höherschlägt. Ihr Publikum hört auch in den meisten Fällen nicht Ihre Stimme „zittern" (wir hören uns anders reden – mit dem „Innenohr" – als die anderen, die unsere Stimme mit dem „Außenohr" aufnehmen). Und niemand hält einen Versprecher oder einen verunglückten Satz für eine Katastrophe oder eine Zumutung.

Rhetorische Glanzleistungen sind rar. Die meisten Zuhörerinnen und Zuhörer sind deshalb zufrieden, wenn eine Rede „Hand und Fuß" hat, wenn ein Diskussionsbeitrag verständlich ist oder zum Nachdenken anregt. Wer dann noch gekonnt visualisiert und das Publikum nicht mit *PowerPoint* traktiert, bietet mehr, als gewöhnlich zu sehen und zu hören ist.

Sie müssen auch nicht die warme (und für Männer: tiefe) Idealstimme haben. Es genügt, verständlich, nicht zu schnell, nicht zu leise zu sprechen und sowohl die Sprechgeschwindigkeit als auch die Lautstärke zu variieren. Viele Stars und Sternchen waren und sind auf vielen TV-Kanälen der nervige Beweis, dass Karriere auch mit einer Quäkstimme möglich ist. Und in Süddeutschland müssen Ministerpräsidenten so manches können, aber kein Hochdeutsch.

Die Situation angemessen bewerten

Viele Menschen kokettieren damit, von Mathematik *überhaupt keine Ahnung* zu haben. Je weniger sie Mathematik in ihrem Beruf brauchen, desto größer ist die Wahrscheinlichkeit, dass sie bei jeder passenden oder unpassenden Gelegenheit bekennen, von Mathematik *überhaupt keine Ahnung* zu haben.

Wer so spricht, mag Mathematik nicht und braucht Mathematik (scheinbar) nicht. Wer so spricht, macht eine Voraussetzung: Niemand verlangt oder erwartet, dass ich in Mathematik fit sein muss.

Viele Menschen würden gerne Klavier, Geige oder ein anderes Instrument spielen können. Dass sie es nicht können, schmälert nicht ihr Selbstwertgefühl. – Kurz: Mathematische und musikalische Fähigkeiten sind in diesen Beispielen nicht wichtig für das eigene Selbstwertgefühl.

Das ist beim Reden vor (großem) Publikum für viele anders. Die eigene Bewertung bewegt sich zwischen zwei Polen: Selbstbewusstsein und Selbstüberforderung.

Selbst*bewusst* heißt – als stiller Dialog formuliert: Ich habe keine Routine. Deshalb ist die nächste Präsentation eine gute Übungsmöglichkeit. Ich will in der vorgegebenen Zeit mein Thema präzise und verständlich vortragen. Rhetorische Glanzleistungen hebe ich mir für die übernächste Präsentation auf.

Selbst*überforderung* meint die Anforderung, keine Fehler machen zu dürfen, perfekt sein zu müssen. Selbstüberforderung wird durch Gebote und Verbote gesteuert: *Ich darf nicht rot werden. Ich muss sicher wirken. Mir darf kein Satz verunglücken. Ich muss meine Rede ohne Versprecher bestreiten.*

Das sind hausgemachte Vorschriften. Was wird tatsächlich verlangt?

*   Eine verständliche Präsentation – kein rhetorisches Feuerwerk,
*   eine strukturierte Rede – kein perfekter Auftritt,
*   Sachkenntnis – keine Perfektion,
*   eine klare Meinung – kein Glanzstart,
*   ein origineller Gedanke, ein interessanter Gesichtspunkt – keine Show.

Sie müssen die Zuhörer*innen nicht, wie in vielen Rhetorik-Ratgebern gefordert wird, in Ihren *Bann ziehen*, sondern verständlich und anschaulich informieren.

Folgen Sie dem Motto, ich bin nur dann gut, wenn das Publikum mich gut findet, erhalten andere enorme Macht über Ihr Selbstwertgefühl: Richten Sie Ihre viel Energie darauf, einen guten Eindruck zu machen, geht notwendige Energie für die Aufbereitung meines Themas verloren.

Welche Alternative gibt es zu dieser „narzisstischen Falle" (Winkler und Commichau 2012, S. 17), zur Konzentration aufs Gut-Dastehen?

1. Sich *auf die Aufgabe konzentrieren*, einen Sachverhalt oder ein Anliegen für die Zuhörerinnen interessant aufzubereiten. *Wie erreiche ich meine Zuhörerinnen und Zuhörer?* Statt: Wie mache ich einen guten Eindruck?
2. *Gute Vorbereitung*; sie hilft enorm.
3. Der *positive Blick:* Steckt in dem, was „Fieber" auslöst, auch Erfreuliches? Spricht man zum Beispiel über etwas Interessantes, hat man zum ersten Mal die Möglichkeit, vor einem großen oder wichtigen Publikum zu sprechen? Wurde man freundlich und mit wohlwollendem Applaus begrüßt? Blickt man in erwartungsfrohe Gesichter?

5.9   Genderlekte: Geschlecht, Sprache und Gesprächsverhalten

68,7 von 100 Punkten. Deutschland liegt europaweit nur knapp über dem Durchschnitt: auf Platz 11, im Ranking der Gleichstellung von Frauen und Männern (Frehler 2022, S. 6).

Die „Gleichstellung von Frauen und Männern muss in diesem Jahrzehnt erreicht werden", heißt es im Ampel-Koalitionsvertrag von 2021. Die Zeit drängt, soll dieses Ziel erreicht werden – wie der aktuelle Stand Gleichstellung zeigt.[9]

Die patriarchalische Struktur unserer Gesellschaft ist auch in die Sprache eingeschrieben. Kommt man mit einem Problem klar, be*herr*scht man es oder löst es gar staats*männ*isch. Von einem Raben*vater* wird sehr selten gesprochen, häufig jedoch von der Milch*mädchen*rechnung. Zwar lässt der Kavalier der Damen den Vortritt, aber sonst gilt: Männer first: Adam und Eva, Tristan und Isolde, Romeo und Julia. In der Populärkultur: Sonny & Cher, Tarzan & Jane, Harry & Sally, Harold & Maude. Aus Michael wird Michaela abgeleitet, aus Peter Petra. Aus dem Arzt wird

---

[9]Vergleiche zum Beispiel die Daten des Statistisches Bundesamtes zu Verdienstunterschieden (destatis 2022) und zum Frauenanteil bei Hochschulprofessuren (destatis 2021). In den DAX-Konzernen lag 2022 der Frauenanteil in den Vorständen bei nur 14 %. Lediglich drei börsennotierte Konzerne haben ein ausgewogenes Verhältnis zwischen Frauen und Männern (ARD 2022). Auch in deutschen Medienhäusern sind „Männer klar im Vorteil" (Beer 2023, S. 19). Siehe auch Garsoffky/Sembach (2022).
Bis zur Gleichstellung von Frau und Mann dauert es beim aktuellen Tempo im weltweiten Durchschnitt noch über 130 Jahre. Das ergab eine Analyse der Stiftung des Weltwirtschaftsforums (2021).

die Ärztin. Aus der Hebamme wird kein Hebammer, und es gibt weder Kindergärtner noch den alten Jungferich. Und selbst das ist möglich: Wer *seine* Tage hat, *der* ist manchmal launisch.

Frauen sind keine Männer
Sprache widerspiegelt die Ungleichheit zwischen den Geschlechtern in unserer Gesellschaft. Doch während sich in den meisten Texten hartnäckig das generische Maskulin hält – mittlerweile oft verbunden mit der Zusicherung, Frauen seien stets „mitgemeint" –, hat sich in der gesprochenen Sprache etwas getan: Kein Landespolitiker und keine Bundespolitikerin spricht heute nur Männer an, sondern adressiert Bürgerinnen und Bürgern, redet von Patientinnen und Patienten.

Gleichwohl treibt geschlechtergerechte Sprache so manchen auf die Barrikaden. Der CDU in Thüringen ist Gendern so verhasst, dass sie mit der AfD gemeinsame Sache macht (Nimz 2022). Die Hamburger CDU verabschiedete 2021 auf ihrem Landesparteitag eine Resolution, in der sie sich dafür ausspricht, „dass in allen Behörden, Schulen, Universitäten und anderen staatlichen Einrichtungen keine grammatisch falsche Gender-Sprache verwendet wird". Papst Franziskus sieht in der „Gender-Ideologie" einen „Weltkrieg gegen die Ehe", der Verein Deutsche Sprache im „Gender-Unfug" einen „zerstörerischen Eingriff in die deutsche Sprache". Für die AFD im Bundestag ist der Genderstern ein Angriff „linksideologischer Wirrköpfe".

Gendern meint, so der *Duden*, „bestimmte sprachliche Mittel verwenden, um Menschen aller Geschlechtsidentitäten sprachlich sichtbar zu machen."

Meine Auffassung macht der rege Gebrauch des Gendersterns deutlich: Sprache gestaltet Wirklichkeit. Die Worte, die wir wählen, machen Menschen sichtbar oder unsichtbar. Deshalb halte ich geschlechtergerechte Sprache nicht nur kommunikativ für geboten.

Ist nur von Männern die Rede, werden Frauen entnannt. Das ist für die Wahrnehmung der Geschlechter nicht folgenlos (vgl. Elsen 2020) – und misslungene Kommunikation: Frauen wollen nicht *mit*gemeint sein, sondern angesprochen werden, aber nicht als Mitarbeiter oder Kollege, sondern als Mitarbeiterin und Kollegin. Kommunikation grenzt aus, werden die Zuhörerinnen oder Teilnehmerinnen lediglich in der Begrüßung als Bürgerinnen oder Sportlerinnen angesprochen.

Sie müssen nicht gendern, sollten jedoch die Wirkung von Sprache bedenken. Selbstbewusste Frauen wollen nicht mitgemeint, sondern angesprochen bzw. genannt werden.

Große Mühe macht Gendern nicht. Professorinnen und Professoren zum Beispiel ist leichter auszusprechen als Verkehrsinfrastrukturfinanzierungsgesellschaft oder Bundeswehrbeschaffungsbeschleunigungsgesetz. Klägerinnen und Kläger erschwert nicht das Verständnis eine Rede, sondern macht sie präziser, weil klar ist, über wen gesprochen wird. Und die Genderpause zwischen Nachbar * in (auch gesprochenes Gendersternchen genannt) erfordert keine sprachliche Akrobatik.

Beide Geschlechter nennen, ist nicht neu. Johann Christoph Gottsched, Schriftsteller und Sprachforscher, empfahl 1748: „Alle Namen, Würden und Verrichtungen des Frauenvolkes sind weiblichen Geschlechts." (Zit. in Berg 2022, S. 21). Und im Koran heißt es in Sure 33, Vers 35: „Siehe, die ergebenen Männer und Frauen,/Die gläubigen Männer und gläubigen Frauen, /Die gottesfürchtigen Männer und gottesfürchtigen Frauen,/…"

In Texten können Sie das Binnen-I: AdressatInnen oder den Genderstern verwenden, der in vielen staatliche Einrichtungen genutzt wird: Mitarbeiter*innen (Menschen, die sich weder dem weiblichen noch dem männlichen Geschlecht zuordnen, haben das Recht auf eine geschlechtsneutrale Anrede. Urteilte 2020 das Landgericht Frankfurt am Main).

Eine weitere Möglichkeit haben Sie in diesem Buch kennengelert: der Wechsel zwischen männlichen und weiblichen Bezeichnungen. Die eine oder der andere. Der Leser und die Hörerin.

Häufig genügt es, auf *der* zu verzichten. Wie in der Arie *In diesen heil'gen Hallen* aus der *Zauberflöte*: „Wen solche Lehren nicht erfreu'n, verdienet nicht …" Ein zeitgenössisches Beispiel: Wer gegen Rassismus ist, wählt nicht AfD.

Schließlich hilft ein wenig Fantasie immer:

*   Alle, (die diesen Ansatz kritisieren … – statt: alle Kritiker);
*   Reisende wollen es bequem haben. – statt: Der Reisende will …;
*   Wer für Gleichberechtigung ist, gendert – statt: … der gendert.[10]

Geschlechtsneutrale Formulierungen – Reisende, Fachkräfte, Studierende, Lehrende – sind nur zweite Wahl. Der Grund: Geschlechtsneutrale Formulierungen rufen, belegen zahlreiche Untersuchungen, „bevorzugt männliche Assoziationen hervor", während das Binnen-I oder der Genderstern dazu führt, dass entschieden häufiger Frauen als handelnde Subjekte assoziiert werden (Elsen 2020, S. 90, s. a. Stefanowitsch 2020, S. 20).

---

[10] Mehr zum Thema: Müller-Spitzer (2022), Lind, Nübling (2022) und auf den Seiten des European Institute for Gender Equality: https://eige.europa.eu/publications/gender-sensitive-communication.

Geschlecht, Sprach- und Gesprächsverhalten

Ich habe das Kapitel nicht „geschlechtergerechte Sprache" überschrieben, weil es um mehr geht, als angemessen zu gendern. Wir erleben es täglich in Bus und Bahn: Ein Mann macht sich dort breit, wo zwei Menschen bequem Platz hätten.

Allgemeiner: Es gibt weibliche und männliche Muster zu sitzen, zu stehen, zu gehen und zu reden. Männer sitzen mit breiten oder ausgestreckten Beinen, beanspruchen Platz. Bei Frauen ist das eine selten anzutreffende Sitzhaltung. Die meisten Männer sprechen lauter als Frauen. Frauen signalisieren in Gesprächen Zuwendung – durch Blickkontakt, ein Lächeln oder Kopfnicken.

Frauen stehen bestimmte Dominanz-Muster nicht zur Verfügung. Der männliche Chef kann sich unterschiedliche Unhöflichkeiten leisten, zum Beispiel sich nachlässig auf dem Stuhl fläzen, um seinen Status zu unterstreichen. Würde eine Chefin dieses Verhalten imitieren, würde sie Befremden auslösen.

Frauen laufen Gefahr, in eine der zahlreichen Bewertungsfallen zu geraten. Die folgende Beobachtung von Deborah Tannen ist über ein Vierteljahrhundert alt: Frauen stehen vor einem Konflikt. „Wenn sie so sprechen, wie es von Frauen erwartet wird, spricht man ihnen ihre Führungsqualitäten ab. Wenn sie so sprechen, wie man es von Führungskräften erwartet, stellt man ihre Weiblichkeit in Abrede." (1991, S. 270)

Heute sind Frauen noch vielfach mit diesem und ähnlichen Dilemmata konfrontiert – mit Zuschreibungen und Erwartungen, die nirgends festgeschrieben sind und auch nicht zum anerkannten Wertekanon unserer Gesellschaft gehören, aber hartnäckig wirksam sind: Reden Frauen leise und zurückhaltend, werden sie nicht beachtet. Sprechen Frauen bestimmt und selbstbewusst, kann das als „unweiblich" oder „zickig" ausgelegt werden. Kritisiert ein Wissenschaftler eine Wissenschaftlerin, ist das nicht ungewöhnlich. Kritisiert eine Wissenschaftlerin einen Wissenschaftler, kann ihr das, die Direktorin des Leibnitz-Instituts für Friedens- und Konfliktforschung hat es zum Beispiel auf Konferenzen erlebt, als „aggressiv" vorgehalten werden (Scholz 2017, S. 59).

Männer verfügen über ein breites Spektrum an Strategien, mit denen sie Gespräche dominieren: Sie sprechen bestimmt, auch wenn sie nicht sicher sind. Männer unterbrechen Frauen häufiger als Männer. Sie unterbrechen Frauen mit Bemerkungen, die sie gegenüber Männern nicht machen: mit Kommentaren, die sich auf das Aussehen, die Kleidung usw. beziehen.

Selbst wenn Männer sich zurückhalten, kann das noch ein Dominanz-Mechanismus sein. Entweder sagen sie nichts, um zu signalisieren, dass es sich um ein unwichtiges „Frauenthema" handelt, um „Gedöns", wie ein ehemaliger Bundeskanzler gerne formulierte: „Lass *das* mal die Frauen regeln." Oder sie haben von einem Karriere-Coach gelernt, Macht zu demonstrieren, indem man Äußerungen übergeht und auf Fragen nicht reagiert. Wie umgehen mit diesen, zurückhaltend formuliert, Bedingungen und Differenzen? Nachahmung oder Anpassung wäre eine schlechte Wahl. Wer in die Fußstapfen anderer tritt, kann keine eignen Wege gehen. Die Alternative: Verzicht und Selbstfürsorge.

Weniger ist mehr
Verzicht kann – nicht nur im Konsumverhalten – eine gute Wahl sein. Verzicht darauf, es allen *recht machen* zu wollen, Verzicht auf den Wunsch, von *allen* gemocht zu werden. Und auch darauf kann jede Frau gewinnbringend verzichten:

* *Das eigene Licht unter den Scheffel stellen.* Besser: Stärken zeigen. Geschieht dies *sachbezogen* statt ich-zentriert, müssen Sie sich keine großen Sorgen machen, als Angeberin zu gelten.
* *Die Probleme anderer zu den eigenen machen.* Die Alternative: Hilfsbereit sein *und* selbstfürsorgend mit den eigenen Bedürfnissen umgehen.
* *Stets um Harmonie besorgt sein.* Hilfreicher: Konflikte austragen – ohne auf Sieg und Niederlage zu setzen.
* *Alles auf sich beziehen.* Im *beruflichen* Umgang mit Männern kann es nützlich sein, das Beziehungsohr (vgl. 3.3) häufiger auf Durchzug zu stellen. Männer meinen zum Beispiel Unterbrechungen nicht immer persönlich, sie unterbrechen alle (bis auf ihre Vorgesetzten). Wer dieses Verhalten persönlich nimmt, macht sich das Leben unnötig schwer. Die meisten Frauen schauen ihre Gesprächspartnerinnen und Gesprächspartner an, nicken usw.; sie signalisieren: Ich höre zu. Männer halten sich mit solchen Signalen zurück. Nehmen Sie das Fehlen von Signalen der Zuwendung nicht persönlich. Es ist einfach eine Männerhaltung.

Für sich sorgen
Ich rate, den Verzicht um Selbstfürsorge zu ergänzen: in Gesprächen und Auseinandersetzungen für eine gleiche Gesprächsebene zu sorgen und sich nicht unterbrechen zu lassen. Kurz: nicht zurückzustecken.

Für eine gleiche Gesprächsebene sorgen
Startet ein Mann einen Versuchsballon, um herauszufinden, ob er Sie von oben herab behandeln kann oder Sie ernst nehmen muss – lassen Sie den Ballon platzen. Machen Sie deutlich: Ich kommuniziere nur auf gleicher Ebene. Ich lasse mich weder verunsichern noch abwerten oder ausfragen.

Lachen Sie nicht über Männerwitze, in denen Frauen abgewertet werden. Solche Witze sind nicht nur unhöflich oder peinlich. Bei solchen Witzen geht es um Überordnung und Unterordnung: Wer darf über wen herziehen, wer darf auf wessen Kosten lachen? Sagen Sie, dass Sie solche Witze nicht komisch finden, sondern diskriminierend.

Sich nicht unterbrechen lassen und auf Antworten bestehen
Lassen Sie sich nicht unterbrechen. Lassen Sie Ihre Fragen oder Vorschläge nicht untergehen, sondern sorgen Sie dafür, dass sie beantwortet bzw. aufgegriffen werden:

- „Lassen Sie mich bitte ausreden."
- „Ich möchte meinen Gedanken zu Ende führen."
- „Ich möchte, dass Sie meine Frage beantworten."
- „Ich möchte, dass du auf meinen Vorschlag eingehst."

Nicht zurückstecken
Männer machen gerne einen wortgewaltigen Eindruck. Sie starten aus der *Poleposition* und loben sich: „Wie wir die Verhandlungen mit dem CEO der Ratingagentur geführt haben, war wirklich ein *sauberes As.*" Während der Versuch des CEO, schnell mit einer Einschätzung *ans Netz zu gehen*, ein Fehlstart war.

Starke *Kampf*sätze aus der Sportwelt. Kein Grund, künftig den Sportteil zu lesen! Es genügt, nicht „durch die Blume" zu sprechen, sondern Klartext.

Durch die Blume meint: Sie kritisieren einen Mann, der den Start einer Werbekampagne vermasselt hat, mit den Worten: „Das war ja wohl ein etwas unglücklicher Start." Diese Bewertung kann mit dem Urteil „Rohrkrepierer" nicht mithalten. Die Empfehlung, nicht „durch die Blume reden", meint jedoch nicht, sich der gleichen Sprache wie Männer zu bedienen. Gemeint ist vielmehr, eine *deutliche* Sprache zu sprechen.

Investieren Sie Ihre Energie in gute Arbeit, um praktisch für Bedingungen zu sorgen, die Männer-Sprüchen den Boden entziehen. Und lassen Sie fünf auch einmal gerade sein. Ein Beispiel: Antje Kluge ist die erste Referentin in einem Team von elf (eher älteren) Männern. In der ersten Teamsitzung stellt sie sich vor. Einer ihrer neuen Kollegen: „War ja auch Zeit, dass wir mal was Hübsches bekommen." „Ja", antwortet Antje und schaut alle der Reihe nach lächelnd an, „das *sehe* ich auch so."

Unsicherheitssignale vermeiden

Männer gehen in Diskussionen meist von festen Positionen aus, die sie hartnäckig verteidigen. Frauen formulieren ihre Positionen gewöhnlich offener, nicht als endgültige Meinung, sondern als Angebot zum gemeinsamen Weiterdenken. Offenheit, Impulse zum Weiterdenken geben – das sind Diskussionstugenden. Damit diese Tugenden in Diskussionen nicht zum Standortnachteil werden, gilt es, Unsicherheitssignale zu vermeiden.

Die Weichmacher, die ich anführe, werden überhört, wenn sie von Vorgesetzten oder Prominenten formuliert werden, denen der Status einer Autorität oder Koryphäe zugeschrieben wird. Wenn zwei das Gleiche sagen, ist es also – in der Wirkung – nicht dasselbe. Wenn auf einer Besprechung, Konferenz oder Tagung der Status der Beteiligten erst ausgelotet wird, wenn Autorität sich erst im Verlauf einer Diskussion herstellt – dann sind Weichmacher ein Klotz am Bein.

Fragen statt Aussagen
- „Diese Auffassung ist doch nicht haltbar, nicht wahr?"
- „Ist das nicht eine unzulässige Verallgemeinerung?"

Wenn Sie wissen möchten, ob eine Behauptung, Meinung oder These haltbar ist, stellen Sie eine Frage. Wenn Sie der Auffassung sind, dass eine These nicht haltbar ist, vertreten Sie Ihre Meinung:

- „Ich meine, dass diese Auffassung nicht haltbar ist, weil …"
- „Ich halte das für eine unzulässige Verallgemeinerung."

Diese Formulierungen sind angemessen und selbstbewusst. In die Kategorie der Weichmacher, die signalisieren: *Ich brauche Zustimmung*, gehören auch: „Könnte es nicht sein …?" „Meinst du nicht auch …?" „Sollten wir nicht besser …?"

Demutskonjunktiv
- „Ich würde sagen, es geht an diesem Punkt um die Entscheidung, ob …"
- „Ich fände es besser, …"
- „Eigentlich wollte ich …"

In diesen Sätzen wird der Konjunktiv falsch eingesetzt. Ein Sprachschnitzer ist kein Problem; die unausgesprochene Botschaft ist problematisch: *Gestatten Sie mir, dass ich das sage. Ich bin bereit, es jederzeit anders zu sehen.*

Sprechen Sie *würde*-los

- „Ich meine, es geht um die Entscheidung, ob ...“
- „Ich finde es besser, ...“
- „Ich möchte (meine) ...“

Wer bin ich denn schon? Entschuldigungen

- „Ich bin keine Expertin auf diesem Gebiet.“
- „Das ist nur so eine Idee vor mir.“
- „Mehr fällt mir dazu nicht ein.“
- „Ich meine bloß.“
- „Ich weiß ja nicht, ob das jetzt passt (dazugehört).“
- „Es tut mir leid, aber ich kann keinen Zusammenhang zwischen ... sehen.“
- „Vielleicht bringt uns das nicht weiter, aber ...“

Diese Selbstauskunft signalisiert: *Mit mir ist nicht viel los.* Und damit auch die Beziehungsaussage: *Nehmen Sie das, was ich sage, nicht so wichtig.* Deshalb: Aussagen nicht abschwächen, sich oder die eigene Meinung nicht abwerten oder kleinmachen. Mit Dementi dieser Art untergraben Sie Ihre Autorität und laden zur Kritik ein. Selbstbewusst klingt so:

- „Ich mache folgenden Vorschlag: ...“ (Statt: *Das ist nur so eine Idee vor mir*)
- „Soweit meine Überlegungen zu diesem Punkt.“ (Statt: *Mehr fällt mir dazu nicht ein)*
- „Ich sehe keinen Zusammenhang zwischen ...“ (Statt: *Es tut mir leid, aber ich kann ...)*

Leistungen nicht kleinreden
Einen ähnlichen Effekt haben Formulierungen, die die eigenen Leistungen als Zufall oder Glücksfall darstellen und die eigenen Fähigkeiten durch Diminutive abschwächen:

- „Mit der Entscheidung, mehr ins Telefonmarketing zu investieren, bin ich zufällig in die richtige Richtung gegangen.“
- „Ich habe das ziemlich (eigentlich, irgendwie) gut hinbekommen.“
- „Ich möchte ein bisschen über die Ergebnisse meiner Recherchen erzählen.“

Wer etwas geleistet hat, braucht das nicht kleinzureden. An dieser Arbeit versuchen sich häufig genug andere. Deshalb (ohne dick aufzutragen):

- „Es war eine gute Entscheidung von mir, mehr ins Telefonmarketing zu investieren."
- „Ich habe das gut hinbekommen."
- „Ich informiere Sie gerne über die Ergebnisse meiner Recherchen" (nie *ein bisschen* und *erzählen* bleibt Geschichten aus dem Urlaub oder Märchen für die Kinder vorbehalten).

Darf ich auch was sagen?
- „Wenn ich auch einmal etwas dazu sagen darf?"
- „Ich würde gerne einmal fragen ..."

Beginnen Sie einen Diskussionsbeitrag nicht mit der Bitte um das Rederecht. Dieses Recht steht Ihnen zu. Sprechen Sie einleitungsfrei. Wenn Sie höflich sein möchten, dann richtig:

- „Das ist eine *interessante* These. Ich stimme ihr in einer Hinsicht nicht zu: ..."
- „Das sind *spannende* Befunde. Haben Sie auch Daten über ... erhoben?"

Höflichkeits*floskeln* und der Demutskonjunktiv wirken wenig souverän.

Wir, man oder es statt ich
- „Müsste man nicht erst klären, ob ...?"
- „Wir sollten wieder zum Thema zurückkommen."
- „Jetzt wäre es gut, eine Pause zu machen."

In diesen Aussagen wird die eigene Person versteckt; Meinungen werden als Frage formuliert. Selbstbewusst wirken Ihre Aussagen dann, wenn Sie Verantwortung übernehmen und sich keine Rückzugsmöglichkeiten offenhalten:

- „*Ich* möchte, dass wir zum Thema zurückkommen."
- „*Ich* meine, wir müssen erst klären, ob ..."
- „*Ich schlage vor,* eine Pause zu machen."

Die Vermeidung des Personalpronomens *ich* mag als ein Kennzeichen von Höflichkeit oder Bescheidenheit verstanden werden. In Gesprächen macht ein offenes *Ich* interessant, in Diskussionen und Vorträgen macht ein *Ich* Eindruck. Meine ich.

5.10   Literaturempfehlungen

Reden schreiben: Ghostwriting
Andreas Franken, Friedhelm Franken,: Handbuch Redenschreiben. Berlin 2011
Markus Franz: Reden. Schreiben. Wirken und ganz nebenbei ein besserer Mensch
    werden. Essen 2015
Beeindrucken statt beamen: Worauf es bei Präsentationen ankommt
Martin Hartmann, Rüdiger Funk, Horst Nietmann: Präsentieren. 10. Aufl. Wein-
    heim/Basel 2018
Susanne Weiss, Michael Sonnabend: Schreiben, bloggen, präsentieren. Essen 2011
Lesungen, Vorträge, Podiumsdiskussionen moderieren
Nicole Krieger: Die Gastgeber-Methode. 2. Aufl. Weinheim/Basel 2022
Probleme lösen, Ziel entwickeln: Gruppen moderieren
Leon Houf, Rüdiger Funk, Alexander Zoll: Mini-Handbuch Moderation: klassisch,
    agil, digital. Weinheim/Basel 2020
Gelassen mit Lampenfieber umgehen
Maud Winkler, Anka Commichau: Reden. Handbuch der kommunikationspsycho-
    logischen Rhetorik. 3. Aufl. Reinbek 2012
Genderlekte: Geschlecht, Sprache und Gesprächsverhalten
European Institute for Gender Equality: Gender-sensitive communication. https://
    eige.europa.eu/publications/gender-sensitive-communication
Wissenschaftlichen Referent*innen empfehle ich:
Norbert Franck: Wissenschaft gekonnt präsentieren. Paderborn 2023

Öffentlich kommunizieren: Professionell Medien und Öffentlichkeit informieren

Große Stiftungen, Hochschulen und Ministerien, Verbände und die im Bundestag vertretenen Parteien haben eine Kommunikationsabteilung mit unterschiedlichen Zuständigkeiten für Pressearbeit, die allgemeine Öffentlichkeitsarbeit, für Online-Medien und die Kunden*innen- oder Mitgliederzeitung. Große Konzerne haben einen großen PR-Stab.

Der persönliche Referent des Unipräsidenten, die persönliche Referentin des Verbandsvorsitzenden und die Fachreferenten in Parteien und Ministerien sollten die Herausforderungen kennen, vor denen ihre Kolleginnen in der Kommunikationsabteilung stehen; sie sollten Verständnis für das Handwerk eines Pressereferenten haben. Dieses Wissen und Verständnis erleichtert die Zusammenarbeit. Und es ist Voraussetzung, um Vorgesetzte kompetent über den Umgang mit Presse, Rundfunk und Fernsehen, mit *Twitter* und Co. zu beraten.

Wenn eine Organisation in der Start-up-Phase steckt, wenn eine Pressestelle chronisch überlastet ist – zum Beispiel die Pressestellen der Bundestagsfraktionen: Alle Abgeordnete drängt es in die Medien –, dann müssen Fachreferentinnen oder persönliche Referenten auch Presse- und Öffentlichkeitsarbeit übernehmen. Dafür machen die folgenden Seiten fit. Die Themen:

- Wie gelingt eine einladende Einladung zu einer Veranstaltung? Die Antwort ist auch für die interne Kommunikation relevant: für Einladungen zu Besprechungen, Workshops usw.
- Wie schreibt man eine Pressemitteilung, die tatsächlich einen Mitteilungswert und damit Chancen hat, von den Medien berücksichtigt zu werden?
- Wie lädt man gekonnt zu einer Pressekonferenz ein? Wie bringt man sie professionell über die Bühne?

© Der/die Autor(en), exklusiv lizenziert an Springer Fachmedien Wiesbaden GmbH, ein Teil von Springer Nature 2023
N. Franck, *Praxishandbuch für Referent*innen*,
https://doi.org/10.1007/978-3-658-41031-5_6

* Wie bereitet man sich oder die Vorgesetzten auf Interviews und Hintergrundgespräche vor? Wie bestreitet man sie erfolgreich? Und wie bereitet man sie nach?
* Wie vermeidet und wie löst man Konflikte mit der Presse?
* Wie reagiert man professionell auf einen Shitstorm?

6.1   Interesse wecken: Veranstaltungen einladend ankündigen

Wenn Helene Fischer oder Cecilia Bartoli auftreten, wenn der Kanzler oder die Außenministerin spricht – dann sind Ankündigungen einfach: Die Namen „ziehen". Das gilt auch für Einladungen zu Lesungen mit einer Autorin, deren neustes Buch auf Platz 1 der *Spiegel*-Bestsellerliste steht. Der Name sowie Ort und Zeit genügen. Ein volles Haus ist garantiert.

Was ist bei Ankündigungen von Veranstaltungen zu beachten, wenn nicht mit großen Namen gepunktet werden kann? Wie gelingt es, werbend zu informieren, zum Besuch einer Konferenz oder Podiumsdiskussion zu motivieren?

Informieren
Vollständig informieren. Lautet die Grundregel für Veranstaltungsankündigungen. Und für Pressemitteilungen, für Einladungen zu Pressekonferenzen oder einen Blog.

Vollständig informieren heißt: Alle W-Fragen beantworten:
* *Wer* hat etwas gemacht/will etwas machen?
* *Was* ist passiert/was soll geschehen?
* *Wann* hat das Ereignis stattgefunden/wann findet es statt?
* *Wo* ist es passiert/soll es stattfinden?
* *Wie* ist es abgelaufen/wird es ablaufen?
* *Warum* ist es dazu gekommen, wurde das gemacht/soll das gemacht werden?

Profis gewichten die einzelnen Informationen: In welcher Reihenfolge sollen sie präsentiert werden? Was mag die Leserinnen interessieren? Was mag den Leser veranlassen, mein Angebot anzunehmen? Das sind die zentralen Fragen jeder Presse- und Öffentlichkeitsarbeit.

Motivieren
Von einem Konzert mit Helene Fischer oder Cecilia Bartoli versprechen sich Fans Unterhaltung oder Hörgenuss. Vergnügen ist ein Grund, das Haus zu verlassen.

Neugier ist ein weiterer Grund: Man möchte die Bestseller-Autorin oder den Kanzler einmal live erleben. Der dritte Grund: interessante Informationen, nützliche Tipps, spannende Anregungen. – *Vergnügen, Neugier* und *Gebrauchswert* setzen Menschen in Bewegung.[1]

Was heißt das für die Einladung zu einer Veranstaltung? Ich darf keine ungeordnete Faktenhäufung anbieten und keine Geschichten erzählen, die verbands-, partei- oder unternehmensintern wichtig sein mögen, Außenstehende aber nicht interessieren. Zum Beispiel die Entwicklung eines Projekts, der Rahmen einer Aktion oder Veranstaltung. – Eine misslungene Ankündigung:

> Am 20. und 21. Januar veranstaltet der Volkswohlfahrtsverband Hessen, zusammen mit der Evangelischen Studentengemeinde und dem Fachbereich Kunst- und Sozialwissenschaften der Universität Kassel in den Räumen des Instituts für Europäische Studien, Helene-Weber-Straße 55–67, eine Konferenz über Antisemitismus und Xenophobie.

Was ist zu erfahren? Wer, wann, wo, worüber eine Konferenz durchführt. Was ist interessant? Nicht *dass* eine Konferenz stattfindet, sondern *was* dort geboten wird, *warum* Antisemitismus und Fremdenfeindlichkeit wichtige Themen sind. Und genau dies erfährt man nicht.

Was ist wichtig, was interessant? Stellen Sie sich vor, Sie sollten wie in einem Hotel- oder Restaurantführer Sterne vergeben. Wofür würden Sie drei, vier oder keinen Stern vergeben?

Von mir bekäme das Thema vier Sterne – wenn deutlich würde: Das Thema wird interessant und praktisch aufbereitet. Zudem sind die Veranstalter respektabel.

Interessiert mich das Thema und hat der Veranstalter einen guten Ruf, setze ich mich in den Zug und fahre zur Konferenz. Wenn nichts Relevantes geboten wird, schaue ich erst gar nicht in meinen Terminkalender, ob ich am 20. und 21. Januar Zeit habe.

Die Alternative:

> Antisemitische Übergriffe nehmen zu. Auch in Schulen. Fremdenfeindliche Parolen sind selbst im Bundestag Alltag. Was sind die Ursachen für diese Entwicklung? Und was kann gegen diese Entwicklung getan werden? Diese Fragen stehen im Mittelpunkt einer Konferenz über Antisemitismus und Fremdenfeindlichkeit.
>
> Veranstalter sind der Volkswohlfahrtsverband Hessen, zusammen mit der Evangelischen Studentengemeinde und dem Fachbereich Kunst- und Sozialwissenschaften der Universität Kassel.

---

[1] Uneigennützige Motive sind selbstverständlich auch handlungsleitend: Menschen helfen, Tiere schützen, gegen Missstände protestieren, für Verständigung und Toleranz eintreten.

An zwei Tagen werden neue Untersuchungen und Konzepte vorgestellt, wie im Alltag, im Unterricht und in der Jugendarbeit antisemitischen und fremdenfeindlichen Parolen entgegengetreten werden kann. Die Konzepte werden in Arbeitsgruppen praktisch erprobt.

Die Konferenz beginnt am 20. Januar um 10 Uhr und endet am 21. Januar um 17 Uhr. Veranstaltungsort ist das Institut für Europäische Studien in der Helene-Weber-Straße 55–67.

Dieser Text ist nicht superoriginell. Er soll nicht mit Werbetexten konkurrieren. Die Konferenz ist eine seriöse Veranstaltung. Und seriöse Anliegen müssen angemessen ausgedrückt werden. Wichtig ist: Seriös muss nicht langweilig heißen. Ich empfehle keine Werbesprache. Ich empfehle, Texte so aufzubauen, dass die Informationen klar zum Ausdruck kommen, die werbend wirken können.

Bei der Einschätzung, was die potenziellen Leserinnen interessiert, können Sie irren. Irren ist menschlich. Entscheidend ist, dass Sie beim Schreiben die Leser im Blick haben.

In der folgenden Ankündigung sind sie aus dem Blick geraten:

„Die Problematik der Rentenfinanzierung unter besonderer Berücksichtigung der zu erwartenden Bevölkerungsentwicklung bis zum Jahre 2030" ist das Thema, zu dem am kommenden Mittwoch im Vortragssaal des Stadtmuseums, Elisabeth-Selbert-Straße 34, Renate Burg-Lehmann, sozialpolitische Expertin der CDU-Fraktion, spricht. Beginn: 20 Uhr.

Es ist oft ein zähes Ringen, Vorgesetzten klarzumachen, dass Texte nicht für sie, sondern für die Öffentlichkeit geschrieben werden. Nicht nur gegenüber Chefs muss dies betont werden. Auch gegenüber Fachreferentinnen, die solche Ankündigungen schreiben.

Ist Frau Burg-Lehmann prominent, gehört sie an den Anfang. Kennt man sie nur in ihrem Wahlkreis, gehört dem Thema Platz 1. Allerdings muss es umformuliert werden. Was interessiert am Thema Rente? Ob sie sicher ist, ob sie hoch genug ist und bleibt, um ein würdiges Leben zu ermöglichen. Diese Fragen müssen in die Veranstaltungsankündigung – frei von *Problematik*, *Finanzierung* und *besonderer Berücksichtigung*.

6.2 Informieren: Überzeugende Pressemitteilungen herausgeben

Sie lesen in der Zeitung, was die Fraktionsvorsitzende meint oder der Konzernchef plant. Sie hören im Rundfunk, was der BUND-Vorsitzende fordert und die Autoindustrie ablehnt. Grundlage solcher Nachrichten ist in vielen Fällen eine Pressemitteilung. Auf Pressemitteilungen beruht ein großer Teil der Meldungen, die wir täglich lesen oder hören.

Täglich werden Tausende von Mitteilungen für die Presse geschrieben. Die meisten landen im Papierkorb. Das ist nur scheinbar ein Widerspruch.

Eine Pressemitteilung ist zunächst nur Papier. Wer viel Papier produziert, erzielt noch keine Resonanz. Wer ständig auf die Pauke haut, wird nicht besser gehört, sondern macht taub. Jedes Instrument wird stumpf, wenn es zu oft eingesetzt wird. Grundlage *erfolgreicher* Pressearbeit sind *brauchbare* Informationen, die einen *Nachrichtenwert* haben.

Christian Arns empfiehlt als Prüfkriterium, den Satz zu vollenden „Die Menschen sollen wissen, dass …"– ohne „wir" oder „uns" bzw. den Verbands- oder Parteinamen (Arns 2012, S. 6). Die Menschen sollen wissen, dass ihre Kinder künftig bereits morgens ab 5 Uhr in den Kindertagesstätten der Stadt betreut werden können. Das ist relevant für die Zielgruppe Eltern. Aus dieser Relevanz erwächst das Interesse, wer das durchgesetzt hat. Erst jetzt kommt das *Wir* ins Spiel, die Initiative ABC oder der Magistrat der Stadt.

Kurz: Es kommt in der Pressearbeit[2] darauf an, Informationskanäle intelligent zu nutzen – statt sie zu verstopfen.

Auf den Punkt kommen

Pressemitteilungen werden nicht für die Leserinnen einer Zeitung oder die Hörer einer Rundfunkstation geschrieben, sondern für Redakteure. Die Empfängerinnen sind Profis, die wenig Zeit und mit vielen Mails in ihrem Postfach zu kämpfen haben, mit vielen Texten auf ihrem Schreibtisch. Deshalb sollte man schnell „auf den Punkt kommen": Pressemitteilungen schreiben, die nicht länger als 40 Zeilen sind (bei einer sehr wichtigen Mitteilung dürfen es auch 50 Zeilen sein). Verständlich geschrieben und klar gegliedert.

Die Herausforderung besteht darin, sowohl kurz und knapp als auch umfassend zu informieren. *Kurz und knapp* meint: auf weitschweifige Ausführungen verzichten – vor allem auf Eigenlob. *Umfassend* meint in erster Linie: Die sechs W-Fragen (vgl. 6.1) müssen beantwortet werden.

Eine unvollständige Pressemitteilung bedeutet für den Empfänger Arbeit. Er muss die Informationen vervollständigen, wenn er aus der Mitteilung eine Meldung machen will. Dazu haben Redakteurinnen oft weder Zeit noch Lust – und die Pressemitteilung landet im Papierkorb.

---

[2] Auch wenn es in dieser Arbeit schon lange nicht mehr nur um die *Presse* geht, geben nach wie vor *Presse*sprecherinnen oder *Presse*referenten *Presse*mitteilungen heraus und laden zu *Presse*konferenzen ein.

An den Anfang gehört das Wichtigste, der Kern der Mitteilung: wer, was, wann, wo. Dann folgen die näheren Umstände und gegebenenfalls Einzelheiten:

> Wer, was Berliner S-Bahn plant, bei Verspätungen nicht mehr an allen Stationen zu halten.
> Wann, warum Die Regelung soll ab dem Winterfahrplan erprobt werden und dazu beitragen, die vielen Verspätungen der S-Bahn zu vermeiden.

Die beiden Sätze können für sich stehen. Sie könnten so in den Rundfunknachrichten gesendet werden. Redakteure kürzen gewöhnlich vom Ende her. Auch deshalb ist es entscheidend, das Wichtigste an den Anfang zu stellen.

Hintergrundinformationen, Bilder und Überschrift

Man kann Pressemitteilungen um zusätzliche (Hintergrund-)Informationen ergänzen, wenn man mehr mitzuteilen hat. Die Pressemitteilung muss in jedem Falle der Extrakt aller weiteren Informationen sein. Die zusätzlichen Informationen sind ein Angebot, kein Freibrief für eine schlechte Pressemitteilung.

Hintergrundinformationen

Wichtige Beschlüsse, ein außergewöhnlich hoher Mitgliederzuwachs, ein originelles Projekt oder eine beeindruckende Umsatzsteigerung sind Anlässe, Pressemitteilungen um weitere Informationen zu ergänzen.

Ein Beispiel. In der Pressemitteilung wird die Essenz eines Beschlusses zusammengefasst:

> „Die Städte Dresden und Leipzig, Weimar und Magdeburg haben heute beschlossen, künftig *Tatort*-Drehs des Mitteldeutschen Rundfunks (MDR) nicht mehr zu unterstützen. Die Verantwortlichen der vier Städte sind übereinstimmend der Auffassung, dass die Lebenswirklichkeit ihrer Städte durch diese Krimiserien nicht angemessen zum Ausdruck kommt."

Der vollständige Wortlaut des Beschlusses kann als Anlage zur Pressemitteilung an die Presse gehen. Oder der Beschluss wird im Anschluss an diese Zusammenfassung zitiert, wenn er nicht sehr umfangreich oder sonst nichts Nennenswertes von der Senatssitzung mitzuteilen ist. Entscheidet man sich für diese Variante, wird üblicherweise folgender Satz vorangestellt: „Der gemeinsame Beschluss hat folgenden Wortlaut:"

Bilder

Besser als zusätzliche Texte sind Fotos. Redakteure kämpfen täglich mit dem Problem, dass sie zu viel Text und zu wenig Bildmaterial haben. Da Bilder stärker beachtet werden als Texte, wächst die Bereitschaft, aus einer Pressemitteilung einen Beitrag zu machen, wenn ein interessanter „Blickfang" mitgeliefert wird, der in den Text „hineinzieht". Das muss nicht immer ein Foto sein. Auch eine Grafik, die zum Beispiel eine Entwicklung zeigt, kann als Blickfang dienen.

Fotos müssen Druckqualität haben, honorarfrei genutzt werden können und unkompliziert zu bekommen sein: Die Pressemitteilung enthält einen Link auf die Seite, auf der das Bild heruntergeladen werden kann.

Zum Bild gehören eine Bildunterschrift und Angaben, wer das Foto gemacht hat, über die Bildrechte und wer Fragen zum Foto beantworten kann. Die Bildunterschrift soll nicht beschreiben, was zu sehen ist, sondern das Bild ergänzen oder erläutern. Sind mehrere Personen auf dem Foto, werden ihre Vor- und Zunamen von links nach rechts aufgeführt.

Überschrift

Damit Redakteurinnen in die Pressemitteilung „hineingezogen" werden, ist eine treffende Überschrift wichtig. *Treffend* meint: Die Überschrift muss eine klare Aussage haben, kurz und informativ sein, Interesse wecken und die Orientierung erleichtern.

Auf unverständliche Fachwörter, auf Superlative und Werbeslogans sollte man verzichten, nie kalauern und sich nie mehr als zwei Zeilen gestatten.

Dachzeile:	Stadt engagiert sich für Radfahrer
Überschrift:	**12 Millionen für neue Fahrradwege beschlossen**
Überschrift:	**Stadtverwaltungen wollen Krimi-Drehs erschweren**
Unterzeile:	Tatort-Fans protestieren

Der letzte Schliff

Ist die Pressemitteilung geschrieben, mit einer treffenden Überschrift versehen und in eine angemessene *Form* gebracht, muss geprüft werden, ob eine *Sperrfrist* angegeben werden soll.

Sperrfrist bedeutet: Die Information darf nicht vor dem angegebenen Termin veröffentlicht werden. Eine Sperrfrist ist zum Beispiel dann sinnvoll, wenn ein Vorstand beschließt, auf der kommenden Mitgliederversammlung geschlossen zurückzutreten. Der Vorstand möchte, dass die Öffentlichkeit bereits am nächsten Tag darüber informiert wird. Erfährt die Presse jedoch erst am Abend der Mitgliederversammlung vom Rücktritt, kann am nächsten Tag nichts mehr davon in der Zeitung erscheinen.

Dieses Problem lässt sich mit einer Pressemitteilung lösen, die einen Tag vor der Mitgliederversammlung mit folgendem Vermerk an die Medien geht: „Sperrfrist: Freitag, 28.7., 23 Uhr." Vor diesem Zeitpunkt dürfen die Informationen nicht veröffentlicht werden. Interessierte Journalisten haben jedoch die Möglichkeit, einen Bericht für die Samstagsausgabe zu schreiben. Sie können zudem vorab weitere Informationen einholen oder ein Mitglied des Vorstands interviewen. Wenn das nicht gewünscht ist, gibt man die Pressemitteilung erst am Freitag kurz vor Redaktionsschluss an die Zeitung. Ein Sperrvermerk ist auch in diesem Fall noch erforderlich, weil Rundfunk, Fernsehen und die Online-Ausgaben von Zeitungen nicht an einen festen Redaktionsschluss gebunden sind und daher noch vor Beginn der Mitgliederversammlung berichten könnten.

Eine Sperrfrist kann also zweierlei leisten: Der Zeitpunkt der Berichterstattung kann beeinflusst werden. Und Journalistinnen erhalten einen Vorlauf.

Viele Journalisten erwarten, dass sie bei bestimmten Ereignissen – zum Beispiel bei Kongressen und Konferenzen – einen Informationsvorlauf bekommen.[3] Mit einer Sperrfrist kann ein solcher Service problemlos geboten werden.

Zur *Form*: Sie muss stimmen. Ein Dutzend Hinweise:

• Keine Vorschriften machen. Also nicht: „Bitte veröffentlichen Sie die Pressemitteilung in der Wochenendausgabe." Und schon gar nicht: „Bitte stimmen Sie Änderungen mit uns ab."
• Immer erst die Zahl, dann die Währung oder Größenangabe: 50 € (nicht € 50,00) oder 66 km (nicht Km. 66).
• Keine Abkürzungen und Prozent ausschreiben (% allenfalls in Klammern).
• Akademische Grade werden in Zeitungen und Publikumszeitschriften nicht genannt.
• Personen werden nur einmal mit Vor- und Zunamen genannt, danach nur noch die Nachnamen; Frau oder Herr wird dem Nachnamen nicht vorangestellt.
• Hervorhebungen nerven Redakteurinnen und Redakteure. Deshalb keine Unterstreichungen oder Versalien, kein halbfett oder kursiv.
• Vereins- oder Verbandsnamen immer ohne „e.V.".
• Fakten statt Adjektive. Was wurde erreicht? Wie groß ist der Zuwachs? Nicht: *hartnäckig* (am Problem drangeblieben), *unermüdlich* (für XYZ eingesetzt).
• Nur bei Veranstaltungsankündigungen ist der Wochentag bei Datumsangaben wichtig.
• Immer das Datum angeben – nicht „heute" oder „morgen". Wird die Pressemitteilung von heute am nächsten Tag veröffentlicht, ist heute gestern.

---

[3] Bei solchen Anlässen erwarten Journalist*innen, dass ihnen wichtige Reden vorab schriftlich zur Verfügung gestellt werden. Wenn das Manuskript einer Rede vorab an die Presse gegeben wird, muss die Sperrfrist „Redebeginn" um den Hinweis ergänzt werden: „Es gilt das gesprochene Wort."

- Datum der Pressemitteilung nicht vergessen und immer eine Ansprechperson mit Telefonnummer nennen.
- Peinlich: um ein Belegexemplar bitten: Pressesprecher*innen sollten die Medien lesen, denen Sie Pressemitteilungen schicken.

Pressemitteilungen, in denen Äußerungen einer Vorsitzenden oder eines Geschäftsführers im Vordergrund stehen, können in zwei Varianten formuliert werden.

Variante 1   Die gesamte Pressemitteilung ist eine Erklärung der Vorsitzenden oder des Geschäftsführers. In diesem Fall wird in einem Vorspann der Sachverhalt erläutert, auf den sich die Erklärung bezieht. Ein Beispiel:

Überschrift	**Frauenzentrum bedroht** Magistrat will Fördermittel streichen
Vorspann	*Der Magistrat der Stadt hat heute beschlossen, die Fördermittel für das Frauenzentrum „Zuflucht" zu streichen. Dazu erklärt Petra Brand, Geschäftsführerin des Frauenzentrums:*
Bewertung von Petra Brand	Die Entscheidung des Magistrats gefährdet die Existenz des Frauenzentrums. Diese Entscheidung bedeutet: Es wird in Zukunft keinen sicheren Zufluchtsort, keine kostenlose Beratung und Therapie mehr geben für Frauen, die ... Die Entscheidung ist Ausdruck einer ...

Variante 2   Der Geschäftsführerin werden nur bestimmte Aussagen zugeschrieben:

Frauenzentrum bedroht
Magistrat will Fördermittel streichen
    Der Magistrat der Stadt hat heute beschlossen, die Fördermittel für das Frauenzentrum „Zuflucht" zu streichen. Nach Auffassung des Trägervereins des Zentrums gefährdet dieser Beschluss die Existenz dieser Einrichtung. Petra Brand, Geschäftsführerin von „Zuflucht": „Diese Entscheidung bedeutet: Es wird in Zukunft keinen sicheren Zufluchtsort, keine kostenlose Beratung und Therapie mehr geben für Frauen, die ..."
    Brand kritisiert, die Entscheidung sei Ausdruck einer ...

Die Variante 1 in direkter Rede ist leichter zu lesen und zu schreiben, da man sich nicht mit dem Konjunktiv herumschlagen muss. Die Variante 2 ist schwerfälliger; sie erleichtert allerdings die Arbeit: Journalistinnen und Journalisten können die Pressemitteilung direkt als Meldung übernehmen.

Es lässt sich nicht eindeutig bestimmen, welche Variante die bessere ist. Die Entscheidung hängt von den Gepflogenheiten der Medien ab, die erreicht werden sollen. Variante 2 ist vorzuziehen, wenn in diesen Medien Redakteure Pressemitteilungen wörtlich übernehmen. Die sprachlich elegantere Variante 1 ist erste Wahl, wenn Redakteurinnen diese Praxis ablehnen und Pressemitteilungen nur als Informationsgrundlage verwenden.

Richtiges Timing, gekonnter Betreff und dranbleiben
Die E-Mail ist das beste Medium für alle Pressemitteilungen, bei denen Aktualität entscheidend ist. E-Mails erleichtern die Weiterverarbeitung einer Mitteilung und führen, wenn sie Links enthalten, mit einem Klick auf die Webseite, auf der Bilder und weitere Informationen zur Verfügung gestellt werden können.

Der Text der Mitteilung kommt nicht in den Anhang und wird im Text-Format verschickt. Da immer mehr Journalistinnen und Journalisten ihre Mails mobil abrufen, sollte sichergestellt sein, dass E-Mails problemlos auf dem Smartphone oder Tablet geöffnet und gelesen werden können. Wird auf die Webseite verlinkt, sollte diese für mobile Anwendungen optimiert sein.

Timing
Wer eine Pressemitteilung schreibt, sollte die Nachrichtenlage berücksichtigen: Konkurriert die Mitteilung mit einem Mega-Ereignis, das fast alle Aufmerksamkeit auf sich zieht? Ist montags die Chance am größten, etwas unterzubringen, weil die Redaktion der Lokalzeitung am Wochenende nur schwach besetzt und für jeden Text dankbar ist, der keine Arbeit bedeutet? Oder ist der Montag ein schlechter Tag, weil der Lokalteil wegen des umfangreichen Sportteils weniger Seiten hat?

Wenn Sie im Juni auf ein neues Konzept aufmerksam machen wollen, sollten Sie prüfen, ob es vertretbar ist, die Presse einen Monat später zu informieren: Alle, die etwas Ernsthaftes anzubieten haben, sollten die „Saure-Gurken-Zeit" bewusst nutzen, wenn es ihnen ansonsten nur selten gelingt, Resonanz in den Medien zu finden.

Betreff
Ob eine E-Mail geöffnet wird, hängt maßgeblich von einem aussagekräftigen Betreff ab. „Pressemitteilung 7 vom 09.03.2…" macht nicht neugierig. „Wichtige Pressemitteilung" auch nicht. (Verbands-)Bekenntnisse – „Soziale Gerechtigkeit schaffen" – wecken kein Interesse. „Weihnachtsbäume bedrohen die Gesundheit" schon.

Es kann hilfreich sein, beim Formulieren eines Betreffs daran zu denken, dass es eine Berufskrankheit vieler Journalistinnen und Journalisten ist, bei guten Nachrichten skeptisch zu sein und nur *bad news* als *good news* zu begreifen.

Der Absender kann ein Grund sein, eine E-Mail zu öffnen. prakt@verband.de
nicht, frank.mann@verband.de auch nicht. Wohl aber presse@verband.de oder
frank.mann@presse-verband.de.

Nachhaken

Was können Sie tun, wenn Ihre aktuelle, seriöse, informative und verständliche
Pressemitteilung in den Medien[4] keine Resonanz findet? Einen Redakteur, den Sie
kennen, nach dem Grund fragen. Das ist nicht peinlich, sondern eine Möglichkeit,
vielleicht doch eine Meldung unterzubringen – zumindest aber die Chance, zu lernen. Manchmal hat es triviale Gründe, wenn eine Pressemitteilung nicht berücksichtigt wird. Zum Beispiel Personal- und Platzmangel. Doch wohlgemerkt: *fragen*, nicht klagen, sonst macht man sich unbeliebt.

6.3   Pressekonferenzen: Sorgfältig vor- und nachberei-
ten, gekonnt einladen und durchführen

„Journalisten sind Leute, die fragen, ohne Antworten zu bekommen. Politiker sind
Leute, die antworten, ohne gefragt zu werden." So kommentierte der Schriftsteller
Norman Mailer einmal den Medienbetrieb.

Er könnte an die Bundespressekonferenz gedacht haben: Der Kanzler (der Re-
gierungssprecher oder eine Ministerin) betritt, umringt von einem Tross von Mitarbeiter*innen, forsch den Saal – je nach Anlass und Tagesform mit ernster oder
heiterer Miene. Er nimmt, rund einen Meter höher als die Journalistinnen, Platz
und erläutert die Lage der Nation.

Zwischen ihm und den Journalisten, die mehr oder minder emsig mitschreiben
und die eine oder andere Frage stellen, herrscht ein stilles Einverständnis: Das ist
jetzt wichtig. Deshalb können wir in der *Tagesschau* und anderswo Ausschnitte
sehen oder O-Töne im Radio hören.

Der Kanzler hat nicht immer wirklich Wichtiges oder Neues mitzuteilen. Was er
mitteilt, hat deshalb Gewicht, weil er wichtig ist. Doch selbst der Kanzler und seine
Pressecrew gehen behutsam mit dem Instrument Pressekonferenz um: Eine Pressekonferenz veranstaltet man nicht alle Tage, sondern nur dann, wenn etwas von
Bedeutung mitgeteilt werden soll. Das gilt jedenfalls für alle, die nicht Kanzler
sind. Vor jeder Pressekonferenz steht daher die Frage: Ist sie überhaupt notwendig
und sinnvoll? Ist der Anlass wichtig genug?

---

[4]Alle Mitteilungen, die an die Presse gehen, sollten zeitgleich allen Mitarbeiter*innen geschickt werden. Interne Öffentlichkeitsarbeit ist Bestandteil professioneller Corporate Communication – oder schlichter: PR beginnt „daheim".

Was sind Anlässe für eine Pressekonferenz?[5] Dieses Mittel der Pressearbeit *kann* geeignet sein, um

- die Ergebnisse einer Fachtagung, Konferenz, Studie usw. zu erläutern,
- einen neuen Vorstand und seine Arbeitsvorhaben bekannt zu machen,
- den Rücktritt der Vorstandsvorsitzenden zu begründen,
- Lokal-, Landes- oder Bundespolitik zu kommentieren,
- über die (drohende) Schließung einer Einrichtung zu informieren,
- ein neues Konzept vorzustellen,
- auf falsche Berichte oder Gerüchte zu reagieren.

Mit folgenden Fragen lässt sich überprüfen, ob ein solcher Anlass im konkreten Falle geeignet ist: Kann die Presse nicht auch auf anderem Wege informiert werden? Warum reicht eine Pressemitteilung nicht aus? Steht der mögliche Ertrag in einem sinnvollen Verhältnis zum Aufwand? Oder besteht die Gefahr, Journalisten zu verstimmen? Eine Pressemitteilung ist in wenigen Minuten gelesen, eine Pressekonferenz nimmt mit An- und Abfahrt mehr Zeit in Anspruch.

Pressekonferenzen sind also etwas Besonderes. Entsprechend sorgfältig und umsichtig müssen sie vorbereitet, durchgeführt und nachbereitet werden.

Sorgfältig vorbereiten
Vor jeder Pressekonferenz sind folgende Fragen zu klären: Aus welchem Anlass soll der Presse was, von wem, wie, wann und wo mitgeteilt werden?

Was soll mitgeteilt werden?
Ein guter Anlass ergibt nicht automatisch eine interessante Pressekonferenz. Vielmehr muss überlegt werden: Was sind die zentralen Aussagen, die „rüberkommen" sollen? Was ist das Wichtigste? Nur wer sich das klargemacht hat, kann es auch anderen mitteilen, präzise Informationen und fundierte Aussagen mit Nachrichtenwert bieten.

Pressekonferenzen heißen zwar *Konferenzen*, sie dauern aber nie so lange wie eine Konferenz. Umso notwendiger ist eine Konzentration auf das Wesentliche. Wer nicht auf den Punkt kommt, kann schon nach fünf Minuten alleine sitzen, weil Journalisten vor Plaudertaschen flüchten.

---

[5] Ich verwende durchgängig den Ausdruck *Pressekonferenz*. Wenn man bei einer solchen „Konferenz" höchstens mit zwei Journalisten rechnen kann, dann ist *Pressegespräch* das treffendere Wort.

Wer spricht?

Mehr als drei Personen sollten auf einer Pressekonferenz nur in Ausnahmefällen reden. Wer worüber redet, ist frühzeitig und verbindlich festzulegen. Aus leidvoller Erfahrung kann ich garantieren: Pressekonferenzen gehen in 90 % aller Fälle daneben, wenn sich die Beteiligten nicht absprechen.

Mischung statt Doppelung. Dieses Motto hilft zu entscheiden, wer die Pressekonferenz bestreiten soll. Oft drängelt der gesamte Vorstand. Doch nur selten ist es sinnvoll, dass zwei Vorstandsmitglieder reden. Selbstverständlich ist der Vorstand wichtig. Aber nicht immer interessant. Deshalb sollten neben einem Vorstandsmitglied – je nach Thema und Anlass – Expertinnen oder Betroffene sprechen. Und es kann sinnvoll sein, dass eine Vertreterin einer anderen Organisation an der Pressekonferenz teilnimmt oder Vertreter von Parteien oder Fraktionen, die Ihr Anliegen unterstützen.

Wie wird informiert?

Wer auch immer teilnimmt: Kurzfassen! Man kann auf Pressekonferenzen alles sagen – aber nicht länger als 10 min. Und was gesagt wird, sollte so formuliert sein, dass es im Originalton von den Journalisten übernommen werden kann. Das heißt: Ein Statement wird zwar frei vorgetragen, aber vorher aufgeschrieben. Besondere Sorgfalt ist darauf zu richten, das Aufgeschriebene von der Schriftsprache in „Sprechsprache" zu übersetzen. Das ist Pflicht.

Zur Kür gehört das Feilen an *einem* Satz (einer genügt), der besonders originell formuliert ist. Journalistinnen und Journalisten sind für einen solchen Satz dankbar, weil er ihrem Artikel Würze gibt. In der Politik sind Profis tagelang damit beschäftigt, Begriffe zu finden, die die öffentliche Diskussion prägen. Begriffe wie „Verschlankung" (für Stellenabbau) und „Umtauschprämie" (für Absatzförderung) oder „Doppel-Wumms" (als Ausdruck, so Reinhard Mohr in der Neuen Züricher Zeitung, der „Infantilisierung deutscher Politik") sind das Ergebnis harter Arbeit von Medienprofis und politischen Berater*innen.

Am Anfang eines Statements steht – wie bei einer Pressemitteilung – das Wichtigste. Nur Profis sollten es riskieren, mit einem treffenden Zitat oder einer themenbezogenen Episode (die in drei Sätzen erzählt sein muss) einzusteigen.

Wo soll die Pressekonferenz stattfinden?

Der Ereignischarakter kann auch durch den Ort unterstrichen werden, an dem eine Pressekonferenz stattfindet. Es muss nicht immer ein Konferenzraum oder ein Hotel sein. Lässt sich ein Missstand lokalisieren, bietet sich unter Umständen eine Pressekonferenz „vor Ort" an. Will eine Bürgerinitiative ihr Gegenkonzept zu einer geplanten Stadtautobahn vorstellen, kann die Pressekonferenz auch als (angemeldete) Demonstration auf einer Kreuzung durchgeführt werden. Ungewöhnliches ist erlaubt; nur peinlich darf es nicht sein, und Journalistinnen und Journalisten müssen arbeiten können – schreiben, aufnehmen, drehen.

Bei der Wahl eines Ortes ist zu beachten, dass er gut zu erreichen und so beschaffen sein muss, dass problemlos gedreht werden kann. Zudem muss, wenn mit Fernsehaufnahmen zu rechnen ist, der Bildhintergrund stimmen: Die Teilnehmer*innen sollten weder vor einem Stillleben mit Früchten noch einer Blümchentapete sitzen, sondern vor einem großen Plakat oder Transparent mit dem Logo des Veranstalters.

Wann soll die Pressekonferenz stattfinden?
Dienstag, Mittwoch und Donnerstag, zwischen 9.30 Uhr und 15 Uhr sind die klassischen Zeiten für Pressekonferenzen. Können Sie eine Pressekonferenz langfristig vorbereiten,

- wählen Sie nicht den Freitagnachmittag: Sie machen sich bei Journalistinnen unbeliebt;
- ziehen Sie nicht den Montag in Betracht: in vielen Redaktionen findet an diesem Tag die Wochenplanung statt;
- entscheiden Sie sich gegen den Nachmittag: für Journalisten von Tageszeitungen die Schreibzeit.

Den günstigsten Zeitpunkt versuchen allerdings alle zu wählen. Deshalb sollten Sie sicherstellen, dass zum geplanten Zeitpunkt die Konkurrenz nicht zu groß ist: Findet am selben Tag ein „Mega-Ereignis" statt, das alle anderen Ereignisse in den Schatten stellt? Gibt es zur gleichen Uhrzeit andere wichtige Pressekonferenzen, Veranstaltungen usw.?
Die Wahl des richtigen Zeitpunkts setzt einer langfristigen Planung Grenzen. Die Kunst des richtigen Timings besteht darin, so langfristig wie möglich zu planen und so flexibel wie nötig Tag und Uhrzeit einer Pressekonferenz festzulegen. Wenn Sie unsicher sind, was der richtige Zeitpunkt ist, fragen Sie einen Journalisten, ob etwas gegen den geplanten Termin spricht. Für Journalistinnen und Redakteure in Online-Redaktionen ist der Vormittag besonders arbeitsintensiv: Mit Beginn der Bürozeit nehmen die Zugriffszahlen bei Online-Medien zu und erreichen in der Mittagspause einen Höhepunkt. In Online-Redaktionen gibt es den klassischen Redaktionsschluss nicht.

Die Einladung
Wenn klar ist, was von wem, wie, wann und wo gesagt werden soll, kann zur Pressekonferenz eingeladen werden. Die Einladung soll einladen. Sie muss informativ sein und neugierig machen. Ein Muster steht auf der nächsten Seite.

Absender

Adressat

Datum

Worum geht es
in diesem
Schreiben?

Einladung zur Pressekonferenz

Überschrift

Wie alte Menschen besser betreut werden können
... Verband legt Konzept vor

Anrede

Guten Tag ...,

Worum geht es
auf der Presse-
konferenz?

Der ... Verband hat ein Konzept zur Verbesserung der
Betreuung alter Menschen entwickelt.
Kerngedanke des Konzepts ist eine ... der stationären und
ambulanten Pflege.
Die Umsetzung des Konzepts würde zwei zentrale
Probleme lösen: Die ... und ...
Das Konzept ist zu finanzieren durch ...

Einladung

Die Leitlinien unseres Konzeptes möchten wir Ihnen auf einer
Pressekonferenz vorstellen, zu der ich Sie herzlich einlade.

Zeit

Am: 23. Mai ....

und

Um: 11.00 Uhr

Ort

In: Landespressekonferenz, Schlossplatz 1–3, Wiesbaden

Wer nimmt teil?

Teilnehmerinnen und Teilnehmer:
Sigrid Köhler, Vorsitzende des ... Verbandes
Stefan Dehm, Professor für Pflegewissenschaft an der ...
Petra Rau-Dormann, Vorsitzende des Seniorenbundes

Gruß

Sonnige Frühlingsgrüße

Wer beantwortet
Fragen zur Presse-
konferenz?

Tatjana Milimko
Pressesprecherin
Tel.: ...-47

Die Einladung sollte einige Tage vor der Pressekonferenz verschickt werden. Eine Antwortkarte ist nur für große überregionale Pressekonferenzen erforderlich, für die (im Anschluss) eine Bewirtung vorgesehen ist oder Pressemappen produziert werden sollen.[6] Bei Kongressen, Tagungen und anderen „Großereignissen" ist dann eine genaue Übersicht erforderlich, wer kommt, wenn für Journalistinnen und Journalisten Arbeitsräume zur Verfügung gestellt werden müssen. Entsprechend frühzeitig müssen die Einladungen und Antwortkarten verschickt werden.

Zwei Tage vor der Pressekonferenz können Sie die Journalist*innen, die Sie persönlich kennen, anrufen und fragen, ob sie kommen.

Gekonnt durchführen

Journalist*innen dürfen zu einer Pressekonferenz zu spät kommen – die Veranstalter nicht. Sie müssen einige Zeit vor Beginn am Ort sein und

- prüfen, ob die erforderlichen Medien funktionieren,
- die Unterlagen für die Presse auslegen,
- Tische und Stühle so stellen, dass Journalistinnen direkten Blickkontakt mit den Teilnehmern haben und sie nicht von der Seite ansprechen müssen,
- sich darum kümmern, dass Getränke bereitstehen.

Mit Unterlagen sind Informationen gemeint. Stift und Papier bringen Journalisten mit.

Nützlich kann eine Pressemappe sein, mit Informationen und Materialien, die Journalistinnen die Arbeit erleichtern:

- eine Zusammenstellung der zentralen Aussagen der Teilnehmerinnen und Teilnehmer der Pressekonferenz (der sogenannte Waschzettel),
- Zahlen, Daten, Statistiken (wenn erforderlich),
- Bildmaterial,
- eine Selbstdarstellung des Veranstalters oder anderes Hintergrundmaterial.

Presse*mappen* machen etwas her und erleichtern es, die Unterlagen heil in die Redaktion zu bringen.

---

[6] Pressekonferenzen sollen Journalist*innen etwas bieten. Informationen. Wer das bietet, hat genug geboten. Die Informationen sollten Sie um Kaffee oder Tee, Wasser und Saft ergänzen. Mehr ist nicht erforderlich. Wenn die Pressekonferenz mittags stattfindet, sollten Sie den Teilnehmer*innen den Tagesablauf mit ein paar belegten Brötchen erleichtern.

Abb. 6.1 Ablauf einer
Pressekonferenz. (Franck
2017a, S. 122)

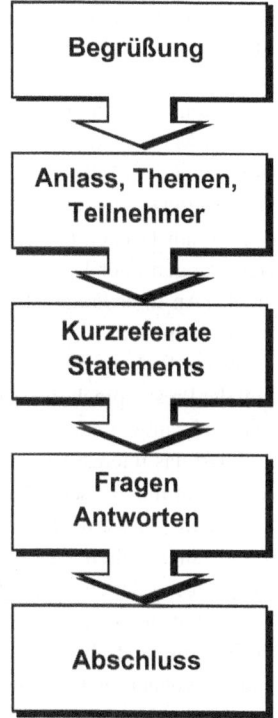

Begrüßung

Anlass, Themen,
Teilnehmer

Kurzreferate
Statements

Fragen
Antworten

Abschluss

Pressekonferenzen werden vom Pressesprecher bzw. der Pressereferentin moderiert. Der Pressesprecher begrüßt die Journalistinnen und erläutert in wenigen Worten den Anlass der Pressekonferenz. Er stellt die Teilnehmerinnen und Teilnehmer vor und gibt eine kurze Vorschau, wer zu welchem Thema spricht.

Nach den Statements der Teilnehmer eröffnet die Pressereferentin den Hauptteil der Pressekonferenz: die Frage- und Antwort-Runde. Für sie gilt: Wer eine Pressekonferenz durchführt, muss bereit sein, (fast) alle Fragen zu beantworten. Es gibt (fast) keine dummen und unzulässigen Fragen.

Wer etwas zu verschweigen hat, sollte keine Pressekonferenz durchführen. Nur prominente Politiker, Spitzenmanager sowie Stars und Sternchen können es sich (manchmal) leisten, mit „kein Kommentar" zu antworten (und einen schlechten Eindruck zu hinterlassen).

Wer zu einer Pressekonferenz einlädt, sollte auf unangenehme Fragen vorbereitet sein. Es gehört zur Arbeit von Journalistinnen, „nachzubohren". Ausreden und Ausflüchte fordern dazu besonders heraus. Wenn Sie eine Frage nach Zahlen, Daten, Fakten nicht beantworten können, sagen Sie es offen, und versprechen Sie, die Informationen umgehend nachzureichen.

Fragen werden nicht kommentiert, sondern beantwortet. Antworten sollen informieren und nicht belehren. Man darf sich wünschen, dass die Journalisten etwas von der Materie verstehen, um die es geht – aber nicht davon ausgehen. Tabu sind Belehrung oder Tadel: „Sie sollten eigentlich wissen, dass …" „Ich habe eigentlich vorausgesetzt, dass …"

Journalist*innen dürfen alles fragen. Sind ihre Fragen keine Fragen, sondern Belehrungen oder Unterstellungen, ist – ausnahmsweise – folgende Antwort erlaubt: „An Ihrer Frage ist nur das Fragezeichen seriös." Um anzuschließen: „Zur Sache meine ich …"

Wenn die Fragen eines Journalisten die anderen Journalistinnen nerven, sollte ihm die Pressesprecherin anbieten, seine Fragen im Anschluss an die Pressekonferenz zu beantworten.

Lässt das Interesse nach, werden keine Fragen mehr gestellt, schließt der Pressesprecher die Pressekonferenz mit einer freundlichen Bemerkung.

Nur die Pressevertreter*innen dürfen sofort zum nächsten Termin eilen. Die Veranstalter sollten Zeit haben für Interviews, themenbezogene und allgemeine Nachfragen oder eine (private) Unterhaltung.

Das Gespräch danach kann unter Umständen wichtiger sein als die eigentliche Pressekonferenz. Zu Journalistinnen und Journalisten, die man bislang noch nicht kannte, können erste Kontakte geknüpft werden. Pressesprecher können sich in informellen Gesprächen eine Rückmeldung über die Pressekonferenz geben lassen.

Sorgfältig nachbereiten

Wer Kraft und Zeit in die Vorbereitung einer Pressekonferenz investiert hat, sollte die Arbeit bilanzieren. Entscheidendes Kriterium für den Erfolg ist das Medienecho. Eine kritische Nachbereitung setzt früher an: Wie viel Journalist*innen kamen zur Pressekonferenz? Welche Medien waren (nicht) vertreten? Diese Fragen können anhand der Anwesenheitsliste, die bei keiner Pressekonferenz fehlen sollte, beantwortet werden. Eine Anwesenheitsliste ermöglicht

- einen Vergleich zwischen der Zahl der verschickten Einladungen und der Zahl der Journalistinnen, die an der Pressekonferenz teilnahmen,
- zu überprüfen, welche Journalisten über die Pressekonferenz berichtet haben,
- einen Überblick, bei welchen Medien nachgehakt werden soll.

Die Anwesenheitsliste ist auch eine wichtige Grundlage zur Erweiterung und Aktualisierung des Presseverteilers.

Nach jeder Pressekonferenz sollte ausgewertet werden: Fand das *Thema* Resonanz? Waren *Zeit* und *Ort* richtig gewählt? Lud die *Einladung* wirklich ein und wurde sie rechtzeitig verschickt?

Ob eine Pressekonferenz erfolgreich war, lässt sich mit drei Fragen prüfen: Haben alle anwesenden Journalistinnen und Journalisten berichtet? Wie umfangreich haben sie berichtet? Welche Tendenz lässt die Berichterstattung erkennen?

Um Konsequenzen für künftige Pressekonferenzen ziehen zu können, ist vor allem zu fragen: Was wurde (nicht) aufgegriffen? Welche Aussagen wurden wörtlich zitiert? Was wurde fehlerhaft wiedergegeben (und woran kann das liegen)?

Eine Pressekonferenz nachbereiten, heißt oft auch: weiterarbeiten. Eine Pressemitteilung wird verschickt und auf die Webseite gestellt. Telefonische Nachfragen sind nicht lästig, sondern erwünscht und ein gutes Zeichen.

6.4 Interviews und Hintergrundgespräche: Vorbereiten und bestreiten

Lassen Sie mich zunächst den Wählerinnen und Wählern herzlich danken, die uns ihr Vertrauen geschenkt haben. Mein Dank geht auch an die Parteifreunde in A, die mit B an der Spitze einen engagierten Wahlkampf geführt haben. Wir haben unser Wahlziel nicht ganz erreicht. Aber wir haben den starken Abwärtstrend gebremst. Das unterstreicht, dass wir auch in schwierigen Zeiten in der Lage sind, von unserer zukunftsorientierten Politik für Deutschland und Europa zu überzeugen.

So oder so ähnlich antwortet der Generalsekretär der FDP – und nicht nur er – auf die Frage nach den Gründen für die Schlappe bei den Landtagswahlen. Er kann es sich leisten. Die Top-Journalistinnen der ARD und die ZDF-Promi-Redakteure lassen ihm solche Floskeln durchgehen. Und nach jeder Landtagswahl wird er, sofern noch im Amt, wieder interviewt.

Wer nicht regelmäßig von großen Sendern und wichtigen Zeitungen zu Gesprächsrunden eingeladen und um Interviews gebeten wird, sollte sich nur in einem Punkt an den Politprofis orientieren: Sie können nach jeder Wahl(niederlage) mit Zahlen aufwarten, die „beweisen", dass ihre Partei im Vergleich zu dieser oder jener Wahl zugelegt hat. Kurz: Sie sind auf Gespräche gut vorbereitet.

Sorgfältig vorbereiten und souverän bestreiten: Interview
Interviews bieten die Möglichkeit, eine Meinung authentisch rüberzubringen, einen Sachverhalt ungefiltert darzustellen. Interviews werden von vielen Menschen gerne gelesen, gehört und gesehen. Eine große Chance und eine Herausforderung.

Für jedes Interview gilt: Auf eine gute Vorbereitung kommt es an. Fragen Sie, wenn Sie oder Ihre Chefin um ein Interview gebeten werden:

• Welche Themen sollen angesprochen werden?
• In welchem Zusammenhang steht das Interview?
• Wie lange soll es dauern?
• Wie soll es ablaufen?

Wenn es Ihre Zeit erlaubt und sich thematisch anbietet, können Sie Journalisten vorab Material zur Verfügung stellen. Das erhöht die Chance auf sachgerechte und sachkundige Fragen. Ob sich Journalistinnen vorbereiten, liegt jedoch ebenso in ihrem eigenen Ermessen wie die Entscheidung, was sie fragen.

Investieren Sie Zeit in die Vorbereitung. Setzen Sie nicht darauf, dass Ihnen oder Ihrer Vorgesetzten „schon etwas einfällt". Bringen Sie die „Botschaft(en)" auf den Punkt, die Sie im Interview platzieren oder Ihrem Chef nahelegen möchten. Arbeiten Sie an griffigen Formulierungen. Nur wenn man täglich über einen Sachverhalt redet, stellen sich Formulierungen „wie von selbst" ein. Doch Vorsicht: Diese Formulierungen sind oft nicht gelungen, sondern für Außenstehende unverständliches Vereinsdeutsch oder Businessjargon. Bei Sendeanstalten ist Zeit immer knapp und in Zeitungen Platz. Deshalb kommt es darauf an, rasch auf den Punkt zu kommen, um keine Chance zu vergeben.

Während eines Interviews sind folgende Punkte zu beachten
• *Kurz und prägnant antworten.* Das ist deshalb wichtig, weil Interviews nicht selten gekürzt werden. Sind Antworten zu lang, kann es passieren, dass eine Antwort völlig gestrichen oder geschnitten wird.
• *Keine Ein-Wort-Antworten.* Weder ein „Ja" noch ein „Nein" sind sendefähig. Antworten Sie deshalb mit einem ganzen Satz, auch wenn ein „Ja" genügen würde. – Frage: „Sind Sie für ein Tempolimit?" Antwort: „Ich befürworte ein Tempolimit nachdrücklich." Dieser Satz kann als O-Ton gesendet werden.
• *Antworten gliedern.* Das hilft beim Sprechen und erleichtert das Zuhören: „Ihre Frage spricht drei verschiedene Aspekte an. Ich will zunächst auf ... eingehen, dann auf ... und schließlich auf die Frage nach ..."
• *Interviewverlauf beeinflussen.* Sagen Sie das Wichtigste im letzten Satz einer Antwort: An den letzten Satz wird häufig angeknüpft, um die nächste Frage zu stellen.
• *Zeit lassen.* Sie müssen nicht sofort zur Sache sprechen. Sie können einen Überbrückungssatz formulieren: „Lassen Sie mich kurz nachdenken, um Ihre Frage so konkret wie möglich beantworten zu können."

- *Nachfragen.* Bitten Sie um eine Präzisierung, wenn Sie eine Frage nicht richtig verstanden haben: „Können Sie Ihre Frage etwas präziser (konkreter) formulieren?" Diese Nachfrage wird nicht gesendet, sondern nur Ihre Antwort auf die präzisierte Frage.
- *Wissenslücken nutzen.* Kennt sich der Interviewer nicht gut aus, ist das für Sie eine Chance, sachgerecht zu informieren oder zu kommentieren. Ärgern Sie sich nicht, sondern steuern Sie durch Ihre Antworten seine Fragen.
- *Auswählen.* Greifen Sie sich bei einer Kettenfrage den Aspekt heraus, der Ihnen am wichtigsten erscheint, und gehen Sie darauf ein.
- *Nichts durchgehen lassen.* Enthält die Frage eine Voraussetzung, die Sie nicht teilen, weisen Sie darauf hin: „Ihre Frage enthält eine Voraussetzung (einen Gegensatz), die (den) ich nicht teile. Ich gehe aber gerne auf das angesprochene Problem ein."

Bereitet eine Frage Schwierigkeiten, haben Sie folgende Antwort-Möglichkeiten: Sie *engen* die Frage *ein*: „Ich beantworte Ihre Frage an einem konkreten Beispiel." Oder Sie weiten die Frage *aus*: „Ich will Ihre Frage in einen größeren Zusammenhang einordnen." Und Sie können Sie *passen*: „Diese Frage kann ich im Moment nicht beantworten. Ich habe die Zahlen im Moment nicht vorliegen, ich reiche sie ihnen aber gerne nach."

Wenn Sie mit dem Interview zufrieden sind, können Sie es in einer Presseerklärung zusammenfassen. Dies sollten Sie allerdings mit der Redaktion absprechen, die vielleicht selbst eine Vorabmeldung herausgeben will. Ein Beispiel für eine Presseerklärung zu einem Interview:

Die Entscheidung des Stadtrats, das Frauenzentrum künftig nicht mehr finanziell zu fördern, sei „Ausdruck einer verfehlten …". Dies erklärte Petra Brand, Geschäftsführerin des Frauenzentrums, den … *Nachrichten.* Frau Brand warnte vor den Folgen einer Schließung des Zentrums. Sie forderte die Stadt auf, …

Zeitung
Bei Zeitungsinterviews sollten Sie darauf bestehen, den Text zu autorisieren, der veröffentlicht werden soll. Das ist ein übliches Verfahren. Sie können einzelne Formulierungen korrigieren – wenn Sie zum Beispiel an der einen oder anderen Stelle mit dem Satzbau in Konflikt geraten sind. Wurden bei einem längeren Interview Teile Ihrer Antworten gestrichen, steht es Ihnen frei, die Schwerpunktsetzung zu verändern. Sie können allerdings nicht den Text völlig umschreiben und ungeschickte oder unzulängliche Antworten korrigieren.

Wurde ein Interview regelrecht verpatzt, bleibt als letzte Möglichkeit, den Abdruck zu verweigern. Das hat allerdings Folgen: In der nächsten Zeit wird man nicht mehr um ein Interview gebeten.

Rundfunk

Kurze und prägnante Antworten sind bei Rundfunk- und Fernsehinterviews besonders wichtig. Die Zuhörer*innen müssen Ihre Antworten auf Anhieb verstehen, sie können nicht nachlesen. Radiohören ist für die meisten Menschen eine Nebenbeschäftigung, der sie nur geringe Aufmerksamkeit schenken. Deshalb: kurze und knappe Antworten ohne Fremdwörter, Fachausdrücke und Abkürzungen.

Kurz und knapp meint: Eine Antwort ist nicht länger als vier – klar gegliederte – Sätze. Bereits ein Satz mit mehr als 14 Wörtern ist für viele Menschen schwer verständlich; und bei mehr als 20 Wörtern schalten drei Viertel der Hörer ab.

Die Zuhörer*innen können Ihnen leichter folgen, wenn Sie langsam, ruhig und sachlich sprechen. Weiteres Plus: Sie versprechen sich nicht und haben keine Schwierigkeiten, einen Satz richtig zu beenden. Wer zu schnell spricht, macht sich und den Zuhörern keine Freude. Deshalb: nicht „ohne Punkt und Komma" reden und Pausen machen. Pausen sind

- ein rhetorisches Mittel: Lassen Sie eine wichtige Aussage wirken, indem Sie eine kurze Pause anschließen;
- eine Gliederungshilfe: Signalisieren Sie durch eine Pause, dass eine neue Überlegung folgt;
- eine Wohltat für den Sprecher und die Zuhörerin, denn sie geben Gelegenheit, Luft zu holen und nachzudenken.

Fernsehen

Meldet sich ein TV-Sender für ein 2-Minuten-Interview, sollten Sie sich darauf einstellen, dass Sie dieses Interview 60 min kosten kann: Die Beleuchtung muss eingerichtet, der richtige Hintergrund für die Aufnahmen gesucht (oder arrangiert) werden. Vielleicht wird noch eine Außenaufnahme gemacht. Oder Sie werden gebeten, für die Anmoderation des Interviews mehrmals einen Flur entlangzulaufen. Auch ein beliebtes Motiv: vor einem Bücherregal in einem Buch blättern.

Wohin schauen, wenn die Kamera läuft? Schauen Sie entweder den Interviewer an oder blicken Sie in die Kamera. Wenn Sie sich für die zweite Möglichkeit entscheiden, entsteht bei den Zuschauerinnen der Eindruck, dass Sie sich direkt an sie wenden. Blicken Sie erst dann in die Kamera, wenn die Frage gestellt ist. Wenden

Sie sich langsam der Kamera zu und antworten Sie. Schauen Sie nach der Antwort wieder die Interviewerin an.

Im Fernsehen werden Sie gesehen. Damit Sie auch optisch einen guten Eindruck hinterlassen, sollten Sie auf Ihre Kleidung achten: Vermeiden Sie Kleidung in schrill leuchtendem Rot.

Eindrucksbildend sind auch der Anfang und das Ende. Sagen Sie „Guten Tag (Morgen, Abend), Frau ...", wenn Sie auf Sendung gehen. Am Ende des Interviews wird Ihnen für das Gespräch gedankt. Bedanken *Sie* sich *nicht*. Sie haben ja etwas geboten. Sagen Sie: „Gerne" und – je nach Temperament und Inhalt des Interviews – „Tschüss, Frau ...", „Schönen Abend noch" oder: „Auf Wiedersehen".

Schließlich: Sie können Medien auch ein Interview anbieten, wenn Sie etwas Interessantes zu sagen haben. Das ist nicht peinlich, sondern üblich.

Gekonnt Kontakt pflegen: Hintergrundgespräch

Mit und über die Presse wird Politik gemacht. Wenn samstags im *Spiegel* steht, viele Mitglieder der Partei verstünden die Politik des Landesvorsitzenden nicht mehr, dann hat der *Spiegel* nicht mit *vielen Mitgliedern* gesprochen. Vielmehr wurde dem Blatt diese Einschätzung gesteckt. Nicht selten von einem Konkurrenten des Landesvorsitzenden oder seinem Vorgänger, der noch immer mit seiner Abwahl hadert.

Um diese Art der Hinterhaltgespräche geht es mir nicht, sondern um Gespräche als Mittel einer seriösen Pressearbeit. Hintergrundgespräche sind für eine kontinuierliche Pressearbeit nützlich. Sie zahlen sich nicht unmittelbar aus, sondern können langfristig Früchte tragen. Hintergrundgespräche sind ein Mittel, um

- Kontakte mit Journalistinnen und Journalisten zu vertiefen,
- Anstöße für eine Berichterstattung zu geben und
- Verständnis für die Arbeit des Verbandes oder Unternehmens zu wecken oder
- Missverständnisse auszuräumen.

Ein Hintergrundgespräch dient dazu, Journalistinnen mit Informationen zu versorgen, die über die Tagesaktualität hinausgehen. Das können Hintergrundinformationen über langfristige Projekte und Vorhaben oder wichtige Personalentscheidungen sein. Das Hintergrundgespräch ist auch eine geeignete Form, Fachjournalisten zu informieren. Das Mittel Hintergrundgespräch sollte nur dann gewählt werden, wenn auch tatsächlich Hintergrundinformationen geboten werden können: Informationen, die dem Verständnis künftiger Vorhaben dienen und die Einordnung anstehender Entscheidungen erleichtern.

Hintergrundgespräche können beiden Seiten nutzen: Journalisten haben einen Vorlauf für die Berichterstattung und können kompetent über ein Ereignis oder eine Entscheidung berichten. Für den Verband, das Forschungszentrum oder Ministerium erhöht sich die Chance, ins rechte Licht gerückt zu werden.

Die Intention des Hintergrundgesprächs bestimmt die Form. Es ist keine Frage- und Antwortrunde, sondern ein Gespräch. Der im Vergleich zur Pressekonferenz informelle Charakter dieses Gesprächs kann dadurch unterstrichen werden, dass es als „Pressefrühstück" (mit allem, was dazugehört) durchgeführt wird.

Zum Frühstück lädt man keine fremden Menschen ein. Das gilt auch für das Pressefrühstück oder Hintergrundgespräch: Ein offenes Gespräch setzt eine längere Zusammenarbeit voraus, in der sich ein Vertrauensverhältnis entwickeln konnte.

Wer nichts zu verbergen hat, sollte Hintergrundinformationen als zusätzliches Informationsangebot verstehen und Journalistinnen und Journalisten die Entscheidung überlassen, was sie bringen wollen. Der Hinweis „Diese Information bitte vertraulich behandeln" sollte die Ausnahme sein. Sind viele Informationen *off the record*, vergrault man Gesprächspartner*innen.

6.5   Professioneller Umgang mit Journalist*innen. Konflikte mit Medien meistern

Journalistinnen und Redakteure sind an News interessiert; allgemeiner: an interessanten Geschichten. Das ist ihr Beruf. Was sollten Sie – über die bisherigen Hinweise zur Pressearbeit hinaus – beachten, damit Ihnen eine professionelle Kommunikation mit Vertretern dieses Berufsstandes gelingt?

Wissen, was erwartet wird
Journalistinnen wollen *feste Ansprechpartner.* Redakteure wollen nicht heute eine Pressemitteilung vom Geschäftsführer, morgen einen Veranstaltungshinweis von einer Fachreferentin und am Tag darauf eine Beschwerde vom Verbandsvorsitzenden.

Journalisten sind dankbar, wenn Presseverantwortliche in der Lage sind, ihre Perspektive einzunehmen, und bei jeder Mitteilung, die an die Presse gehen soll, prüfen: Hat diese Mitteilung einen *Nachrichtenwert*? Professioneller Umgang mit Journalisten heißt: Was keinen Nachrichtenwert hat, wandert in den Papierkorb. Gehen Nichtinformationen an die Presse, landen sie im *Redaktions*papierkorb. Und der Absender erhält den Ruf, keine Quelle für Nachrichten zu sein, sondern ein (lästiger) Langweiler.

Wer Pressearbeit macht, muss für Medienresonanz sorgen. Das gelingt nur mit einem gewissen Maß an Distanz zur Arbeit des eigenen Hauses. Versteht sich eine Pressesprecherin als „Verkünderin" von Verbandsbeschlüssen, Parteiparolen oder Unternehmensphilosophie, ist sie für Journalistinnen keine ernsthafte Gesprächspartnerin. Versteht sich der Pressesprecher als Kommunikationspartner, der *Informationen aufbereitet, Zusammenhänge herstellt und Hintergründe erläutert,* ist der Grundstein für eine erfolgreiche Zusammenarbeit gelegt.

Ein Kommunikationspartner der Presse folgt dem Motto „Nicht die Masse macht's". Eine Kommunikationspartnerin der Presse gibt lieber weniger, dafür aber stets informatives Material an die Presse. Es kommt darauf an, Informationskanäle zu nutzen, statt sie zu verstopfen. Selbstverständlich müssen die Fakten stimmen und die Schlussfolgerungen seriös sein.

Kommunikation mit einem Partner sollte so direkt wie möglich erfolgen. Man kommuniziert nicht mit dem Westdeutschen oder Norddeutschen Rundfunk, sondern mit zuständigen Redaktionen oder besser: mit einer zuständigen Redakteurin. Pressemitteilungen oder Einladungen zur Pressekonferenz werden deshalb nicht an die Chefredaktion geschickt (in der Hoffnung, die wird schon dafür sorgen, dass jemand berichtet). Die direkte Kommunikation muss zügig erfolgen, denn Nachrichten müssen aktuell sein.

Wer einer Zeitung oder Zeitschrift, einem Radio- oder TV-Sender etwas anbieten will, sollte deren *Formate kennen:* Werden Gastkommentare gebracht? Gibt es eine Wissenschaftssendung? Bringt die Zeitung Nachrichten über Bildung und Ausbildung?

Wer sich nicht blamieren möchte, sollte sicher sein, dass die Informationen, die man anbietet, nicht in den letzten Wochen schon zu lesen, zu sehen oder zu hören waren: Journalisten sind verstimmt, wenn man ihr *Medium nicht aufmerksam wahrnimmt.* Und das heißt auch: Unbeliebt macht sich, wer nicht weiß, welcher Redakteur, welche Journalistin über welche Themen schreibt. Journalisten müssen recherchieren: Wer ist wichtige Ansprechpartnerin für dieses oder jenes Thema? Presseverantwortliche müssen wissen: Wer berichtet über „unsere" Themen?

Viele Journalisten sind mit Arbeit und Terminen bis über beide Ohren eingedeckt. Deshalb sollten Sie, wenn Sie eine Geschichte anbieten, umständliches Erzählen vermeiden. Plaudertaschen sind nicht beliebt. *Bringen Sie Ihr Angebot auf den Punkt* – zum Beispiel: „Ich habe eine interessante Geschichte über eine Mitarbeiterin, die …"

Ein Grundsatz ist in der Pressearbeit besonders wichtig: *alle Journalistinnen und Journalisten gleichbehandeln.* Dieses Prinzip sollte man insbesondere dann beachten, wenn man sich über einen Journalisten geärgert hat. Nie mit Informationsentzug bestrafen! Man schadet nur sich selbst. *Professionelle* Medienarbeit

heißt: dem Betreffenden (und nicht gleich der Chefredakteurin!) mitteilen, was warum missfiel.
Ausnahmen von dieser Regel sind zulässig. Nicht alle Medien sind gleich wichtig. Ein Journalist, der für die Zeitung schreibt, die in Ihrer Region die größte Beachtung findet, ist „gleicher" als andere. Das gilt auch für die Redakteurin, die für einen Sender arbeitet, der die größte Wirkung in Ihrem Arbeitsfeld hat. In diesem Sinne wichtige Journalistinnen und Journalisten können Sie gelegentlich über allgemeine Informationen hinaus mit Hintergrundinformationen versorgen oder ihnen eine Geschichte exklusiv anbieten. Das setzt voraus, dass diese Informationen auch tatsächlich einen Exklusivbericht rechtfertigen. Sie sollten jedoch die Bevorzugung eines oder weniger Journalisten nicht zur Regel machen, sonst verderben Sie sich die Beziehungen zu den übrigen Medien.

Auf Anfragen von Journalist*innen sollten Sie *rasch antworten*. Für die Frage einer Tageszeitungsjournalistin kann *rasch* heißen: innerhalb einer Stunde.

Haben Sie aktuelle und interessante Informationen geliefert und so einen persönlichen Kontakt zu einigen Journalistinnen hergestellt, sollten Sie den Kontakt auch dann pflegen, wenn es nichts Konkretes zu besprechen gibt. Journalisten sind Menschen, die sich auch gerne beim Wein, Kaffee oder Saft mit netten Menschen unterhalten.

Ein guter Draht zu Journalist*innen ist zwar keine Garantie für erfolgreiche Pressearbeit; er sorgt aber dafür, dass Ihren Pressemitteilungen und Veranstaltungen mehr Aufmerksamkeit geschenkt wird. Und über persönliche Kontakte können Sie leichter erfahren, warum eine Ankündigung nicht erschienen ist, ein Termin nicht wahrgenommen wurde: Lag es an der „Nachrichtenflut"? War der Nachrichtenwert zu gering? Oder hatte schlicht niemand Zeit? Sie können also durch Rückmeldungen lernen, Ihre Pressearbeit zu verbessern. Diese Chance sollten Sie nutzen.

Konflikte mit der Presse
Zu einem professionellen Umgang mit Medien gehört auch Gelassenheit. Nicht immer fällt ein Bericht oder das, was aus einer Pressemitteilung gemacht wurde, zur Zufriedenheit des Absenders aus.

Gelassenheit hilft weiter, wenn ein Bericht sachlich richtig ist, aber unvollständig oder in der Tendenz unfreundlich. Weder der Zynismus vieler Stars und Sternchen (*Hauptsache, mein Name ist richtig geschrieben*) noch die Eitelkeit mancher Chefs (*mein Name wurde gar nicht erwähnt!*) sind für eine zielgerichtete Pressearbeit hilfreich.

Zwischen Schweigen und Gegendarstellung gibt es eine Reihe von Möglichkeiten, falsche Darstellungen zu korrigieren und auf unsachliche Kritik zu reagieren.

Bei schwerwiegenden Fehlern in einem Bericht sollten Sie versuchen, in einem Gespräch mit dem zuständigen Redakteur eine Lösung zu finden, mit der beide Seiten leben können.

Redaktioneller Hinweis, Leserbrief, Richtigstellung
Das kann ein *redaktioneller Hinweis* auf einen Irrtum in der Berichterstattung sein oder ein *zweiter Artikel*, in dem der Sachverhalt – ohne ausdrücklichen Hinweis auf Fehler in der vorangegangenen Berichterstattung – korrekt dargestellt wird.

Auch *Leserinnenbriefe* sind geeignet, falsche Darstellungen ohne große Auseinandersetzungen oder juristischen Aufwand zu korrigieren. Vereinbaren Sie mit der Redaktion, dass Sie einen Leserbrief schreiben, der ungekürzt veröffentlicht wird. Leserbriefe sollten nicht in einem verbissenen Ton geschrieben werden. Gelingt es, eine Korrektur oder Ergänzung mit ein wenig Ironie zu verbinden, gewinnt man die Sympathie der Leserinnen und Leser.

Nach Absprache mit der Redaktion kann auch eine *Richtigstellung* veröffentlicht werden. Bevor man eine Richtigstellung schreibt, sollte vereinbart werden, dass sie unverändert gedruckt und von der Redaktion nicht kommentiert wird.

Gegendarstellung
Die Gegendarstellung ist eine erzwungene Richtigstellung. Sie sollte letztes Mittel in der Pressearbeit sein, denn sie verhärtet die Fronten in einem Konflikt und erschwert die zukünftige Zusammenarbeit. Die Gegendarstellung ist ein schweres Geschütz. Bevor ein solches Mittel eingesetzt wird, sollte die Pressearbeit überprüft, der Umgang mit Journalistinnen und Journalisten überdacht werden.

Das Recht auf Gegendarstellung ist in den Presse- und Rundfunkgesetzen der Länder geregelt (zu finden unter *www.presserecht.de*). Werden Privat- oder juristische Personen (zum Beispiel ein Verein) in ihrem Persönlichkeitsrecht verletzt, können sie eine Gegendarstellung verlangen.

Richtiggestellt werden können nur falsche *Tatsachen*behauptungen. Kommentiert zum Beispiel ein Redakteur die Entscheidung eines Vorstandes mit den Worten „dieser Beschluss richtet sich gegen die Interessen der ehrenamtlichen Mitglieder", ist das keine Tatsachenbehauptung, sondern ein – rechtlich zulässiges und gesetzlich geschütztes – Werturteil. Die Meinungs- und Pressefreiheit sind entschieden wichtiger als der Wunsch von Vorständen oder CEOs, positiv beurteilt zu werden.

Eine Gegendarstellung muss schriftlich erfolgen. Das in einem Begleitschreiben formulierte Abdruckverlangen muss von der oder dem Betroffenen unterzeichnet werden oder von einem Rechtsanwalt. Die Gegendarstellung

- darf nicht länger sein als der beanstandete Text;
- muss im gleichen Teil (zum Beispiel: Lokalteil) veröffentlicht werden, in dem der Artikel mit falschen Behauptungen platziert war;
- muss in der Schriftgröße wie der beanstandete Text gesetzt werden;
- muss unverzüglich erscheinen;
- darf von der Redaktion nicht verändert und
- muss mit dem Namen des oder der Betroffenen (bei Vereinen und Verbänden der oder dem Vorsitzenden) veröffentlicht werden.

In einer Gegendarstellung dürfen nur Tatsachenbehauptungen richtiggestellt werden. Gegendarstellungen enthalten keine Wertungen. Üblich ist folgende Form:

> Sie schreiben in Ihrer Ausgabe vom ...: „Die Betriebsratsvorsitzende der Hobel AG, Bernadette Westloh, erhält ein Jahresgehalt von 750.000 €."
> Diese Behauptung ist falsch. Richtig ist vielmehr: Frau Westloh erhält ein Jahresgehalt von 290.000 €.

In der Regel nutzt jede Redaktion ihr Recht, am Ende einer Gegendarstellung darauf hinzuweisen, dass sie gesetzlich dazu verpflichtet ist, die Gegendarstellung ohne Rücksicht auf den Wahrheitsgehalt zu veröffentlichen. Und die Redaktion kann hinzufügen, dass sie bei ihrer Darstellung bleibt.

Auch aus diesem Grunde ist der Nutzen einer Gegendarstellung fraglich; Aufwand und Ertrag sind deshalb kritisch zu prüfen. Nur wenn kein Dialog mehr möglich ist, sollte dieses Mittel eingesetzt werden. Ein professioneller Umgang mit Journalistinnen und Journalisten hilft, solche Zuspitzungen zu vermeiden.

Lehnt eine Redaktion die Veröffentlichung ab, muss der Rechtsweg beschritten werden. Gerichte entscheiden nur über den Anspruch auf eine Gegendarstellung, nicht über deren Wahrheitsgehalt.

Ein professioneller Umgang schließt das Wissen ein, wie man sich wehrt. Zu einem professionellen Umgang gehört auch die freundliche Reaktion auf eine positive Berichterstattung.

6.6   Shitstorms abwehren: Krisenkommunikation

Alle kann es treffen. Nicht nur Bischöfe, die sexuelle Gewalt von Priestern vertuschen. Nicht nur Konzerne, die Abgaswerte manipulieren. Nicht nur den Umweltverband, dessen Ehrenpräsident Elefanten abschießt. Nicht nur den ehemaligen Spitzensportler, der gegen Ethikregeln verstößt. Nicht nur den Regisseur, der sich am Set mehr als daneben benimmt. Wer regional, national oder international von

Bedeutung ist, sollte darauf eingestellt sein, in die Kritik zu geraten. Soziale Medien können dafür Ausgangspunkt und Beschleuniger sein. Kritik ist Lebenselixier der Demokratie. Kritik ist keine Katastrophe. In die Kritik geraten, heißt nicht: in die *Krise* geraten. Wann ist Krisenkommunikation notwendig? Und wie sich für den Krisenfall wappnen?

Ist es wirklich eine Krise?

Ist ein kritischer Bericht in der Lokal- oder Regionalpresse für ein überregionales Unternehmen eine Krise? Ist ein vorwurfgespickter Beitrag im Fernsehmagazin *Panorama* eine Krise für einen großen Umweltverband? Wann hat eine Meinungslawine auf *Facebook* oder *Twitter* einen kritischen Punkt erreicht? Auf diese Fragen gibt es keine verbindlichen Antworten, sondern nur zwei Empfehlungen:

1. Keine Hektik. Sehr ruhig und analytisch nach Antworten suchen. Ein Shitstürmchen geht schnell vorüber. Ein paar kritische Posts sind keine Krise. Allerdings sollten sie auch nicht ignoriert, sondern sachlich kommentiert werden.
2. Akzeptieren, dass kritisiert werden darf, wer von öffentlichem Interesse ist.

Es ist kein Geheimnis, dass manche Menschen in Sozialen Medien ihrem Ärger freien Lauf lassen, weil sie sich danach besser fühlen. Psychohygiene statt Kommunikation ist auf *Facebook* und *Twitter* keine Seltenheit. Es ist bekannt, dass Reichsbürger und andere rechte Gruppen organisiert und mit Fake-Accounts Politikerinnen und Politiker mit Hasstiraden überziehen. Morddrohungen und Antisemitismus sind ein Fall für die Justiz.[7] Es ist Fakt, dass „Trolle", die sich durch destruktive Beiträge hervortun, keiner rationalen Argumentation zugänglich sind (und in der Regel die Community nerven).

Unangenehme Reaktionen werden zur *Krise*, wenn das Ansehen und die Interessen gefährdet sind. Dann muss umgehend gehandelt werden. Dann hat Krisenbewältigung Priorität.

Krisenbewältigung hat zwei Dimensionen: Krisenmanagement und Krisenkommunikation.

---

[7] Auf den Seiten des Bundeskriminalamtes sind die „Online-Wachen" der Bundesländer aufgeführt, bei denen Anzeigen erstattet werden können: https://bka.de/DE/KontaktAufnehmen/Onlinewachen/onlinewachen_node.html

Hilfestellung für Strafanzeigen ist auf den Seiten von *Hassmelden* zu finden: hassmelden. de Zudem sollten Hass und Hetze den Sozialen Netzwerken gemeldet werden:
https://de-de.facebook.com/help/688521894518136?helpref=uf_permalink&rdrhc
https://de-de.facebook.com/help/instagram/198034803689028
https://help.twitter.com/de/safety-and-security/report-a-tweet

Krisenmanagement meint: die Vorgänge klären, die die Krise ausgelöst haben. Die Konsequenzen ziehen, die erforderlich sind, um die Krise zu beenden. Ein Beispiel: In den Medien wird berichtet, das Hilfswerk ABC ginge leichtfertig mit Spenden um: aufwendige Büroausstattung, hohe Spesenrechnungen für opulente Bewirtungen, Reisen, deren Sinn und Zweck fraglich sind. *Krisenmanagement* heißt: klären, ob diese Vorwürfe zutreffen. Ist dies der Fall, müssen diese Missstände beseitigt, Verantwortliche zur Rechenschaft gezogen und Maßnahmen ergriffen werden, um solche Vorfälle künftig zu vermeiden.

Krisen*kommunikation* kann nur so gut sein wie das Krisen*management*. Was sollte Krisenkommunikation beachten, damit die Kommunikation nicht zur Krise wird?

Vorbeugen: Voraussetzungen für eine erfolgreiche Krisenkommunikation schaffen

Prävention erleichtert die Reaktion. Soziale Medien können Krisen auslösen und verstärken. Rasend schnell. Deshalb sollten Verbände und Parteien, Unternehmen und Ministerien vorbereitet sein, wenn ein *Shitstorm*[8] anrollt, und nicht erst dann Zuständigkeiten und Kommunikationswege klären.

Nützliches Instrument der Vorbeugung ist ein Manual *Krisenkommunikation*. In einem solchen Leitfaden, den – sofern vorhanden – die Kommunikationsabteilung erstellt, wird festgelegt:

- Wer für was zuständig ist, wer entscheidet was?
- Welche Personen bilden das Krisenteam?
- Wer ist für die Medien permanenter Ansprechpartner, wer Ansprechpartnerin für Gremien und wichtige Stakeholder (zum Beispiel Förderer, Spenderinnen, Mitglieder, Aktionäre)?
- Wer muss informiert werden?
- Wie werden die interne und die externe Kommunikation aufeinander abgestimmt? Entscheidungsträgerinnen und Mitarbeiter sollten umgehend von „innen" informiert werden. Lesen sie Kritik im Netz oder in der Presse, weckt das Misstrauen und beeinträchtigt die Loyalität.
- Welche Kanäle werden genutzt?
- Aktuelle „Schlüssel"-Daten – zum Beispiel: Einnahmen und Ausgaben, Umsatz und Gewinn, Arbeitsbedingungen, Umweltbelastungen, Vorstandsvergütung, Verwaltungskosten, Mitgliederentwicklung.

---

[8] *Shitstorm* wurde 2011 zum Anglizismus des Jahres gewählt. Die Begründung: Es gibt keine passende Übersetzung (www.anglizismusdesjahres.de/wp-content/uploads/2012/02/adj2011-pressemitteilung.pdf).

- Fragen und Antworten zu Kernthemen, die in die Kritik geraten können – zum Beispiel: Unternehmensspenden, Höhe der Kosten für Mitglieder- und Spendenwerbung, Widersprüche zwischen Natur- und Klimaschutz, sozialpolitische Forderungen und Bezahlung der eigenen Mitarbeiterinnen und Mitarbeiter.
- Ablaufpläne: Was ist in welcher Reihenfolge zu tun?
- Alle notwendigen Telefonnummern und E-Mail-Adressen.

Vorbeugen heißt für eine Partei oder NGO, eine Stiftung oder einen Verein auch: dafür sorgen, dass im Krisenfalle die Mitglieder, Förderer, Spenderinnen zur Seite stehen. Wer sich als dialogfähig und transparent präsentiert, kann bei unberechtigten Vorwürfen und unsachlicher Kritik mit Unterstützung rechnen.

Zur Dialogfähigkeit zähle ich den offensiven Umgang mit Misserfolgen. Wird zum Beispiel ein Kampagnen- oder Wahlziel nicht erreicht, für das intensiv geworben wurde, sollte das nicht vertuscht werden. Vielmehr sollte informiert werden, was warum nicht erreicht wurde, was daraus gelernt wurde und künftig besser gemacht werden soll. Diese Haltung wird sich bei einem Shitstorm auszahlen.

Um schnell reagieren zu können, ist es zudem erforderlich, die eigenen Kanäle und die für den Arbeitsbereich relevanten Medien kontinuierlich im Auge zu behalten.

Erreichbar und dialogfähig: Krisen kommunikativ meistern
Ist der Krisenfall eingetreten, sind Schnelligkeit und Dialogfähigkeit entscheidend. *Schnelligkeit* schließt Erreichbarkeit ein. Von Kommunikationsagenturen und Professoren für Kommunikation wird gerne die 24/7-Anforderung erhoben: rund um die Uhr erreichbar sein. Realistischer scheint mir die Anforderung zu sein, dass diejenigen, die Auskunft geben sollen, in Krisenzeiten täglich bis 22 Uhr (und nicht 24 h am Tag) erreichbar sind. Was gehört noch zu einer professionellen Krisenkommunikation? Und was nicht?

Schnell reagieren
Gründlichkeit geht vor Schnelligkeit. Gleichwohl muss auf kritische Beiträge umgehend reagiert werden. Aber nicht zwingend umfassend. Es genügt, eine Stellungnahme anzukündigen (die auch zeitnah erfolgen muss). Ich habe die Erfahrung gemacht, dass auch skeptische Nutzer und kritische Nutzerinnen Verständnis dafür haben, dass eine ausführliche Reaktion Zeit braucht.

Am richtigen Ort reagieren
Auf Kritik in der Presse wird mit Pressearbeit geantwortet und mit Informationen in allen eigenen Online-Medien. Mit einer Pressemitteilung auf Angriffe im Netz

186 6 Öffentlich kommunizieren: Professionell Medien und Öffentlichkeit ...

zu reagieren, geht an der Zielgruppe vorbei und führt eventuell dazu, dass die Aufmerksamkeit der Presse auf diese Angriffe gelenkt wird. Solange Kritik nur im Netz geäußert wird, solange wird nur dort auf die Kritik reagiert.

Reaktionen bündeln
Kritik und Fragen in Blogs oder auf *Facebook* thematisch gebündelt beantworten. Es wäre eine Überforderung und inhaltlich nicht sinnvoll, auf jeden einzelnen Eintrag reagieren zu wollen.

Fehler einräumen
Wurde ein Fehler begangen, hilft nur eines: einräumen. Fehler (die sich im Rahmen halten) werden verziehen. Lügen nicht. Die vielen Politiker*innen, die leugneten, bei der Doktorarbeit geschummelt zu haben, und so manche gedopte Sportlergröße können ein Lied davon singen. Ehrlich währt am längsten. Und eine Entschuldigung ist kein Zeichen von Schwäche.

Nicht mauern
Wenn ein Unternehmen oder ein Verein zu lange mit der Ankündigung wartet, ernsthaft Konsequenzen aus einem Fehler oder schlechtem Service zu ziehen, wenn Sündenböcke präsentiert werden statt Aufklärung – dann zahlt das Unternehmen oder der Verein aller Erfahrung nach am Ende einen höheren Preis als Unternehmen und Vereine, die schnell und glaubwürdig handeln. Das musste zum Beispiel der ADAC erfahren, der nur halbherzig reagierte, als bekannt wurde, dass der Klub die Wahl zum Autopreis „Gelber Engel" manipuliert hatte. Das musste der PC-Hersteller *Dell* erleben, der Kritik am mangelnden Kundenservice lange ignorierte. Bis ihn eine Empörungswelle überrollte, die den Aktienkurs sinken ließ.

Es muss nicht immer die Chefin oder der Chef sein
Krisenmanagement ist Chefsache, Krisenkommunikation nicht unbedingt. Vor allem dann nicht, wenn das Auftreten der Chefetage einem Vorgang mehr Bedeutung verleiht, als er eigentlich hat. Und dann nicht, wenn die Verbands- oder Unternehmensspitze selbst nach wiederholten Trainings noch nicht fit ist für Radio- und Fernsehauftritte oder einen Podcast.

Erreichbarkeit und Zuständigkeit
Wer in einer Krise Auskunft geben soll, muss für Journalistinnen und Journalisten problemlos zu erreichen sein. Im Verband oder Unternehmen müssen alle wissen, an wen sie verweisen sollen, falls sie angesprochen werden.

Informieren, nicht diskutieren

Ein Shitstorm ist kein Gespräch. Es ist wenig erfolgversprechend, in einer solchen Situation diskutieren zu wollen. Es kommt vielmehr darauf an, alle wichtigen Informationen zu dem Sachverhalt, auf den sich der Shitstorm bezieht, leicht zugänglich online zu stellen. Viele Menschen wollen sich zum Glück eine eigene Meinung bilden.

Personalisieren

Wenn mit Name (und Bild) reagiert wird, führt das aller Erfahrung nach zu einer Deeskalation: Personen werden nicht so heftig attackiert wie Institutionen. Es sei denn, sie haben sich nachhaltig unbeliebt gemacht (wie die ehemaligen Chefs von VW und der Deutschen Bank).

Fakten präsentieren

Niemand mag Brokerdeutsch und Vereinsprosa. Alle, Fake-News-Fans ausgenommen, mögen Fakten. Deshalb: schnörkellos die klassischen W-Fragen beantworten: Wer hat was, wann, warum, mit welchem Ergebnis gemacht?

Niemanden beschuldigen

Immer auf die Vorwürfe eingehen. Nie versuchen, die Quelle der Kritik zu diskreditieren. Als der ehemalige Verteidigungsminister die Plagiatsvorwürfe als Kampagne aus dem politisch linken Spektrum abtat, tat er sich keinen Gefallen. Er erntete noch mehr Kritik. Ging es doch darum, ob die Vorwürfe berechtigt waren oder nicht – und nicht darum, wer sie erhoben hat.

Keine Medienschelte

Folgende Nachricht werden wir nie in den Medien finden: „Alle Krankentransporte des XYZ kamen gestern unfallfrei an ihre Ziele". Wohl aber: „Betrunkener XYZ-Fahrer verursachte schweren Unfall mit Krankentransporter".

Schlechte Nachrichten, die Abweichung vom Regelfall, rangieren in der Bedeutungsskala von Journalistinnen und Journalisten ganz oben. Deshalb interessiert eine kritisierte NPO mehr als die „gewöhnliche" Arbeit einer NPO. Darüber kann man sich ärgern, daran aber nichts ändern (außer mit spannenden Geschichten über die „gewöhnliche" Arbeit).

Auch im Umgang mit Medien gilt: immer auf die Kritik, die Vorwürfe eingehen. Nicht die Medien kritisieren. Deshalb nicht: „Der ABC-Anzeiger macht sich zum Sprachrohr der Immobilienhaie, wenn er ...", sondern: „Die Behauptung des ABC-Anzeigers ... trifft nicht zu. Richtig ist vielmehr ...".

Nicht in die gleiche Kerbe hauen

Die Umgangsformen im Web 2.0 sind oft miserabel. Nie auf einen rüden Ton einlassen! Til Schweiger mag auf *Facebook* Kollegen „moppelige Kommissare" nennen und Kritiker „Trottel". Oliver Pocher mag über Stars und Sternchen herziehen. Beide haben keinen Ruf zu verlieren.

Posts nicht löschen

Sofern ein Post nicht zu Straftaten aufruft und nicht gegen die Regeln verstößt, die für das Social-Media-Angebot aufgestellt wurden, sollte er nicht gelöscht werden. Auch dann nicht, wenn die Kritik grenzwertig formuliert ist. Löschungen werden von den Nutzerinnen und Nutzern als Zensur gewertet. Zensur heizt einen Shitstorm an.

Keine Wagenburg bilden

„Die Welt ist gegen uns, wir sind umgeben von Kritikern, die Medien missbrauchen die Pressefreiheit. Jetzt müssen wir uns fest zusammenschließen und uns wehren." Diese Form der Realitätsverkennung macht jede Krisenkommunikation unmöglich. Sie hat schon manchen Politiker das Amt gekostet und manchen Bank- oder Industrie-Boss den Job.

Zurückhaltend mit Rechtsmitteln umgehen

Wer mit Rechtsmitteln gegen Kritik vorgeht, erzeugt häufig mehr Aufmerksamkeit für die Kritik. Zudem mahlen die Mühlen der Justiz langsam. Wer klagt, muss sich darauf einstellen, dass die Vorwürfe nach Monaten erneut in die Öffentlichkeit kommen, wenn über die Klage entschieden wird.

Als zum Beispiel der Chemie-Konzern *Bayer* vor einigen Jahren gegen den *BUND* auf Unterlassung klagte, löste das Unternehmen eine Solidaritätswelle aus.

Bayer hätte es besser wissen müssen: 2010 ging *Nestlé* juristisch gegen einen kritischen *Greenpeace*-Spot vor und verweigerte jede Diskussion über die Vorwürfe der Umweltorganisation. Das Ergebnis: Der Konzern wurde mit über zweihunderttausend wütenden Reaktionen überschwemmt, der Spot wurde vielfach hochgeladen und auch die Medien berichteten kritisch über Nestlé. Schließlich lenkte der Konzern ein, entschuldigte sich und versprach Veränderungen.

Kurz: Klagt ein großer Konzern gegen einen angesehenen Umweltverband, wird das als Auseinandersetzung zwischen Geld und Moral wahrgenommen und als Angriff auf die Meinungsfreiheit. Klagen gegen Medien haben einen ähnlichen Effekt, weil sie als Angriff auf die Pressefreiheit verstanden werden.

Die Konzentration auf ein juristisches Vorgehen kann zudem zu einer Art Realitätsverkennung führen: Eine Klage mag rechtlich schlüssig sein, ist aber der Öffentlichkeit nicht zu vermitteln. Weil es zum Beispiel moralisch nicht zu rechtfertigen ist, ein Korallenriff zu zerstören oder Menschen aus ihrer Wohnung zu vertreiben, um große Gewinne zu machen.

6.7 Literaturempfehlungen

Interesse wecken: Veranstaltungen einladend ankündigen
Norbert Franck: Praxiswissen Presse- und Öffentlichkeitsarbeit. 3. Aufl. Wiesbaden 2017
Informieren: Überzeugende Pressemitteilungen schreiben
Norbert Franck: Professionelle Pressearbeit. Wiesbaden 2019
Neugierig machen: Zu Pressekonferenzen einladen, Pressekonferenzen bestreiten
Norbert Franck: Praxiswissen Presse- und Öffentlichkeitsarbeit. 3. Aufl. Wiesbaden 2017
Gekonnt vorbereiten und bestreiten: Interviews und Hintergrundgespräche
Norbert Franck: Professionelle Pressearbeit. Wiesbaden 2019
Professioneller Umgang mit Journalist*innen. Konflikte mit Medien meistern
Matthias Lehr: Unternehmen in der Krise: Diese rechtlichen „Werkzeuge" müssen Sie kennen. Pressesprecher H. 8/2013, S. 40–41 www.pressesprecher.com/nachrichten/unternehmen-der-krise-diese-rechtlichen-werkzeuge-muessen-sie-kennen
Shitstorms abwehren: Krisenkommunikation
Susanne Bachmann, Anabel Ternès von Hattburg: Effiziente Krisenkommunikation – transparent und authentisch. 2. Aufl. Wiesbaden 2021
Wissenschaftlichen Referentinnen und Referenten empfehle ich:
Viola Falkenberg: Wissenschaftskommunikation. Tübingen 2021

Bewerben und starten – Führung und Kritik

Worauf kommt es bei einem Mitarbeitergespräch an? Was kommt auf Sie zu, wenn Ihnen Führungsverantwortung übertragen wird? Wie sollen Sie mit Kritik umgehen und wie, wenn notwendig, angemessen kritisieren? Und wann ist warum Small Talk wichtig?

Auf den vorangegangenen Seiten habe ich zentrale Herausforderungen behandelt, vor denen Referentinnen und Referenten stehen. Nicht alle Job-Anforderungen lassen sich exakt bestimmten Kategorien zuordnen. Auf den nächsten Seiten geht es um Anforderungen, die bislang noch nicht angesprochen wurden. Um Aufgaben und Situationen, auf die Sie vorbereitet sein sollten.

Ich habe die Aufgaben und Situationen als Fragen formuliert. Alle Antworten sind nicht nur für den Job der Referentinnen oder des Referenten interessant, sondern auch für andere Berufe.

Sie werden vielleicht Zeitmanagement auf den folgenden Seiten vermissen. Ich sehe in dem Aufheben, das um den Umgang mit Zeit gemacht wird, viel Lärm um nichts. Die meisten Empfehlungen zur Zeitplanung sind trivial: Priorisieren Sie täglich, was Sie zu tun und zu entscheiden haben. Oder: Zerlegen Sie komplexe Vorgänge in mehrere Teilschritte.

Was macht die alleinerziehende Mutter, wenn die Kita geschlossen ist? Wer oder was hat Priorität? Welchen *Vorgang* gilt es zu zerlegen? Und was ist, wenn – wieder einmal – der ICE ausfällt? Oder der Chef gegen 17 Uhr sehr eindringlich darum bittet, ihm bis morgen um 9 diese oder jene Zahlen in gut gegliederten Charts aufzubereiten? Und können wir nicht zu jeder Zeit beobachten, wie viele Mittel und Medien, von denen man versprach, sie würden uns Zeit ersparen, sich als Zeitfresser entpuppen?

© Der/die Autor(en), exklusiv lizenziert an Springer Fachmedien
Wiesbaden GmbH, ein Teil von Springer Nature 2023
N. Franck, *Praxishandbuch für Referent*innen*,
https://doi.org/10.1007/978-3-658-41031-5_7

Oft ist Zeit das, so Karlheinz Geißler, „was man braucht, um allen jenen 1,7 Mio. Hinweisen nachzugehen, die man zum Suchbegriff ‚Zeit' im Internet findet." (2004, S. 17)

„Wir könnten", noch einmal Geißler, „mehr Zeit sparen, wenn nicht so viel Zeit für die Organisation von Zeit aufwenden würden." (2004, S. 252)

7.1   Ich will Referent*in werden. Worauf kommt es bei Bewerbungen an?

Sie wollen sich auf eine Referenten-Stelle bewerben. Die Empfängerin Ihrer Bewerbung entscheidet in wenigen Minuten, ob Ihre Unterlagen auf den Stapel „Absage" oder „Einladung" kommen.

Ob es der Stapel „Einladung" wird, hängt nicht zuletzt davon ab, ob Sie Ihr *Können kommunizieren können*: Bewerbungen sind Kommunikationssituationen. Sie erhöhen Ihre Erfolgschancen, wenn Sie die verschiedenen Seiten von Kommunikation im Blick haben, kommunikative Kompetenz demonstrieren.

Unter diesem Gesichtspunkt gehe ich auf Bewerbungen ein. Ich will nicht mit Bewerbungsratgebern konkurrieren: Die meisten Veröffentlichungen dieses Genres sind Schablonen-Lieferanten, die Muster-Schreiben und Muster-Antworten anbieten. Mit einer Orientierung an Mustern gelingt keine individuelle, situationsangemessene Bewerbung. Genau darauf kommt es jedoch an. Und mit dem Auswendiglernen von Antworten auf mögliche Fragen schüchtert man sich ein, denn es könnte auch ein Dutzend anderer Fragen gestellt werden, für die man keine Antworten „gelernt" hat. Ohnehin machen gelernte Antworten keinen guten Eindruck.

Der reflektierte Blick auf die unterschiedlichen Kommunikationsdimensionen (vgl. Kap. 3) erleichtert Ihnen eine situationsangemessene Selbstdarstellung und ein selbstbewusstes Auftreten in Bewerbungsgesprächen.

Eine Bewerbung soll Auskunft darüber geben
*   was Sie können: *Sachaussage,*
*   wie Sie sich und Ihre Kenntnisse, Fähigkeiten, Erfahrungen und Motive präsentieren: *Selbstauskunft,*
*   wie Sie Ihre Beziehung zum potenziellen Arbeitgeber sehen: *Beziehung.*

Diese Auskunft soll Gründe für den unausgesprochenen *Appell* liefern: *Entscheiden Sie sich für mich.*

Wenn eine Bewerbung explizit oder implizit eine Sachaussage, eine Beziehungs- und eine Selbstauskunft sowie einen Appell enthält, dann ist es sinnvoll, Bewerbungen so zu gestalten, dass möglichst genau das wahrgenommen wird, was Sie möchten, dass es wahrgenommen wird.

Seriöse Werbung: Sachaussage
Werbung statt Nacherzählung
Ein Anschreiben soll eine pointierte Antwort auf die Frage geben: *warum gerade Sie für diese Stelle?* Die Nacherzählung Ihres Lebenslaufs leistet das nicht: Jede Bewerbung ist auch *Werbung*. Werben Sie seriös mit Ihren Vorzügen für den Arbeitgeber.

*Jäger*in statt Sammler*in*
Bei der Darstellung der Erfahrungen, Kenntnisse und Fähigkeiten geben Sie auch Auskunft über Ihre Selbstwahrnehmung: Habe ich Erfahrungen *gemacht*, mir Kenntnisse *angeeignet* und Fähigkeiten *erworben*? Bin ich also ein *aktiver* Mensch.

Oder *wurden* mir in der Lehre oder an der Hochschule Kenntnisse *vermittelt*, habe ich in Praktika Erfahrungen *sammeln* können, *wurde ich* während meines Volontariats mit der Anzeigenakquise *vertraut gemacht*?
Kürzer: Aktiv ist dynamisch, passiv behäbig.

Belege statt Behauptungen
Die sogenannten Soft Skills stehen hoch im Kurs. Deshalb legen Bewerbungsratgeber nahe, mit einer guten Portion Soft Skills aufzuwarten: dynamisch, kreativ, teamfähig, belastbar (stressresistent) und flexibel – zum Beispiel.

Jede und jeder kann behaupten, kreativ oder teamfähig zu sein. Für diese Skills müssen Belege angegeben werden: In welchen (nicht nur) beruflichen Zusammenhängen hatten Sie die Möglichkeit, Teamfähigkeit unter Beweis zu stellen, für die Bewältigung welcher Anforderungen war Kreativität Voraussetzung?

Selbstbewusst und positiv
Ich bin selbstbewusst. Diese Selbstauskunft signalisieren Sie in Bewerbungssituationen durch Verben wie *meinen* (statt glauben) und *können* (statt könnte). Und durch einen positiven Blick auf Ihre Kenntnisse und Fähigkeiten. Deshalb nicht: Ich habe nur wenige HTML-Kenntnisse. Sondern: Ich verfüge über ausbaufähige HTML-Grundkenntnisse.[1]

---

[1]Am Rande: Aus einer Arbeitsmarktstudie von 2017 geht hervor, dass Bewerberinnen und Bewerber bei Aussagen über ihre fachlichen Kompetenzen am meisten schwindeln (Schenz 2018, S. 59).

Ich kann Bewerbung: Selbstauskunft
Ihnen ist die Stelle wichtig
  Deshalb schreiben Sie keine Standard-Bewerbung, sondern eine auf die Stelle zugeschnittene. Auch die Form stimmt (keine Rechtschreib- und Grammatikfehler, gutes Papier, korrekte Briefgestaltung, kein Design-Schnickschnack usw.). Und Sie erkundigen sich, an wen Sie die Bewerbung richten sollen. „Sehr geehrte Damen und Herren" ist unter Ihrem Niveau.

Sie sind kein Angeber und keine Plaudertasche
Deshalb verzichten Sie auf Belesenheitsnachweise („Schon Aristoteles meinte, …"), auf Geschichten aus dem Arbeitsleben und auf Selbstlob: Wer angibt, hat's nötig.

Sie kennen Ihre Stärken
Deshalb können Sie sie ohne Einschränkungen im Vorstellungsgespräch benennen. Die beliebte unsinnige Frage nach Schwächen beantworten Sie mit Bezug auf die angestrebte Stelle: „Ich muss mich mit … vertraut machen."

Sie haben klare Vorstellungen
Sowohl über eine Arbeit, die Sie zufriedenstellt, als auch – jedenfalls für die nächsten fünf Jahre – über Ihre berufliche und private Perspektive. Und diese Vorstellungen können Sie klar benennen. Zum Beispiel:

• „Wenn ich diese Aufgabe zwei Jahre erfolgreich ausgefüllt habe, stelle ich mir als nächsten Schritt einen Auslandsaufenthalt in einem Tochterunternehmen (eine Führungsaufgabe in der Zentrale) vor."
• „Mittelfristig ist mir eine Familie wichtig. Aktuell sind Kinder für mich kein Thema."

Sie wissen, wie sich Personalchefs informieren
Personalchefinnen informieren sich im Netz über Bewerber. Deshalb haben Sie Ihre Social-Media-Accounts überarbeitet: Sie machen auf *Facebook, Xing* und Co. einen guten Eindruck.

Ich bringe Wertschätzung zum Ausdruck: Beziehung
Sie belehren nicht
  Wer sich um eine Stelle bewirbt, ist auskunftspflichtig. Belehrungen – „Die Globalisierung der Märkte erfordert …" oder: „Unternehmen, die sich am Markt behaupten wollen, müssen heute …" – sind nicht situationsangemessen.

Sie wissen: Eine Geschäftsführerin, ein Personalchef hat viel zu tun
Deshalb langweilen Sie im Lebenslauf nicht mit Angaben über Eltern und Geschwister oder wo sich Ihre Grundschule befand. Stattdessen geben Sie an, was entscheidungsrelevant ist: Erfahrungen, Kenntnisse (Sprachen, EDV usw.), Weiterbildung und was über das Berufliche hinaus interessant sein könnte (zum Beispiel Sport oder ehrenamtliches Engagement).

Sie kommunizieren auf Augenhöhe und beachten alle Beteiligten
Deshalb gestalten Sie das Bewerbungsgespräch mit, zudem Sie pünktlich und nicht overdressed kommen: den Small Talk vor und nach dem eigentlichen Gespräch sowie mit Fragen zur Stelle.

Als höflicher Mensch nehmen Sie zu allen Beteiligten eines Bewerbungsgesprächs Blickkontakt auf. Sie spreche nicht nur die Chefin an, sondern auch ihren Assistenten.

Originell statt unbeholfen: Appell
Sach- und Beziehungsaussage sowie Selbstauskunft sollen Argumente liefern für den Appell: *Entscheiden Sie sich für mich.*

Soll man diesen Appell am Schluss eines Anschreibens formulieren, andeuten oder gänzlich darauf verzichten?
Unbeholfen ist die Standardformulierung: „Es würde mich freuen, von Ihnen zu einem Gespräch eingeladen zu werden."
Noch unbeholfener der Vorschlag eines Werbeprofis: „Einen ersten Eindruck meiner Motivation und meiner Fähigkeiten haben Sie hoffentlich schon bekommen. Bitte überzeugen Sie sich gerne persönlich von mir" (Berg 2013, S. 59).
Entschieden besser als *bitten* ist *freuen* (und von *hoffentlich* rate ich ab: Das Wort vermittelt einen wenig selbstsicheren Eindruck). Mein Vorschlag: Nicht schreiben, was als selbstverständlich bekannt ist. Sondern mit einer Selbstauskunft enden, die Personalchefs noch nicht sehr oft gelesen haben. Zum Beispiel: „Ich bin gespannt auf Ihre Rückmeldung."

7.2   Erster Arbeitstag: Wie stelle ich mich vor? Wie gelingt mir Small Talk?

Der erste Arbeitstag. Alles ist neu. Und aufregend. Auch beim dritten oder vierten Job. Sie müssen sich vorstellen und wollen einen guten Eindruck machen.

Ich habe über hundert Vorstellungen in Mitarbeiterversammlungen und Abteilungsbesprechungen erlebt. Und sehr oft gedacht: Schade, verschenkt. Warum macht sie sich so klein? Warum nimmt er sich so zurück? Und warum bekommt er den Mund nicht auf, wenn er eine neue Kollegin am Kopierer, einen neuen Kollegen an der Kaffeemaschine trifft? Sich vorstellen und ins Gespräch kommen – die Themen auf den folgenden Seiten.

Sich nicht kleinmachen, sondern ins rechte Licht rücken
Niemand mag die Angeberin oder den Aufschneider. Viele haben deshalb Angst, klar und deutlich zu sagen, was sie können und erreicht haben: Selbstsicherheit könnte ja Sympathien kosten. Deshalb sind Vorstellungen häufig von Diminutiven geprägt. Können und Leistungen werden durch *ein bisschen, ein wenig, irgendwie, eigentlich* oder *nur so* (und Füllwörter wie *genau*) geschmälert. Zum Beispiel wurde in der Masterarbeit nicht untersucht, analysiert oder evaluiert, sondern *geguckt,* es wurde *erzählt* und *gedacht* statt berichtet und festgestellt.

Ja, Eigenlob stinkt. Das ist jedoch kein Grund, die eigenen Leistungen, Erfahrungen und Erfolge kleinzureden. Schwächen, Irrwege, Niederlagen sind Themen für Gespräche mit guten Freundinnen und Freunden. Wenn Sie sich vorstellen: Stellen Sie sich positiv dar und sagen Sie, dass Sie sich über Unterstützung bei der Einarbeitung freuen und hoffen, auf Ihre Kolleginnen und Kollegen zugehen zu dürfen, wenn Sie Fragen haben. Bitten Sie zudem um Nachsicht, wenn es Ihnen nicht gelingt, sich in den ersten Tagen alle Namen zu merken.
So wecken Sie Sympathie: Die oder der Neue kann was (das beruhigt). Doch sie ist keine Hoppla-ich-weiß-und-kann-alles. Vielmehr bringt er zum Ausdruck: Von ihnen kann ich lernen. Das hören alle gern! Und selbstverständlich, das leitet zum nächsten Abschnitt über, sollen Sie persönlich werden: „Im Sommer stehe ich gern auf meinem Paddelboard." Oder: „Meine Tochter Sarah ist seit Montag in der Kita."

Ein paar Minuten Freundlichkeit: Small Talk
Noch einmal zurück an den Kopierer bzw. zur Kaffeemaschine: Haben Sie eine Kollegin noch nicht gesehen: „Guten Morgen. Ich bin Tim Fischer, der neue Referent der Geschäftsführung." Die Kollegin wird sich vorstellen. Jetzt sind Sie wieder dran. Sie können es kurz halten: „Auf gute Zusammenarbeit und einen schönen Tag noch." Oder Sie beginnen einen Small Talk. Zum Beispiel mit einer Frage nach den Aufgaben der Kollegin.

Small Talk ist Beziehungspflege. Beziehungspflege ist wichtig. So kann Small Talk gelingen:

Die richtigen Themen wählen

Ungeeignet für Small Talk sind Themen, die traurig oder besorgt machen, in Verlegenheit bringen, Anlass für Meinungsverschiedenheiten sein können und nicht zuletzt: Alles, was nervt. Non-Themen sind demnach: Krankheit und Tod, persönliche Krisen, Politik, Geschichten von erfolgreichen Schnäppchen-Jagden – egal, ob online oder offline. Tabu sind Klagen über andere Länder und Kulturkreise, über „die" Franzosen oder „die" Engländer auf Mallorca. Und Themen, die mit „Sie müssen unbedingt ..." anfangen und mit unerbetenen Ratschlägen fortgesetzt werden. Das Misslingen eines Small Talks garantieren zudem: kritisieren und verbessern oder übertrumpfen: „Ich zahle für meine Flatrate 19,90." „Ich nur 14,99. Dieses ‚Schnäppchen hab' ich ..." Angeber sind unbeliebt – besonders bei Frauen.

Was bleibt dann noch? Alles, was die Chance bietet, Gemeinsamkeiten zu entdecken, Sympathie zu wecken und Interesse zu zeigen. Zum Beispiel das Thema Wetter – wenn man Sonne oder Regen als Anlass nutzt, etwas über sich mitzuteilen – und deshalb in der ersten Person spricht: „Ich habe den ersten frostfreien Tag gleich genutzt, um wieder zu joggen."

Weitere Klassiker: Wo wir wohnen und wo wir aufgewachsen sind, was wir wo studiert haben und was wir in unserer Freizeit machen, wohin wir im Urlaub fahren oder woher wir den Veranstalter einer Tagung kennen, Kinder und was noch auf unserer Lebenswunschliste steht. Essen und Diät darf es auch sein. Wie für die anderen Klassiker gilt es auch bei diesem Thema, Sinn und Zweck eines Small Talks im Auge zu behalten – und deshalb auf Belehrungen zu verzichten, was wirklich gesund ist und wie der optimale Speiseplan aussieht. Und nicht zuletzt: Vermeiden Sie Bildungsnachweise. In England „gilt das allzu auffällige Hervorzeigen der eigenen Gelehrsamkeit (oder dessen, was man dafür hält), ... nachgerade als obszön" (Spengler 2009, S. 10).

Offene Fragen stellen

„Hat es Ihnen auf Kreta gefallen?" Bei einer geschlossenen Frage müssen Sie mit einem knappen „Ja, sehr" rechnen. Schließen Sie noch zwei oder drei solcher Fragen an, wird Ihr Gegenüber das Weite suchen. Deshalb: „Was hat Ihnen denn besonders gut auf Kreta gefallen?" Die Antwort wird länger ausfallen und Ihnen Anknüpfungspunkte für die Fortsetzung des Gesprächs geben: „*Ich* finde die Kombination von Meer und Gebirge auch *toll.*" „Ach, *Sie mögen auch ...*"

Wenn Sie einen persönlichen Grund für Ihre Frage haben, nennen Sie ihn: „Ich frage deshalb, weil ich vorhabe, im Spätsommer nach Kreta zu fahren."

Persönlich werden

„*Ich* finde die Kombination von Meer und Berge auch toll." Diese Selbstauskunft ist ein ganz anderes Gesprächssignal als die unpersönliche Feststellung: „Die Kombination von Meer und Berge *ist* ideal."

Persönlich werden meint nicht: Ich offenbare meinem Gegenüber intime Geheimnisse, sondern ich sage zum Beispiel, was *mir* an Kreta gefällt, statt zu sagen, was ein ideales Reiseziel ausmacht. Persönlich werden meint: in der ersten Person sprechen und Gefühle äußern. Teilen Sie es mit, wenn Sie etwas freut oder begeistert, wenn Sie Grund zur Fröhlichkeit haben oder erwartungsfroh sind – als Ich-Aussage. Gute Nachrichten hören (fast) alle gern.

Aufmerksamkeit signalisieren und zuhören

Interesse am Gegenüber wird auch durch nonverbale Kommunikation ausgedrückt – durch Blickkontakt, ein ermunterndes Kopfnicken sowie ein Lächeln (wenn es themenangemessen ist).

Beim Small Talk müssen Sie nicht ständig reden. „Das Schweigen ist eine der großen Künste der Konversation", meinte der englische Essayist William Hazlitt. Wenn Sie reden, wirken Sie vielleicht sympathisch. Wenn Sie zuhören, wirken Sie garantiert sympathisch.

7.3   Umgang mit Kritik: Wie kritisiere ich angemessen? Wie reagiere ich gelassen auf Kritik?

Sie ärgern sich über einen Kollegen oder die Chefin. Sie sprechen den Grund für den Ärger *nicht* an, sondern ärgern sich weiterhin. Das hat Konsequenzen: Wird Kritik lange unterdrückt, platzt irgendwann der Kragen, man wird laut, Türen knallen … Ein Wutausbruch hilft nicht weiter.

Eine andere Folge der Scheu vor Auseinandersetzungen: Man lässt seinen Ärger an anderen Menschen aus. Für die Betroffenen ist ein solches Verhalten unverständlich und nicht akzeptabel. Die Folge: Man macht sich unbeliebt. Ein hoher Preis für die Vermeidung von Kritik.

Andere gravierende Konsequenzen sind: Fehler bei der Arbeit, körperliche Beschwerden oder Depression. Im Interesse des Wohlbefindens und der Gesundheit empfiehlt sich daher, anzusprechen, was missfällt, ärgert oder stört. Auch wenn es (anfangs) schwerfällt.

Kritisieren steht im Folgenden zunächst im Mittelpunkt. Danach geht es um die Frage, wie angemessen reagieren, wenn Sie *kritisiert werden*. Schließlich ermuntere ich, *Kritik herauszufordern*, um zu erfahren, woran Sie sind.

Kritisieren: Präzise und wertschätzend sagen, was Sache ist

Jede Kritik ist ein Feedback, für das folgende Regeln gelten:
* Nicht die Person bewerten oder analysieren, sondern das störende *Verhalten* oder die unzureichende Leistung *beschreiben*.
* *Wahrnehmungen als* eigene *Wahrnehmungen formulieren* – und nicht als Tatsachen ausgeben.
* *Nach Lösungen suchen*, statt nachzubohren.
* Kritik *umkehrbar formulieren*.
* Den *richtigen Zeitpunkt* wählen: Kritisieren Sie nur dann, wenn Ihr Gegenüber nicht im Stress oder anderweitig belastet ist.
* *Unter vier Augen* kritisieren. Kritik vor anderen sollte die – wohlüberlegte – Ausnahme sein.

Prüfen Sie darüber hinaus, ob es eine Mitverantwortung für den kritisierten Fehler gibt – und beachten Sie folgende Kritik-Grundsätze:

Pauschalierungen und Angriffe vermeiden

Kritisieren heißt nicht: Jemanden auf die Anklagebank zu setzen – mit Zuschreibungen, die so beginnen:
* „Du bist (immer) ...“
* „Du willst (einfach nicht) ...“
* „Du kannst (doch endlich auch einmal) ...“
* „Ständig musst du ...“

Wie reagieren die Angesprochenen auf solche Formulierungen? Sie sehen sich in eine Verteidigungshaltung gedrängt. Und häufig schließt sich eine Auseinandersetzung über die Pauschalierung an („Was heißt hier *immer?*“). Das eigentliche Thema gerät so aus dem Blick.

Will man erreichen, dass die oder der Angesprochene bereit ist, sich auf Kritik einzulassen, sind Vorwürfe kein sachdienlicher Einstieg. Am Anfang einer sachlichen Kritik sollte eine *präzise Beschreibung des Verhaltens* stehen, das als beeinträchtigend erlebt wird, bzw. der Leistung, die von geltenden Standards abweicht.

Deutlich machen, warum kritisiert wird

Wer keinen guten *Grund zur Kritik* hat, wird als Nörgler angesehen. Deshalb sollten Sie stets sagen, warum Sie das beschriebene Verhalten stört: „Herr Kluge, Sie haben im letzten Halbjahr mehrfach Ihren Beitrag für den Abteilungsbericht drei bis vier Tage zu spät abgegeben. Das ärgert mich, denn ich muss mich stets vor der Geschäftsleitung rechtfertigen, warum ich den Bericht zu spät vorlege."

Verantwortung für die eigene Reaktion übernehmen

Andere Menschen können nur der *Anlass* dafür sein, dass wir uns ärgern oder freuen. Ob wir wütend oder traurig werden, uns ärgern oder freuen, liegt in unserer *Verantwortung*. Deshalb treffen Aussagen wie „Du machst mich wütend" nicht den Kern der Sache: Dass mich ein Verhalten wütend macht (verunsichert oder ärgert), liegt an mir. Mein Gegenüber ist nur der Anlass.

Ein Beispiel: Herr Schnur ist sehr ironisch. Frau Golm amüsiert das, Herr Scholz ärgert sich. Ein Anlass, zwei Reaktionen. Die Verantwortung für die jeweilige Reaktion liegt bei Frau Golm und Herrn Scholz.

Eine akzeptable Kritik könnte lauten: „Ich werde wütend, wenn du über dieses Thema so ironisch sprichst." Und Herr Scholz könnte hinzufügen: „Ich möchte, dass du dich ernsthaft auf das Thema einlässt."

Diese Kritik kann angenommen werden. „Du machst mich wütend" unterstellt, Herr Schnur habe es darauf angelegt, Herrn Scholz wütend zu machen.

Um eine Erklärung bitten

Noch einmal zu Herrn Kluge und den verspätet abgegebenen Berichten: *Wer kritisiert wird, hat das Recht, das kritisierte Verhalten aus der eigenen Sicht darzustellen.* Vielleicht gab es unklare Absprachen. Oder Herr Kluge ist überlastet und es müssen neue Vereinbarungen getroffen werden.

Sagen, was man möchte

Wenn ich kritisiere, möchte ich eine Veränderung erreichen. Was ich möchte, sollte ich deutlich aussprechen:

*   Beschreiben: „Max, das war das dritte Mal, dass du mich in der Abteilungsversammlung kritisiert hast."
*   Ausdrücken: „Es ist mir peinlich, vor anderen kritisiert zu werden."
*   Präzisieren: „Ich möchte, dass du aufhörst, mich vor anderen zu kritisieren."

„Herr Kluge, Sie haben im letzten Halbjahr mehrfach Ihren Beitrag für den Abteilungsbericht drei bis vier Tage zu spät abgegeben. Das ärgert mich, denn ich muss mich stets vor der Geschäftsleitung rechtfertigen, warum ich den Bericht zu spät vorlege. Ich möchte, dass Sie künftig Ihre Vorlage zum vereinbarten Termin abgeben.“

Ursachen und Lösungen besprechen
Das Ziel von Kritik sollte die Verbesserung einer Situation sein, nicht die Verurteilung einer Person. Um Veränderungen vornehmen zu können, ist es notwendig, die Ursachen von Fehlern oder unzureichenden Leistungen zu klären.

Verhaltensveränderungen sollten nicht vorgegeben werden. Vielmehr sollte die oder der Kritisierte selbst Ideen entwickeln und Wege aufzeigen. Das erhöht die Bereitschaft, Lösungsvorschläge anzunehmen und umzusetzen.

Was heißt das für das zuletzt angeführte Beispiel? Der Abgabetermin steht nicht zur Diskussion. Wohl aber ist eine Verständigung darüber möglich, was getan werden kann, damit der Bericht künftig pünktlich abgegeben wird.

Positiv schließen
Wird unterstrichen, dass die Kritik sich auf ein bestimmtes Verhalten bezieht und nicht die Person infrage stellt, fällt es leichter, mit der Kritik umzugehen. Deshalb ist es wichtig, zu unterstreichen, dass man an einem gedeihlichen Miteinander interessiert ist.

Vorgesetzte kritisieren?
Gefährden Sie Ihre Karriere, wenn Sie die Chefin kritisieren? Verträgt der Chef überhaupt Kritik? Bettina Tausendfreund, Führungskräfte-Trainerin, meint, es könne sogar die Aufstiegschancen erhöhen: „Man bekommt nicht sofort Anerkennung für diesen mutigen Schritt, aber langfristig erarbeitet man sich auf diese Weise ein Profil. Die meisten Führungskräfte schätzen Mitarbeiter, die Position beziehen“ (Holzki 2018, S. 16). Für diese Auffassung spricht: Kritische Mitarbeiterinnen bringen zum Ausdruck, dass sie mitdenken und nicht Dienst nach Vorschrift machen. Das schätzen Vorgesetzte.

Allerdings: Bevor Sie die Chefin oder den Chef kritisieren, sollten Sie die Anregungen auf den letzten Seiten besonders beachten. Vor allem:

• Nicht öffentlich kritisieren, sondern nur unter vier Augen.
• Nur ein überschaubares Verhalten kritisieren.

- Lösungsorientiert kritisieren: „Mir würde es helfen, wenn Sie in Besprechungen neue Vorhaben etwas langsamer präsentieren würden."
- „Sie *müssen* ..." ist absolut tabu.

Sie sollten Kritik nur in homöopathischen Dosen vortragen, wenn Sie noch in der Probezeit sind. Stellen Sie fest, der Chef kann Kritik vertragen, die Chefin nimmt mir Kritik nicht übel, können Sie zulegen.

Kritisiert werden: Ruhig bleiben, Fehler nicht mit Schuld verwechseln
Ich werde nach einem Vortrag darauf hingewiesen, dass ich einen wichtigen neuen Aufsatz nicht berücksichtigt habe. Eine wichtige Rückmeldung, die dazu führt, dass ich diesen *Fehler* nicht wiederhole.

Für dieses Versäumnis rechtfertige ich mich nicht. Wegen dieses Fehlers geht die Welt nicht unter: Ich mache schon mein ganzes Leben Fehler.

Ich *entschuldige* mich bei einem Freund, wenn ich zu einer Verabredung eine Stunde zu spät komme: „Es tut mir leid, dass ich zu späte komme." Und einem Freund *erkläre* ich auch, warum ich zu spät komme: „Ich bin in eine Verkehrskontrolle geraten."

Wenn ich einen Aufsatz übersehen habe, sage ich: „Den habe ich übersehen (noch nicht gelesen)". „Gut, dass Sie mich darauf hinweisen." Das reicht.

Kurz: *Verbinden Sie Kritik nicht mit Schuld.* Verbrechen sind mit Fragen nach der Schuld verknüpft, Fehler und Irrtümer dagegen mit Fragen nach der Ursache und der Verantwortung. Es ist nicht zu vermeiden, dass wir Fehler machen, dass wir uns irren. Wenn es Ihnen gelingt, Fehler und Irrtümer von Schuld-Überlegungen zu trennen, wird Kritik Sie nicht mehr erschüttern. Sie werden vielmehr Kritik als nützliche Rückmeldung bewerten können.

Zutreffende Kritik
Allerdings ist nur zutreffende Kritik eine nützliche Rückmeldung. Nehmen Sie Kritik an, wenn Sie einen Fehler gemacht haben. Verzichten Sie darauf, sich wortreich zu verteidigen. Drücken Sie Ihr Bedauern aus, wenn es Ihnen angebracht erscheint. Erklären Sie, wie dieser Fehler zustande kam, wenn Sie es für notwendig halten und wenn Ihnen die Person wichtig ist, die Sie kritisiert,

- „Ja, es stimmt, ich habe den Anruf vergessen."
- „Es tut mir leid, dass ich zu spät komme."
- „Es tut mir leid, dass ich zu spät komme. Ich bin in eine Verkehrskontrolle geraten."

Sie können zudem darauf hinweisen, was Sie ändern wollen, um Ihren Fehler nicht zu wiederholen. Zu guter Letzt: Sie sollten auch nachsichtig mit sich selbst sein – und die Sache dann innerlich abschließen.

Unzutreffende Kritik
Weisen Sie unzutreffende Kritik freundlich, aber bestimmt zurück, statt sie vorschnell anzunehmen und mit Rechtfertigungen zu reagieren:

* „Das trifft nicht zu ...“
* „Das stimmt insofern nicht ...“
* „Ich vermute, Sie haben vergessen ...“
* „Sie übersehen ...“

Kränkende, verletzende Kritik
Versuchen Sie, die beabsichtigte Kränkung als das zu durchschauen, was sie ist: ein Angriff auf Ihre Person, Ihr Selbstwertgefühl – und machen Sie nicht mit: „Das ist für mich keine Gesprächsebene.“ Oder: „Ich bevorzuge sachliche Auseinandersetzungen.“

Wenn Sie sich über eine solche Kritik ärgern, bringen Sie es zum Ausdruck. Sagen Sie, dass die Form der Kritik Sie ärgert. Verstecken Sie Ihren Ärger nicht hinter Sachargumenten.

Unklare, versteckte Kritik
Nicht immer ist eindeutig zu entscheiden, ob eine Kritik zutreffend ist oder nicht, ob eine Kritik darauf abzielt, zu kränken oder nicht. Ein Beispiel: Sie besuchen zusammen mit einer Kollegin, Frau Bayram, eine Fortbildung. Am zweiten Tag sagt Frau Bayram in der Mittagspause zu Ihnen: „Wenn du weiterhin so viel fragst, wirst du dir noch alle Sympathien in der Gruppe verscherzen.“

Gehen Sie auf Konfrontation? Halten Sie Frau Bayram vor: „Das musst gerade du sagen. Du bist doch eine Plaudertasche“?
Mein Antwort-Vorschlag: „Vielleicht hast du recht, einige mögen meine Fragen stören.“ Diese Reaktion *bestätigt den möglichen Wahrheitsgehalt* von Frau Bayrams Aussage. Es kann ja wirklich sein, dass sich einige durch Ihre Fragen gestört fühlen. Wenn Sie Frau Bayram mögen, sollten Sie fragen: „Stören *dich* meine Fragen?“
Ein zweites Beispiel: Herr Mühle zu Frau Hauser: „Sie sind wohl so eine radikale Umweltschützerin?!“ Frau Hauser hört die Kritik – und nimmt sie nicht an,

sondern stellt deutlich heraus, was sie unter *radikaler Umweltschützerin* versteht:
„Wenn Sie damit sagen wollen, dass ich mich engagiert für den Schutz der Natur
und Umwelt einsetze, dann bin ich eine *radikale Umweltschützerin.*"

Eine drastischere Variante: Herr Mühle zu Frau Hauser: „Ach, Sie sind Vegeta-
rierin. *Ich* sehe das Leben nicht verbissen." Frau Hauser: „Sie meinen, ich sei eine
verklemmte Körnerfresserin, die lustlos durchs Leben läuft, weil sie kein
Fleisch isst!?"

Wenn Sie auf *unverschämte* verdeckte Kritik auf diese Weise reagieren, werden
Sie die Erfahrung machen, dass Ihr Gegenüber unbeholfen zurückrudert.

Imperative statt Argumente

Wer kritisiert, verwendet oft Imperative: So sollte „man" sein oder sich verhalten.
Drei Beispiele:

* „Das ist aber nicht konsequent."
* „Das machen doch alle so."
* „Musst du aus der Reihe tanzen?"

Mit solchen Bemerkungen wird unterstellt, es existierten verbindliche Verhal-
tensmaßstäbe: Man müsse *immer* konsequent sein oder dürfe *nie* „aus der Reihe
tanzen". Doch über diese Verhaltensmaximen gibt es keinen verbindlichen sozialen
Konsens. *Sie* entscheiden, ob und wann Sie konsequent sein wollen. *Sie* entscheiden, ob Sie sich einer Meinung anschließen oder einem Vorschlag folgen. Die
Mehrheit hat nicht immer recht. Wenn alle etwas „so" machen, ist das kein Argument, denn nicht die Masse macht's. Lassen Sie sich kein schlechtes Gewissen
einreden, wenn Sie einen eigenen Kopf haben:

* „Das ist aber nicht konsequent." – „Soll es auch nicht sein." Ironische Ergänzung – Vorsicht! –: „Sondern kreativ."
* „Das machen doch alle so." – „Ich bin nicht alle." Ironische Ergänzung: „Ich
  bin etwas Besonderes."
* „Musst du immer aus der Reihe tanzen?" – „Nicht immer." Ironische Ergänzung: „Aber schwungvoll."[2]

---

[2] Kommt Kritik als Frage oder Feststellung daher, mit dem Ziel, zu verunsichern, genügt
häufig ein entspanntes *Ja:* „Haben Sie denn dafür das Knowhow?" – „Ja." Oder: „Sie gehen
ja ganz schön forsch an das Problem heran." – „Stimmt."

Kritik herausfordern: Wissen, woran man ist

Kritisiert zu werden, macht keine Freude. Warum sollten Sie Kritik auch noch herausfordern? Um zu wissen, „was Sache ist". Zum Beispiel dann, wenn Sie den Eindruck haben, ein Freund hat etwas an Ihnen auszusetzen, bringt das aber nicht deutlich zur Sprache, sondern kritisiert Kleinigkeiten. In einer solchen Situation kann es nützlich sein, zu helfen, Kritik zur Sprache zu bringen.

Ein solch selbstsicherer Umgang mit Kritik ist auch am Arbeitsplatz hilfreich. Nehmen wir folgende Situation an: Sie haben (einen) Fehler gemacht, werden aber nicht direkt darauf angesprochen. Einige Zeit später merken Sie, dass aus Ihrem Fehler – ohne mit Ihnen darüber zu reden – für Sie negative Konsequenzen gezogen wurden. Meine Empfehlung: Verschaffen Sie sich Klarheit. Nicht spekulieren, was Ihre Vorgesetzten denken, sondern Kritik herausfordern.

Ein fiktives Beispiel: Diar Gambir ist seit zwei Jahren Referent für Nachhaltigkeit in einem Verband. Seit einem Jahr ist er für die Referatsleiterin, Frau Weber, eingesprungen, wenn diese krank oder im Urlaub war. Als Diar Gambir hört, dass Frau Weber geht, hofft er, dass er ihre Position übernehmen kann. Doch am Donnerstag sieht er in der Zeitung, dass die Stelle Referatsleitung ausgeschrieben wurde. Er geht zur Personalchefin, um die Angelegenheit zu besprechen:

Gambir: „Frau Schneider, ich habe heute in der *Zeit* gesehen, dass Sie für Frau Weber eine Nachfolge suchen. Warum haben Sie mich nicht gefragt? Ich hätte die Stelle gerne übernommen."

Schneider: „Weil Sie noch nicht die Voraussetzungen für die Stelle haben, Herr Gambir."

Gambir: „Aber ich bin doch in den letzten Monaten mehrfach für Frau Weber eingesprungen."

Schneider: „Das ist richtig, und das habe ich auch positiv registriert."

Gambir: „Woran liegt es dann, dass Sie mich nicht gefragt haben, ob ich die Stelle übernehmen will?"

Schneider: „Nun, in den Wochen, in denen Sie Frau Weber vertreten haben, ist immer Arbeit liegen geblieben, stimmt's?"

Gambir: „Ja, das stimmt."

Schneider: „Sie haben sich in dieser Zeit auch nicht mit allen Anforderungen vertraut machen können, die ein Referatsleiter bewältigen muss."

Gambir: „Woran liegt das Ihrer Meinung nach?"

Schneider: „Ihnen fehlen gewisse Voraussetzungen für diese Arbeit."

Gambir: „Können Sie mir genauer erklären, welche Voraussetzungen mir fehlen?"

Schneider: „Ihre Analysen der verschiedenen Gesetzgebungsverfahren waren nicht gerade Glanzleistungen."

Gambir: „Was war daran auszusetzen?"

Schneider: „Sie haben zu wenig die Chancen politischer Lobbyarbeit herausgearbeitet."

Gambir: „Was meinen Sie, woran das liegt?"

Schneider: „Sie sind mit den Möglichkeiten unseres Verbandes, Einfluss zu nehmen, noch zu wenig vertraut."

Gambir: „So wird es sein. Habe ich noch andere Schwächen gezeigt?"

Schneider: „Ja, die Referatsleitung war sehr umständlich und zeitaufwendig."

Gambir: „Ich hatte selbst gelegentlich den Eindruck, dass ich hätte dynamischer auftreten können. Gibt es noch einen Punkt, mit dem Sie nicht zufrieden waren?"

Schneider: „Nein, das ist alles."

Gambir: „Lassen Sie mich kurz wiederholen: Meine Analysen waren nicht zufriedenstellend, weil mir Möglichkeiten unseres Verbandes, Einfluss zu nehmen, noch zu wenig vertraut sind. Und meine Leitungstätigkeit ist verbesserbar."

Schneider: „So ist es."

Gambir: „Ich bin sehr interessiert daran, dass Sie mich berücksichtigen, wenn wieder eine Leitungsposition frei wird. Ich werde deshalb so rasch wie möglich die genannten Defizite beheben."

Schneider: „Prima, wir sind immer froh, wenn wir bei Neubesetzungen auf Mitarbeiter aus dem Hause zurückgreifen können."

Diar Gambir hat sich nicht als Person infrage gestellt und sich nicht infrage stellen lassen. Er hat sich nicht wortreich entschuldigt, sondern Schwächen eingeräumt. Er weiß nach diesem Gespräch, woran er ist. Welche Defizite er bearbeiten muss. Und er weiß, dass er Chancen hat, beim nächsten Mal berücksichtigt zu werden.

Solche Gespräche kosten Kraft. Sie verlangen und zeigen Selbstvertrauen. Solche Gespräche führt man nicht täglich; sie sind eher die Ausnahme. Doch es gibt oft Anlässe, gezielt Kritik nachzufragen, um sich Klarheit zu verschaffen: Situationen mit weniger „Zündstoff" als in dem Beispiel, in denen die Gespräche daher auch kürzer ausfallen:

• „Meinst du, ich hätte dich vorher fragen sollen?"
• „Haben Sie den Eindruck, ich hätte Ihre Überlegungen zu wenig berücksichtigt?"
• „Meinen Sie, ich hätte Ihren Anteil an unserer Arbeit stärker hervorheben sollen?"

Lautet die Antwort „Ja", weiß man, woran man ist und kann sich entscheiden, wie man sich künftig verhalten will. Ist die Antwort ein Nein, braucht man sich keine unnötigen Gedanken zu machen.

Zusammengefasst: Gezieltes Nachfragen, gezielte Angebote zur Kritik helfen, sich Klarheit zu verschaffen und Unstimmigkeiten sofort zu klären (statt sie unter den Teppich zu kehren und anwachsen zu lassen). Gezieltes Nachfragen entlastet also – und demonstriert Selbstsicherheit: Man bringt zum Ausdruck, dass man über sein Verhalten nachdenkt.

Loben und loben lassen

Wer kritisiert, sollte auch loben. Wie Frau Slawik: „Herr Menzel, Ihr Bericht legt sehr gründlich die Finger in die Wunden unserer Marketing-Strategie. Das hilft mir bei meinen Entscheidungen enorm weiter."

Herr Menzel erlebt eine *konkrete* Anerkennung seiner Arbeit. Zudem bekommt er die Sicherheit, dass Hinweise auf Schwachstellen von der Chefin gewünscht sind.

Frau Slawik hat ihr Lob *umkehrbar* formuliert. Herr Menzel könnte zum Beispiel in einem anderen Zusammenhang zu ihr sagen: „Ihre Präsentation über Fehlerkultur fand ich sehr aufschlussreich; sie war für mich Anlass, in manchen Punkten meine Auffassung zu überdenken." Hätte sich die Chefin beschränkt auf „Gute Arbeit, Herr Menzel", wäre dieses Lob nicht umkehrbar.

Loben Sie! Gute Leistungen, wenn Sie etwas freut, Ihnen etwas gefällt, wenn Ihnen etwas guttut. Sie machen anderen eine Freude und bekommen diese Freude zurück:

- „Ich fand Ihren Vortrag sehr informativ und habe Ihnen begeistert zugehört."
- „Mich hat sehr beeindruckt, wie du trotz des heftigen Widerspruchs ruhig und beharrlich deine Meinung vertreten hast."
- „Eine halbe Stunde nach meinem Anruf warst du hier und hast mir geholfen. Ich bin sehr froh über deine Hilfsbereitschaft."
- „Es macht mich glücklich, dass du mir so geduldig und umsichtig dabei hilfst ..."

Und wenn Sie gelobt werden? Freuen Sie sich! Relativieren Sie das Lob nicht. Machen Sie sich nicht klein. Deshalb:

- „Das freut mich."
- „Das höre ich sehr gerne."
- „Ich bin jetzt etwas verlegen, noch mehr freue ich mich jedoch."

Sie können auch zustimmen: „Ich freue mich, dass du das gut findest. Ich bin auch stolz auf meinen Lösungsvorschlag." Oder: „Das höre ich sehr gerne. Ich bin auch mit mir zufrieden."

Viele Menschen wehren Lob ab. Vielleicht weil sie die Erfahrung gemacht, dass ein Lob vergiftet sein kann: Die Kollegin, der Partner loben, wenn sie unangenehme Arbeit abschieben wollen: „Du schreibst so gute Protokolle!" „Du kochst halt fantastisch!"

Manche stellen ihr Licht unter den Scheffel, weil sie meinen, sonst als überheblich oder eitel wahrgenommen zu werden. Oder sie können ein Lob nicht annehmen, weil sie denken, andere fühlten sich herabgesetzt, wenn sie hervorgehoben werden.

Frauen haben vielleicht mit anzüglichen oder zweifelhaften Komplimenten über ihr Äußeres oder ihre Rolle schlechte Erfahrungen gemacht.

Wenn Sie unsicher sind, ob ein Lob ernst gemeint ist, dann bitten Sie, das Lob zu konkretisieren, zu beschreiben, was gut war: „Was genau fanden Sie gut an meinem Bericht?" Oder: „Was war *super*?" „Was fandest du *toll*?"

7.4   Mitarbeiter*innen-Gespräch: Wie kann ich mich vorbereiten und wie auf Augenhöhe kommunizieren?

Wenige freuen sich auf das alljährliche Mitarbeiter*innen-Gespräch. Dafür gibt es mindestens drei Gründe:

1. Vielfach ist das Gespräch nur eine Pflichtübung; es wird geführt, weil die Personalabteilung eine Vorlage für ihren Bericht an die Geschäftsführung oder Behördenleitung braucht.
2. Das Interesse an den Mitarbeiter*innen kann nicht besonders groß sein, wenn sich die Vorgesetzte nur einmal im Jahr Zeit für ein ausführliches Gespräch nimmt.
3. Das Gespräch kann anstrengend werden, wenn sich der Chef nicht gründlich vorbereitet und Kommunikation nicht seine Stärke ist.

Es gibt jedoch – zunehmend mehr – Führungskräfte, die ihre Personalverantwortung und deshalb auch das Gespräch mit ihren Mitarbeiterinnen und Mitarbeitern ernst nehmen.

Wie auch immer: Sie sollten sich gut vorbereiten und wissen, worauf es ankommt. Darum geht es im Folgenden. Meine Hinweise sind auch für andere Gespräche mit Vorgesetzten nützlich.

Worum geht es? Vorbereitung

Sie stehen zwischen 30 min und zwei Stunden im Mittelpunkt. Darauf sollten Sie sich gut vorbereiten und folgende Tatsache berücksichtigen: In großen Unternehmen und Behörden, Verbänden und Institutionen wissen die Vorgesetzten oft nicht, welche Aufgaben die Mitarbeiter*innen haben, was genau sie tun.

Das sind nützliche Leitfragen: Was erwartet mich? Was will ich in diesem Gespräch erreichen?

Was erwartet mich?

Zunächst: Prüfen Sie, ob im Intranet ein Leitfaden des Arbeitgebers über Sinn, Zweck und Struktur des Jahresgesprächs steht.

Ihre Chefin erwartet von Ihnen eine kritische Bilanz. Die sollten Sie in Stichworten vorbereiten:

- Was habe ich im vergangenen Jahr geleistet und welche der vereinbarten Ziele erreicht?
- Welche Projekte habe ich erfolgreich abgeschlossen?
- Was hat sich dank meiner Arbeit verbessert?
- Was lief nicht so gut und wurde deshalb nicht erreicht? Woran lag das?
- Bilanzierend: Was habe ich in den vergangenen Jahren erreicht?

Vermeiden Sie Rechtfertigungen und Ausflüchte. Machen Sie vielmehr Vorschläge, wie Schwächen, sofern vorhanden, behoben werden können.

Manche Vorgesetzte wollen ein Feedback. Es ist daher nützlich zu überlegen:

- Was schätze ich an meiner Chefin? Zum Beispiel: Sie räumt mir genügend eigenen Entscheidungsspielraum ein und nimmt meine Leistungen wahr.
- Welche Veränderungen wünsche ich mir von meinem Chef? Zum Beispiel: einen besseren Informationsfluss oder regelmäßige Rückmeldungen.

Was will ich erreichen?

Sie sind nicht nur auskunftspflichtig, sondern sollten auch Ihre Ziele und Wünsche ansprechen. Auch für diesen Gesprächsteil empfehle ich, sich Stichworte zu notieren, damit Sie keines Ihrer Anliegen im Gespräch vergessen:

- Welche Ziele habe ich? Was will ich erreichen?
- Möchte ich kürzertreten oder mehr Verantwortung übernehmen?
- In welche Richtung möchte ich vorankommen?

- Woran möchte ich zukünftig arbeiten? Welche Projekte möchte ich auf den Weg bringen?
- Welche meiner Fähigkeiten werden noch nicht (ausreichend) genutzt?
- An welchen Fortbildungen bin ich warum interessiert?
- Welche Verbesserungen am Arbeitsplatz sind wünschenswert?

Beziehen Sie, damit Ihre Ziele nicht als „Wünsch-dir-was"-Katalog erscheinen, die Arbeitgeber-Perspektive ein: Welchen Nutzen hat er zum Beispiel von meiner Fortbildung oder einer Aufgabenerweiterung?
Schließlich: Beschweren Sie sich nicht über Kolleginnen oder Kollegen – es geht nicht um andere, sondern nur um Sie!

Wie geht es? Durchführung
Der Vorgesetzte führt das Gespräch, begrüßt, eröffnet und beendet es. Sie sollten nicht nur reagieren, sondern das Gespräch engagiert mitgestalten. Versuchen Sie, das Gespräch als Chance zu sehen: Sie können ansprechen, was Sie stört und vielleicht Abhilfe erreichen. Ziehen Sie die Möglichkeit in Betracht, dass Ihre Leistungen gelobt (und vielleicht sogar honoriert) werden.

Wenn Sie Ihrer Chefin mit einer optimistischen Grundeinstellung gegenübersitzen, gestalten Sie das Gesprächsklima positiv mit (wofür Chefs dankbar sind: Nicht wenige Führungskräfte gehen angespannt in Bilanzgespräch mit ihren Mitarbeiter*innen).
Wenn Sie einen guten Eindruck machen und offen und ehrlich sein wollen, sind die folgenden Empfehlungen hilfreich:

- Heben Sie Ihre Leistungen mit konkreten Beispielen und überprüfbaren Fakten hervor.
- Unterstreichen Sie, dass Sie etwas leisten *und* vorankommen wollen. Wenn Sie in diesem Zusammenhang konkrete Vorschläge für Ihre Weiterbildung machen, nehmen Sie der Vorgesetzten Arbeit ab.
- Betonen Sie, dass und warum Sie gerne für das Unternehmen, den Verband usw. arbeiten.
- Machen Sie realistische Verbesserungsvorschläge. Bringen Sie Ideen ein, die das Unternehmen oder den Verband voranbringen. Machen Sie Ihre mögliche Rolle dabei deutlich.
- Schmollen und rechtfertigen Sie sich nicht bei berechtigter Kritik. Räumen Sie Fehler ein und machen Sie Vorschläge, wie diese Fehler künftig vermieden werden können.

- Sagen Sie es, wenn Sie etwas am Führungsstil Ihres Chefs stört, wenn das Verhalten Ihrer Chefin Sie daran hindert, bessere Ergebnisse zu erzielen. Bleiben Sie ruhig und sachlich, wenn Sie Kritik äußern. Beschreiben Sie konkret und vermeiden Sie Wertungen.
- Schätzen Sie die Entscheidungsfreudigkeit Ihrer Chefin oder den Optimismus Ihres Chefs? Sagen Sie es ihr oder ihm!
- Achten Sie darauf, dass Sie die Vereinbarungen auch umsetzen können, die Sie mit Ihrer Chefin treffen: Ziele müssen realistisch sein, die Rahmenbedingungen für die Zielerreichung müssen ebenso stimmen wie der Zeitrahmen.
- Holen Sie sich Feedback für die Leistungen, die von Ihrem Chef nicht ausreichend gewürdigt wurden. Fragen Sie nach: „Wie beurteilen Sie meine ...“
- Vergewissern Sie sich, ob alle kritischen Punkte angesprochen wurden.
- Sprechen Sie an, was nach Ihrer Auffassung unbedingt in einem Jahresgespräch thematisiert werden sollte – sei es das Arbeitsklima oder die Büroausstattung.
- Lassen Sie nicht auf die Palme bringen und verzweifeln Sie nicht, wenn Ihr Chef ein Selbstdarsteller ist, der extensive Monologe liebt und das Gespräch nahezu allein bestreitet, um Ihnen am Ende zu versichern: „Das war ein tolles Gespräch. Schön, dass wir uns mal aussprechen konnten.“ Nehmen Sie es nicht persönlich. Und nehmen Sie es hin, wenn er Sie sonst nicht nervt oder behindert.

Vorgesetzte entscheiden, wer das Gespräch zusammenfasst. Sie können, wenn Sie das möchten, vorschlagen, dass Sie die Zusammenfassung übernehmen.

Sagen Sie es, wenn Sie das Gespräch als nützlich und angenehm erlebt haben! Auch Führungskräfte freuen sich über Lob. Lobhudelei ist nicht angebracht; sie kommt nur bei Sonnenkönigen gut an.

Schließen Sie, wenn es Ihnen angemessen erscheint, mit einem Dank für das Gespräch und ein paar freundlichen Worten. Wünschen Sie noch einen schönen Tag oder Abend.

Rosenberg rät, eine „positive Handlungssprache“ zu verwenden, wenn wir von unserem Gegenüber etwas wollen (2003, S. 81 ff.). Sagen Sie nicht, was Sie nicht wollen, sondern sagen Sie, was Sie wollen. Vermeiden Sie *nein, nicht und nie(mals)*. Beschreiben Sie konkret, was Sie möchten – die Handlungsschritte und das gewünschte Ergebnis: „Frau Berger, bitte übertragen Sie mir die Verantwortung für das Aushilfskräfte-Budget. Dann kann ich schneller handeln, und Sie haben einen Prüfvorgang weniger auf dem Schreibtisch.“

Ein positiver Nebeneffekt des Bemühens um eine positive Handlungssprache: Wenn ich exakt ausdrücken kann, was ich möchte und was konkret dafür zu tun ist, dann habe ich die Sicherheit, dass ich weiß, was ich will.

Und wenn Ihre Chefin Sie überrascht? Mit neuen Aufgaben, einem Projekte oder einem neuen Einsatzort? Bleiben Sie gelassen. Sagen Sie, dass dieses Projekt, diese Aufgabe interessant klingt – und bitten Sie um Bedenkzeit, um die Auswirkungen des Vorschlags in Ruhe zu bedenken.

Wie geht es weiter? Nachbereitung
Wird ein Ergebnisprotokoll geschrieben: Prüfen Sie, ob die Gesprächsergebnisse exakt wiedergegeben werden. Sprechen Sie Abweichungen umgehend an, um Missverständnisse aufzuklären. Halten Sie die Vereinbarungen in Stichworten fest, wenn Ihnen kein Protokoll vorgelegt wird.

7.5   Führung: Was kommt da auf mich zu?

Viele Streben danach. Wenige sind dafür systematisch ausgebildet: eine Führungsposition. Deshalb wird über Vorgesetzte viel geklagt. Deshalb erhalten Chefs in Befragungen von Arbeitnehmerinnen und Arbeitnehmern häufig schlechte Zeugnisse. Schlechte Führungskräfte sind der Hauptgrund für schlechte Stimmung am Arbeitsplatz und ein Kündigungsgrund.

Wer neu in eine Führungsposition gelangt und allenfalls in homöopathischen Dosen über Leitungskompetenzen verfügt, konzentriert sich meist auf Aufgaben, die mit *Fach*kenntnissen zu bewältigen sind: Man macht das, was man kann. Eine Führungskraft muss jedoch mehr können – zum Beispiel: Mitarbeiterinnen und Mitarbeiter motivieren und beurteilen, Teams leiten und Konflikte im Team lösen, Vorhaben präsentieren und Pläne erläutern, Bewerbungsgespräche führen, Ziele vereinbaren.

Das sind vor allem kommunikative Aufgaben. Zwar sind der Befehl oder die Anweisung auch Kommunikation. Aber in immer weniger Bereichen wird diese Form der Kommunikation den Anforderungen und den Erwartungen der Mitarbeiterinnen gerecht – mit spürbaren Konsequenzen: Wer unzufrieden ist, leistet weniger. Und während Partizipation und Selbstkontrolle der Mitarbeiter die Führungskraft entlastet, belastet der enorme Kontrollaufwand, der mit einsamen Entscheidungen verbunden ist – bis hin zu den bekannten Managerkrankheiten.

Hierarchie, monetäre Anreize, strikte Anweisungen und Kontrollen gelten heute vor allem dort als überholt, wo es auf die Motivation und das eigenständige Handeln der Mitarbeiter ankommt. Seit die Bereitschaft nachlässt, den Bonus mit einem Burnout zu bezahlen, seit die Kreativität der Mitarbeiterinnen in immer mehr Unternehmen, Verbänden und Verwaltungen Voraussetzung für Erfolg ist, gelten flache Hierarchien, *Shared Leadership,* Partizipation, Sinnstiftung (statt Prämie), Befähigung (statt Anweisung), mehr Empathie und weniger BWL als Eckpfeiler guter Führung.

Kommunikation und Klarheit
Wenn alte Modelle nicht mehr (gut) funktionieren, geraten Gewissheiten ins Wanken, wenn Kontrollen nicht mehr garantieren, dass Mitarbeiterinnen und Mitarbeiter zuverlässig arbeiten, wenn detaillierte Vorgaben nicht mehr zum Ziel führen, weil störrisch reagiert, wer wie ein Esel behandelt wird – dann können sich Führungskräfte nicht auf ihre formale Autorität zurückziehen, auf die mit einer Position verbundenen Zuständigkeiten und Entscheidungsbefugnisse. Gefragt ist vielmehr kommunikative Kompetenz. Zudem muss, wer eine Führungsrolle übernimmt, sich Klarheit verschaffen über das Herausforderungsdreieck, in dem sich eine Führungskraft bewegt (Abb. 7.1).

1. *Ich* – die eigenen Vorstellungen, Werte, Prioritäten, Gefühle: Was ist mir (wirklich) wichtig? Wie sehe ich mich? Was treibt mich an? Wie wichtig sind mir Karriere, Boni, Freizeit, Beziehungen?
2. *Handlungsbedingungen* – Unternehmensziele, finanzielle Situation, Unternehmensverantwortung, Konkurrenz, Unternehmenskultur usw.: Wie erlebe ich die Unternehmensphilosophie und Unternehmenskultur? Stimmen die Unternehmensziele mit meinen Werten überein? Kann ich an dieser Kultur etwas ändern? Und traue ich mich das?
3. *Rollenpartnerinnen und Rollenpartner* – Vorgesetzte, Kolleginnen und Mitarbeiter: Wie groß ist mein Entscheidungsspielraum? Nutze ich ihn? Wie wichtig sind mir meine Mitarbeiterinnen und Mitarbeiter?

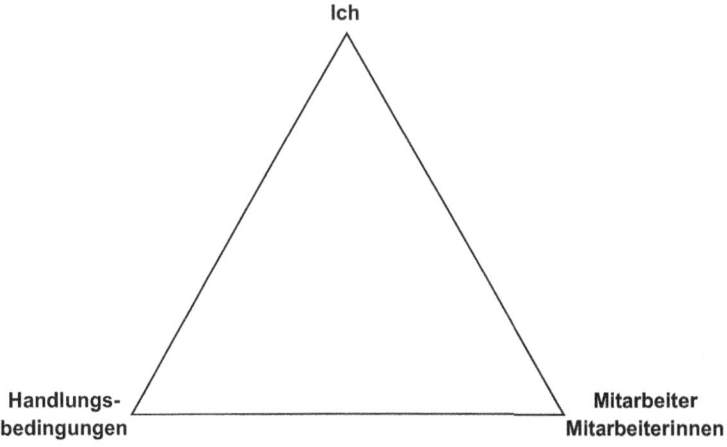

Abb. 7.1 Herausforderungen, die eine Führungskraft in Einklang bringen muss. (Eigene Darstellung)

Diese Selbstklärungsaufgabe kommt auf Sie zu, wenn Sie eine Vorgesetzten-Rolle übernehmen. Ich gebe Ihnen dafür sieben Anregungen. Diese Anregungen orientieren auf ein *wertschätzendes Führungsverständnis*, für das *zuhören*, was die Mitarbeiterinnen und Mitarbeiter wollen, kontinuierliche *Rückmeldung* und die *Würdigung von Leistungen* ebenso selbstverständlich sind wie die *Neugier*, welche Stärken im Team existieren.

Wertschätzung ist nicht nice to have, sondern ein Erfolgsfaktor. Wertschätzung fördert die psychische Gesundheit der Mitarbeiterinnen und verhindert den Verlust von Motivation. Wertgeschätzte Mitarbeiter sind erfolgreicher im Umgang mit Kundinnen, Spendern und Mitgliedern.

Sieben Anregungen für angehende Führungskräfte
Ich bin nicht perfekt

Niemand ist perfekt, und alle machen Fehler – auch Führungskräfte. Das wissen Sie. Deshalb
- sind Sie nicht selbstzufrieden, sondern arbeiten aufgabenorientiert daran, besser zu werden;
- sorgen Sie für eine angemessene Fehlerkultur: Aus Fehlern, die in komplexen Organisationen unvermeidlich sind, wird gelernt. Mitarbeiterinnen und Mitarbeiter können angstfrei arbeiten.

Ich konzentriere mich auf meine Aufgaben und Stärken

Führungskräfte müssen nicht in allen Bereichen die Besten sein. Das wissen Sie. Deshalb
- geben Sie das auch nicht vor, sondern können anerkennen, dass Ihre Mitarbeiter*innen in ihrem Zuständigkeitsbereich die Fachleute sind. Eine fähige Führungskraft erkennt man an der Fähigkeit, die Fähigkeiten ihrer Mitarbeiter zu erkennen;
- sorgen Sie dafür, dass Ihre Mitarbeiterinnen die vereinbarten Ziele erreichen können.

Ich setze auf das Wir
„Wenn du schnell sein willst, dann geh allein. Wenn du weit kommen willst, dann geh mit anderen." Sie orientieren sich an dieser afrikanischen Weisheit. Deshalb

- setzen Sie auf Partizipation bei Entscheidungen, deren Umsetzung ein hohes Maß an Engagement und Kreativität der Mitarbeiterinnen erfordert (und verschonen Mitarbeiter mit Entscheidungen über Routine-Vorgänge);

• ist Ihnen Transparenz wichtig. Mitarbeiterinnen werden über die Zusammenhänge informiert, in denen ihre eigenen Ziele und Aufgaben stehen: Welche Vision hat das Unternehmen? Welche Mission hat der Verband? Welche Grundwerte bestimmen die Arbeit des Krankenhauses, der Schule oder Forschungseinrichtung? Mitarbeiter werden so professionell gut informiert, dass sie auch tatsächlich den Eindruck haben, gut informiert zu sein.

Wertschätzung ist meine Grundhaltung
Sie respektieren Ihre Mitarbeiterinnen und Mitarbeiter. Auch aus Eigennutz: Respekt kann sich nur verschaffen, wer andere respektiert. Deshalb

• ist Respekt das regulierende Prinzip Ihrer Kommunikation – auch in kritischen Situationen: Sie lassen nie Ihren Stress an Mitarbeiterinnen aus;
• sind Sie aus Achtung vor Ihren Mitarbeitern höflich;
• verwechseln Sie Zuwendung und Freundlichkeit nicht mit Schwäche;
• kommen Sie ohne Arroganz aus und kommunizieren nicht von oben herab;
• knüpfen Sie Wertschätzung nicht an Leistung, sondern an den Menschen und achten darauf, keine negativen Bewertungsmaßstäbe anzulegen *(die soll sich mal nicht so haben; der soll sich mal auf den Hosenboden setzen)*;
• delegieren Sie Wertschätzung nicht, sondern bemühen sich, sie in Ihrem Zuständigkeitsbereich zu verankern.

Ich führe mit Feedback
Sie bieten Feedback als Lern- und Entwicklungsmöglichkeit an, weil Anerkennung ein zentrales menschliches Bedürfnis ist, Lob motiviert und Kritik hilft, Verhaltensänderungen einzuleiten und Fehler zu vermeiden. Deshalb

• sparen Sie nicht mit Anerkennung und Lob und gehen auch schwierigen Situationen nicht aus dem Weg, sondern sprechen es zeitnah und sachlich an, wenn die Leistungen einer Mitarbeiterin unzureichend sind;
• sind Sie auch offen für die Sicht und Erfahrungen der Mitarbeiter, die Ihnen helfen können, Ihr Führungsverhalten zu überprüfen.

Ich bin Vorbild

Sie haben einen eigenen Kopf und handeln wertorientiert. Deshalb
• inspirieren Sie durch Ihr Handeln und predigen nicht;
• sind Sie „berechenbar": Auf Ihr Wort ist Verlass. Was Sie sagen, tun Sie. Was Sie gestern gesagt haben, gilt auch heute.

Wertschätzung ist mir auch in Stresssituationen wichtig

Selbst dann, wenn der Druck auf Sie enorm ist, hüten Sie sich vor dem Tunnelblick. Deshalb

• konzentrieren Sie sich nicht ausschließlich auf Ergebnisse, sondern haben auch Ihre Mitarbeiter im Blick;
• ist für Sie „Wie geht's?" keine Floskel. Vielmehr ist diese Frage Ausdruck Ihres Interesses, wo die Mitarbeiterin gerade steht und ob sie Unterstützung oder Entlastung braucht.

Kurz: Sie behandeln Ihre Mitarbeiterinnen und Mitarbeiter so, wie Sie auch behandelt werden möchten.

7.6 Literaturempfehlungen

Ich will Referentin, Referent werden: Worauf kommt es bei Bewerbungen an?
Ich rate von Bewerbungsratgeber ab: Sie sind Schablonenlieferanten.
Erster Arbeitstag: Wie stelle ich mich vor? So gelingt Ihnen Small Talk
Tilman Spengler: Sind Sie öfter hier? Von der Kunst, ein kluges Gespräch zu führen. 3. Aufl. Berlin 2009
Umgang mit Kritik: Wie kritisiere ich angemessen? Wie reagiere ich gelassen auf Kritik?
Marshall B. Rosenberg: Gewaltfreie Kommunikation. 12. Aufl. Paderborn 2016
Martin Wehrle: Sei einzig, nicht artig! 2. Aufl. München 2019
Mitarbeitergespräch: Wie kann ich mich vorbereiten und wie auf Augenhöhe kommunizieren?
Norbert Franck: So gelingt Kommunikation. Weinheim/Basel 2017
Führung: Was kommt da auf mich zu?
Friedemann Schulz von Thun, Johannes Ruppel, Roswitha Stratmann: Miteinander reden: Kommunikationspsychologie für Führungskräfte. 22. Aufl. Reinbek 2021

Literatur[1]

Andres, Raphaela; Slivki, Olga (2021): Combating Online Hate Speech: The Impact of Le-
gislation on Twitter. ZEW Discussion Paper. https://ftp.zew.de/pub/zew-docs/dp/
dp21103.pdf. Zugegriffen am 27.09.2023.

ARD (2022): Frauen in DAX-Vorständen. Noch kein ausgewogenes Verhältnis. https://kur-
zelinks.de/c8py. Zugegriffen am 27.09.2023.

Arns, Christian (2012): Pressemitteilungen. Hrsg. vom Bundesverband deutscher Pressesprecher, Berlin.

Beer, Joshua (2023): Männer klar im Vorteil. Süddeutsche Zeitung Nr. 13 vom 17. Januar, S. 19

Berg, Lilo (2022): Kampfzone Deutsch. Der Tagesspiegel vom 3. Januar, S. 21

Berg, Matthias (2013): Kauf mich! Die Zeit Nr. 2 vom 3. Januar 2013, S. 59.

Beuth, Patrick u.a. (2023): Götterdämmerung. Der Spiegel Nr. 4 vom 21 Januar, S. 8–16

Capote, Truman (1996): Jane Bowles. In: Ders.: Die Stimme aus der Wolke. Reinbek,
S. 120–128.

Destatis (2022): Gender Pay Gap 2021. www.destatis.de/DE/Presse/Pressemitteilungen
/2022/03/PD22_088_621.html. Zugegriffen am 27.09.2023.

Destatis (2021): 26 % Frauenanteil bei hauptberuflichen Hochschulprofessuren 2020. www.
destatis.de/DE/Presse/Pressemitteilungen/Zahl-der-Woche/2021/PD21_46_p002.html.
Zugegriffen am 27.09.2023.

Elsen, Hilke (2020): Gender – Sprache – Stereotype. Tübingen

Föhr, Tanja (2021): Hybride Meetings gestalten: Zwischen Home und Office. In: Digital
Leadership. Beilage zu managerSeminare H. 276, S. 20–27

Ders. (2017): Handbuch Wissenschaftliches Arbeiten. 3. Aufl. Paderborn

Ders. (2017a): Praxiswissen Presse- und Öffentlichkeitsarbeit. 3. Aufl. Wiesbaden.

Franken, Andreas/Franken, Friedhelm (2011): Handbuch Redenschreiben. Berlin.

[1]Alle Links wurden am 27.09.2023 überprüft.

Franck, Norbert: Handbuch Wissenschaftliches Arbeiten. 3. Aufl. Schöningh, Paderborn 2017

Franck, Norbert (2017a): Praxiswissen Presse- und Öffentlichkeitsarbeit. 3. Aufl. Wiesbaden: Springer VS.

Franck, Norbert (2022): Handbuch Wissenschaftliches Schreiben. 2. Aufl., Paderborn.

Frehler, Tim (2022): Mütter sind die Verliererinnen der Krise. Süddeutsche Zeitung Nr. 293 vom 20. Dezember, S. 6

Garsoffky, Susanne; Sembach, Britta (2022): Die Kümmerfalle. München

Geißler, Karlheinz A. (2004): Wart' mal schnell. Minima Temporalia. 3. Aufl. Stuttgart, Leipzig

Groebner, Valentin (2012): Wissenschaftssprache. Eine Gebrauchsanweisung. Konstanz.

Hauck, Mirjam; Koenigsdorff, Simon (2022): Nutzer auf der Flucht. Süddeutsche Zeitung Nr. 292 vom 19. Dezember, S. 14

Holzki, Larissa (2018): Ohne Furcht und Tadel. Süddeutsche Zeitung Nr. 154 vom 6. Juli 2018.

Kaube, Jürgen (2022): Zur Soziologie der Sitzung. In: Zeitschrift für Ideengeschichte Heft XVI/3, S. 5–11

Keseling, Gisbert (2013): Schreibblockaden überwinden. In: Norbert Franck, Joachim Stary (Hrsg.): Die Technik wissenschaftlichen Arbeitens. 17. Aufl. Paderborn, S. 191–216.

Krieger, Nicole (2022): Die Gastgeber-Methode. 2. Aufl. Weinheim, Basel

Leber, Sebastian (2022): Der unangenehmste Ort der Welt. Der Tagesspiegel vom 13. November, S. 5

Lind, Miriam; Nübling, Dagmar (2022): Sprache und Bewusstsein. In: Aus Politik und Zeitgeschichte H. 5-7, S. 36–42

Marcks, Marie (1980): Politische Karikaturen. Hrsg. vom Bonner Kunstverein. Bonn.

Mehrabian, Albert (1971): Silent Messages. Implicit Communication of Emotions and Attitudes. 2. Aufl. Belmont.

Mohr, Reinhard (2022): Und jetzt machen wir alle noch den „Doppelwumms" – wie die deutsche Politik infantilisiert. Neue Züricher Zeitung vom 25. Oktober. www.nzz.ch/feuilleton/doppel-wumms-wie-die-deutsche-politik-infantilisiert-ld.1708269. Zugegriffen am 27.09.2023.

Moskaliuk, Johannes (2021): Strategien gegen Zoom-Fatigue: Mysteriöse Meeting-Müdigkeit. In: Digital Leadership. Beilage zu managerSeminare H. 276, S. 4–10

Müller-Spitzer, Carolin (2022): Zum Stand der Forschung zu geschlechtergerechter Sprache. In: Aus Politik und Zeitgeschichte H. 5–7, S. 23–29

Nadolny, Sten (1990): Selim oder die Gabe der Rede. 3. Aufl. München

Nimz, Ulrike (2022): CDU und AfD gemeinsam gegen Gendern. Süddeutsche Zeitung vom 11. November. www.sueddeutsche.de/politik/thuringen-cdu-afd-gendern-1.5694595. Zugegriffen am 27.09.2023.

Oppenheimer, Daniel M. (2006): Consequences of Erudite Vernacular Utilized Irrespective of Necessity: Problems with Using Long Words. Applied Cognitive Psychology, H. 20, S. 139–156

Pinker, Steven (2014): Der Stoff, aus dem das Denken ist. Was die Sprache über unsere Natur verrät. Frankfurt/Main.

Powers, Richard (2020): Die Wurzeln des Lebens. 3. Aufl. Frankfurt/Main

Reitz, Tobias (2009): Jako gibt sich geschlagen. www.zeit.de/online/2009/37/jako-blogger-baade. Zugegriffen am 27.09.2023.

Rogers, Carl R. (2016 [1973]): Entwicklung der Persönlichkeit. Stuttgart.

Rosenberg, Marshall B. (2003): Gewaltfreie Kommunikation. 4. Aufl. Paderborn.

Schenz, Viola (2018): Der polierte Lebenslauf. Süddeutsche Zeitung Nr. 136 vom 16./17.6.2018, S. 59.

Schmid, Wilhelm (2018): Selbstfreundschaft. Wie das Leben leichter wird. Berlin.

Schneider, Wolf (2010): Deutsch für junge Profis. 2. Aufl. Berlin.

Schneider, Wolf (2010a): Speak German. 2. Aufl. Reinbek.

Scholz, Anna-Lena (2017): Wie sexistisch ist die Uni? Die Zeit Nr. 32 vom 3. August 2017, S. 59.

Schulz von Thun, Friedemann (2012): Miteinander reden: Fragen und Antworten. 4. Aufl. Reinbek.

Spengler, Tilman (2009): Sind Sie öfter hier? Von der Kunst, ein kluges Gespräch zu führen. 3. Aufl., Berlin.

Stefanowitsch, Anatol 2020: Der, die, das Professor. Der Tagesspiegel vom 7. Mai.

Tannen, Deborah (1991): Du kannst mich einfach nicht verstehen. Warum Frauen und Männer aneinander vorbeireden. Gütersloh (München 2012)

Tucholsky, Kurt (1993): Der neudeutsche Stil. Gesammelte Werke Bd. 4. Reinbek.

Tucholsky, Kurt (1993a): Ratschläge für einen schlechten Redner. Gesammelte Werke Bd. 8. Reinbek.

Tucholsky, Kurt (1993b): Zeitungsdeutsch und Briefstil. Gesammelte Werke Bd. 7. Reinbek.

Ders. (1993a): Ratschläge für einen schlechten Redner. Gesammelte Werke Bd. 8. Reinbek.

Ders. (1993b): Zeitungsdeutsch und Briefstil. Gesammelte Werke Bd. 7. Reinbek.

Ueding, Gert (1996): Rhetorik des Schreibens. Eine Einführung. 4. Aufl. Weinheim.

Watzlawick, Paul/Beavin, Janet H./Jackson, Don (1996): Menschliche Kommunikation. 9. Aufl. Bern.

Weisbrod, Lars (2022): Unser digitales Dorf soll schöner werden. Die Zeit Nr. 52 vom 15. Dezember, S. 59

Weiss, Susanne; Sonnabend, Michael (2011): Schreiben, bloggen, präsentieren. Essen.

Wildenhain, Michael: Das Singen der Sirenen. Klett-Cotta, Stuttgart 2017

Winkler, Maud/Commichau, Anka (2012): Reden. Handbuch der kommunikationspsychologischen Rhetorik. 3. Aufl. Reinbek.

World Economic Forum (2021): Global Gender Gap Report 2021. https://www3.weforum. org/docs/WEF_GGGR_2021.pdf. Zugegriffen am 27.09.2023.

Zeit-Online (2010): Michail Gorbatschow: Wer zu spät kommt, den bestraft das Leben. www.zeit.de/wissen/geschichte/2010-03/gorbatschow-sowjetunion. Zugegriffen am 27.09.2023.

Stichwortverzeichnis

A

Appell 16, 18, 19, 25, 27, 29, 31, 32, 34,
  120, 193, 195
Appell-Allergie 27
Arendt, Hannah 111
Astel, Arnfried 103

B

Berg, Sibylle 82
Bericht 83, 103, 162, 180, 183, 200, 201,
  207, 208
Bewerbung 23, 29, 54, 69, 192, 193,
  195, 212
Bild 79, 80, 91, 105, 107,
  117, 118
Bildunterschrift 122, 161
Böhmermann, Jahn 82
Brecht, Bertolt 107, 114
Brief
  Anrede 73
  Betreff 74
  Gruß 74
  PS 75
  Schreibperspektive 66
  Textbaustein 70

C

Camus, Albert 87
Capote, Truman 41
Cato, Marcus Porcius 91
Chopin, Frédéric 142

D

Depew, Chauncey M. 103
Diskussion leiten 127
  beenden 127
  eröffnen 124
  in Gang halten 125
  vorbereiten 128

E

Einstein, Albert 40
E-Mail 10, 40, 65, 76–78, 164, 165, 185
Erhardt, Heinz 101
Esken, Saskia 82

F

Faulkner, William 54
Frage 62, 64, 70, 72, 97
Führung 191

G
Gegendarstellung 180, 181
Geißler, Karlheinz A. 192
Gesprächsverhalten,
    geschlechtsspezifisches 148
Ghostwriting 6, 10, 92, 140
Goethe, Johann Wolfgang von
    69, 91, 110, 118
Goldberg, Whoopi 82
Gottsched, Johann Christoph 147
Groebner, Valentin 89

H
Handout 118, 119
Hazlitt, William 198
Hemingway, Ernest 41
Hesse, Hermann 60
Hintergrundgespräch 173, 177

I
Interview 172–177

J
Journalist*in 16, 162–165, 167,
    177–179, 181, 186, 187

K
Keseling, Gisbert 89
Kommunikation 129
    Ausdruck und Wirkung 16
    Hören 28
    Kommunikationsquadrat 19
    Sprechen 93
Körpersprache 91, 114
Korrespondenz 9. *Siehe Briefe und E-Mail*
Krisenkommunikation 140, 182,
    184–186, 188
Krisenmanagement 183, 184, 186
Kritik herausfordern 205
Kritisieren 199

Kritisiert werden 202
Kühnert, Kevin 82

L
Lampenfieber 6, 92, 142
Leserbrief/Leserinnenbrief 181
Lessing, Gotthold Ephraim 93
Levit, Igor 82
Lichtenberg, Georg Christoph 105
Lob, loben 92, 150, 207, 211, 215
Lodge, David 98
Luther, Martin 107

M
Mailer, Norman 165
Mann, Thomas 54
Manuskript 92, 111–113, 116, 117
Mastodon 82
Mehrabian, Albert 91
Mitarbeiter*ingespräch 191
Moderation, moderieren 3, 5, 129, 130,
    132, 138, 140, 142
    Phasen 133
    Planung 131
    Regeln 136
    Technik 136
Moderator*in 129, 131–133,
    135, 137, 138
Musk, Elon 82

N
Nadolny, Sten 113
Netiquette 76. *Siehe E-Mail*
Nietzsche, Friedrich 43

O
Obama, Barack 82
Oettinger, Günther 111
Öffentlichkeitsarbeit 60
Oppenheimer, Daniel M. 89

P

Pinker, Steven 29
Podiumsdiskussion leiten 127
PowerPoint 11, 117, 123, 143
Powers, Richard 52
Präsentation 117, 118
    Bilder 120
    Foliengestaltung 122
    Handout 118
Pressekonferenz 156, 165–167
    Ablauf 168
    Durchführung 170
    Einladung 168
    Nachbereitung 172
    Pressemappe 170
    Vorbereitung 166
Pressemitteilung 39, 60, 156, 158,
    159, 161–163
    Form 161
    Sperrfrist 161
    Timing 164
    Überschrift 160, 161
Presserecht 181
Pulitzer, Joseph 42

R

Rakers, Judith 142
Rede 43, 63, 91, 92
    Anfang 98
    Anschaulichkeit 97
    Blockkontakt 114
    Dauer 69
    Gestik 114
    Körperhaltung 114
    Lautstärke 113
    Manuskript 113
    Mimik 114
    Pannen 115
    Pausen 113
    Proben 111
    Schluss 104
    Sprechtempo 112
    Verständlichkeit 93
    Zitate 106

Rede
    Anrede 99
    Unterbrechung 116
    Versprecher 115
Redenschreiber*in 92
Referent*in 1, 2, 4–7, 11, 16, 24, 36, 111,
    124, 129, 155, 191, 192, 205
    Anforderung 1
    Aufgaben 3
    Einsatzfelder 2
    Richtigstellung 181
Rogers, Carl R. 22
Rosenberg, Marshall B. 211

S

Satzbau 10, 42, 55–57, 95, 102, 175
Satzbau 81
Schmid, Wilhelm 66
Schneider, Wolf 106
Schopenhauer, Arthur 45
Schreibhürde 6, 40, 86, 88
Schreibhürde 89
Schulz von Thun, Friedemann 18, 20, 27
Small Talk 31, 191, 195, 196, 198
Small Talk 21
Spahn, Jens 82
Spengler, Tilmann 101, 197
Sprache
    leichte 59
Sprache, geschlechtergerechte 146
Stilfigur, rhetorische 97, 106
Stoiber, Edmund 111
Streisand, Barbara 142
Suchmaschine 78, 80
Swift, Taylor 82

T

Take-Home-Message
    105, 112
Tannen, Deborah 148
Texten
    Textanfang 59
    Textaufbau 59, 62

Tucholsky, Kurt 44–46
Twain, Mark 56
Twitter 40
Twitter 82, 155, 183

U
Überschrift 7, 59, 63, 65
Ueding, Gert 87
Unsicherheitssignal 20, 151

V
Veranstaltungsankündigung 13, 39, 53,
    156, 158, 162
Videokonferenz 6, 92, 140
Voltaire, François-Marie Arouet 46
Vortrag 202. *Siehe Rede*
    und Präsentation
Vortrag/Lesung moderieren 156

W
Watzlawick, Paul 18
Webtext

Absätze 81
Teaser 80
Überschrift 79
Zwischenüberschrift 81
W-Frage 156, 159, 187
Wildenhain, Michael 109
Williams, Robbie 142
Wortwahl 10
    Abkürzung 48
    Anglizismen 51
    Fachwort 79, 95, 161
    Fremdwort 51, 53
    Pronom 47
    Silbenschleppzug 43
Wortwahl
    Behördendeutsch 43
    Blähwort 44
    Plastikwort 45
    Silbenschleppzug 44

Z
Zeitmanagement 191
Zitat, zitieren 60, 105, 106, 109, 110, 114,
    118, 167

SPRINGER NATURE

GPSR Compliance

The European Union's (EU) General Product Safety Regulation (GPSR) is a set of rules that requires consumer products to be safe and our obligations to ensure this.

If you have any concerns about our products, you can contact us on ProductSafety@springernature.com

In case Publisher is established outside the EU, the EU authorized representative is:

Springer Nature Customer Service Center GmbH
Europaplatz 3
69115 Heidelberg, Germany

The manufacturer's authorised representative in the EU is Springer
Nature Customer Service Centre GmbH, Europaplatz 3, 69115 Heidelberg,
Germany. If you have any concerns regarding our products, please
contact ProductSafety@springernature.com

Printed and bound by CPI Group (UK) Ltd, Croydon, CR0 4YY

24/04/2026

02096365-0002